기록 · 기록관리 지식정보원 시리즈②

기록관련 주요기구
지식정보원

기록관련 주요기구 지식정보원

한미경 · 노영희 공저

기록의 역사는 인류의 역사와 함께한다. 기관이나 개인의 업무수행이나 활동진
행과 더불어 생산 또는 형성된 기록을 접수 · 수집하여 체계적으로 관리함으로써
과거를 오늘에 있게 하고 미래로의 전진을 가능케 한다. 종이에 기록되고
인쇄의 발명과 더불어 시공을 초월하여 유통되었고, 이제는 종이와
전자매체 뿐만 아니라 웹상에 기록되어 전 세계에서 실시간으로
이용되기에 이르렀다.

한국학술정보㈜

머리말

기록의 역사는 인류의 역사와 함께한다. 기관이나 개인의 업무수행이나 활동진행과 더불어 생산 또는 형성된 기록을 접수·수집하여 체계적으로 관리함으로써 과거를 오늘에 있게 하고 미래로의 전진을 가능케 한다. 종이에 기록되고 인쇄의 발명과 더불어 시공을 초월하여 유통되었고, 이제는 종이와 전자매체뿐만 아니라 웹상에 기록되어 전세계에서 실시간으로 이용되기에 이르렀다.

2006년 공중파 방송의 한 프로그램을 통하여 진주대첩 영웅으로 널리 알려진 김시민 장군과 2007년 8월 처음으로 공개되는 이순신 장군의 '선무 공신교서'들은 당시 역사의 산 증거이자 오늘의 우리를 있게 하는 중요 기록이기도 하며, 관련 연구에도 매우 큰 보탬이 될 것이다. 한편 기존의 역사적 사건이나 이에 대한 주장과 학설과 관련한 새로운 기록이 발견되면서 인류의 문화나 문명과 관련된 중요 내용이 반전 또는 역전되기도 한다. 이처럼 기록은 작지만 그 가치와 영향력은 가히 무한하다 할 수 있다.

기록은 기록되면서부터 어떠한 방식으로든 관리되었다고 할 수 있다. 다만 근대적인 기록의 관리는 1789년 프랑스혁명의 발발로 시작되었고, 현대적인 기록관리는 1920년 미국의 '국립기록관(National Archives) 설치법안' 통과와 제1차 세계대전 이후 공공기록물관리에 주력하면서 시작되었다. 유구한 기록의 역사를 지닌 우리나라의 현대적인 기록관리는 1999년 '공공기관의기록물관리에관한법률'이 제정되면서 본격화되었다. 현재 각종 기록관리 관련 법률이 제정되고, 지방기록물관리기관 즉 시도기록관의 설립이 본격화되고, 민간기록물의 집중적인 수집과 관리가 계획 진행되고 있다. 따라서 전문적인 각종 기록관에서의 실무와 교육기관에서의 기록전문가 교육을 위하여 기록관리 관련 각종 지식정보원에 대한 조사와 연구의 필요성이 대두되고 있다.

이러한 필요성에 따라 기획된 '기록·기록관리지식정보원 시리즈'는 기록관련 세계의 기구·단체 및 기록관, 다양한 기록류, 그리고 각종 관련 정보와 정보원을 대상으로 조사한 것이다. 구체적인 발간 목적과 조사방법 및 내용 등은 다음과 같다.

첫째, 기록과 기록관리학에 관심이 있는 일반인과 학생들 그리고 실무종사자에게 유용한 기록 및 기록관리 관련 지식정보원 제공을 목적으로 하였다.

둘째, 해당내용은 관련 기구와 단체 및 기록관의 안내서와 보고서, 홈페이지, 홍보자료, 연감(yearbook), 통계자료 등을 통하여 조사하였다. 일부 필요한 경우 전화나 전자우편을 통한 의뢰와 상담을 통하여 보충 조사하였다.

셋째, 기록 및 기록관리 관련 기구, 기관, 단체, 그리고 기록관을 대상으로 조사하였다. 구체적인 관련 정보는 성격, 목적, 연혁, 특성, 기능, 주요사업과 최근사업, 한국과의 관계 등을 대상으로 하였다.

넷째, 기록 및 기록관리 관련 기구, 기관, 단체, 그리고 기록관에서 생산 또는 제공하는 정보원에 대하여 조사하였다. 구체적인 관련 정보원은 출판물(publications) 및 문서류(documentations), 정기간행물, 보고 및 보도자료, 데이터베이스 등을 대상으로 하였다.

본 시리즈의 정보자료 수집과 편집 등에 노고를 아끼지 않은 영국 맨체스터대학(Univ. of. Manchester, UK) 박사과정의 임소진 연구원과 건국대학교 문헌정보학과 황벽진 연구조보원에게 지면을 빌려 감사드린다.

2008. 9. 1.
한미경·노영희

일러두기

1. 기구의 선정

기록관리 관련 주요기구 및 단체는 200여 개로 조사되었다. 본서에서는 규모가 크지 않거나 제삼언어 기반의 기구의 경우 일부 외에 비교적 규모가 큰 세계의 주요기구를 중심으로 총 77개를 선정하여 수록하였다.

2. 기구의 종류

기록 및 기록관리 관련 주요기구로서 각국의 국가기구, 학회, 협회, 위원회, 협의회 등을 대상으로 하였다.

3. 기구의 범위

일차적으로 국제연합교육과학문화기구(UNESCO)의 세계 지역 구분을 참조하여 1) 북미, 2) 아시아 및 태평양, 3) 유럽으로 구분하였다. 이차적으로 세계 각 지역 구분하에서 국가별로 주요기구를 수록하였다.

4. 수록 내용

본서는 기록관리 관련 세계의 주요기구에 대한 정보와 생산, 소장, 제공되는 정보원에 대한 내용을 수록·소개하고 있다. 기구에 따라 해당되지 않는 항목의 내용은 생략되었으며, 일부 기구만의 특징적인 내용은 항목을 추가하여 수록하였다.

첫째, 주요기구 관련 내용은 (1) 소재사항(주소, 전화, 팩스, 전자우편, 홈페이지 등), (2) 기구의 성격, (3) 기구의 설립연혁, (4) 기구의 설립목적, (5) 기구의 운영지침, (6) 기구의 조직, (7) 총회, (8) 회원, (9) 기구의 주요활동, (10) 기구의 주요사업, (11) 기구의 최근사업, (12) 프로그램, (13) 프로젝트, (14) 기구의 특별 서비스, (15) 기구의 훈련 및 교육 프로그램, (16) 관련 법률 및 규약 (17) 기구 관련 기관 또는 단체, (18) 기구 협력기관, (19) 기구 관련 기념일, (20) 기구 관련 기념상, (21) 한국과의 관계, (22) 북한과의 관계 등을 수록하였다.

둘째, 주요기구의 생산, 소장 및 제공 정보원 관련 내용은 (1) 정보원 배포정책, (2) 정보원 주문 정보, (3) 정보원 종류, (4) 정보원의 주제 분야, (5) 제공 서비스, (6) 출판물, (7) 문서류, (8) 간행물, (9) 데이터베이스, (9) CD－Roms, (10) 소책자, (11) 보고자료, (12) 보도자료, (13) 산하 도서관과 기록관, (14) 관련 정보원 제공 전문단체, (15) 링크 정보원 등을 수록하였다. 일부 제공 정보원의 언어가 영어가 아닌 특정 언어의 경우 해당 제공언어를 특기하였다.

한편, 각 기록관련 주요기구의 기구명은 약어명, 영문명, 해당 언어명(해당 기구의 경우), 한글명의 순으로 수록하였다. 수록 순서의 기준은 국가별 구분하의 해당 주요기구의 영문 약어명의 알파벳순으로 하였으며, 주요기구의 각 마크 또한 수록하였다.

5. 약어표 및 색인

본서는 독자의 이해를 돕기 위하여 약어표와 색인을 수록하였다. 특히 본서의 수록대상의 주요기구에 대한 약어표 외에 본 시리즈 ①의 국제기구 약어표를 권두부분에 실었으며, 주요기구에 대한 색인은 국문색인과 영문색인으로 구분하여 권말부분에 수록하였다.

주요기구 약어표

AAA   Association des Amis des Archives Diplomatiques
외교아카이브스동맹협회

AABC   Archives Association of British Columbia
브리티시컬럼비아기록협회

AAC   Archivists and Archives of Color Roundtable
유색인종관련기록전문가및기록라운드테이블

AACF   Association Archives du Communisme Français
프랑스어권공산주의아카이브스협회

AAF   Association des Archivistes Français
프랑스기록전문가협회

ABAA   Antiquarian Booksellers Association of America
미국고서적상협회

ACA   Academy of Certified Archivists
공인기록전문가아카데미

ACA   Association of Canadian Archivists
캐나다기록전문가협회

ACPEI   Archives Council of Prince Edward Island
프린스에드워드섬아카이브스협의회

ACWR   Archivists for Congregations of Women Religious
여성종교집회기록전문가

AMA   Association for Manitoba Archives
매니토바주기록협회

AMARC   Associations for Manuscripts and Archives in Research

	Collections
	연구장서메뉴스크립트및기록협회
ANLA	Association of Newfoundland and Labrador Archives
	뉴펀들랜드및래브라도기록협회
ARANZ	Archives & Records Association of New Zealand
	뉴질랜드기록및레코드협회
ART	Archivists Round Table of Metropolitan New York
	메트로폴리탄뉴욕기록전문가라운드테이블
ASA	Australian Society of Archivists
	호주기록전문가사회
ASGRA	Association of Scottish Genealogists and Research in Archives
	스코틀랜드기록계보학자및연구자협회
ASLAA	Association of St. Louis Area Archivists
	세인트루이스지역기록전문가협회
BAC	Business Archives Council
	경영기록협의회
BAPH	British Association of Paper Historians
	영국종이역사가협회
BCA	Bureau of Canadian Archivists/Bureau Canadiens des Archivists
	캐나다기록전문가지부
BRA	British Records Association
	영국기록협회
CAARA	Council of Australian Archives and Records Authorities)
	호주기록및기록당국협의회
CAML	Canadian Association of Music Libraries, Archives, and

	Documentation Centers
	캐나다음악도서관·기록관및도큐멘테이션센터협회
CAR	Cleveland Archival Roundtable
	클리블랜드기록라운드테이블
CCA	Canadian Council of Archives
	캐나다아카이브스협의회
CHS	California Historical Society
	캘리포니아역사사회
CNSA	Council of Nova Scotia Archives
	노바스코샤기록관협의회
CoSA	Council of State Archivists
	주정부기록전문가협의회
EABH	European Association for Banking & Financial History e.V.
	유럽은행업무및금융역사협회
FoRA	Friends of Rotherham Archives
	로더함기록프렌즈
FRMA	Florida Records Management Association
	플로리다기록관리인협회
GNOA	Greater New Orleans Archivists
	뉴올리언스기록전문가기구
HKAS	Hong Kong Archives Society
	홍콩기록협회
JSAI	The Japan Society of Archives Institutions
	全國歷史史料保存利用機關連絡協議會
	전국역사사료보존이용기관연락협의회
JSAS	The The Japan Society for Archival Science

日本アーカイブズ學會
일본아카이브스학회

KAAM   Korean Association of Archives Management
한국기록관리협회

KCA   Kentucky Council on Archives
켄터키기록협의회

KSAS   Korean Society of Archival Studies
한국기록학회

LAMA   Louisiana Archives and Manuscripts Association
루이지애나기록및메뉴스크립트협회

MAA   Michigan Archival Association
미시간기록협회

MARAC   Mid-Atlantic Regional Archives Conference
애틀랜틱중부지역기록컨퍼런스

MLA   Museums, Libraries and Archives Council
박물관 · 도서관 · 기록관협의회

NAGARA   National Association of Government Archives and
Records Administrators
정부기록관및레코드관리자국가협회

NCA   National Council on Archives
영국국가아카이브스협의회

NEA   New England Archivists
뉴잉글랜드기록전문가기구

NEARI   New England Archivists of Religious Institutions
뉴잉글랜드종교기관기록전문가협회

NEHGS   New England Historic Genealogical Society

뉴잉글랜드역사계보협회

NWA   Northwest Archivists

노스웨스트기록전문가기구

NWRCA   North West Regional Archive Council

북서부아일랜드기록협의회

NY SHRAB   New York State Historical Records Advisory Board

뉴욕주역사기록자문위원회

NYAC   New York Archives Conference

뉴욕기록컨퍼런스

RIKAR   Research Institute for Korean Archives and Records

한국국가기록연구원

RMAA   Records Management Association of Australia

호주기록관리협회

RMAS   Records Management & Archives Society of Korea

한국기록관리학회

RMI   Records Management Institute

기록관리연구소

RMS   Records Management Society

기록관리협회

RMSJ   The Record Management Society of Japan

日本記録管理學會

일본기록관리학회

SA   Society of California Archivists

캘리포니아기록전문가협회

SAA   Society of American Archivists

미국기록전문가협회

SAAC	The State Archives Administration of the People's Republic of China 中華人民共和國檔案局 중화인민공화국당안국
SAG	Scientific Archivists Group 과학기록전문가그룹
SALA	Society of Alabama Archivists 앨라배마기록전문가협회
SCAA	Saskatchewan Council for Archives and Archivists 서스캐처원기록및기록전문가협의회
SCAA	South Carolina Archival Association 사우스캐롤라이나기록관협회
SEAPAVAA	동남아시아 및 태평양시청각기록관협회 Southeast Asia‒Pacific Audio Visual Archives Association
SFA	Society of Florida Archivists 플로리다기록전문가협회
SIA	Society of Indiana Archivists 인디애나기록전문가협회
SMA	Society of Mississippi Archivists 미시시피기록전문가협회
SNCA	Society of North Carolina Archivists 노스캐롤라이나기록전문가협회
SoA	Society of Archivists 기록전문가협회
SOA	Society of Ohio Archivists 오하이오기록전문가협회

SOGA	Society of Georgia Archivists
	조지아기록전문가협회
SRMA	Society of Rocky Mountain Archivists
	로키산맥기록전문가협회
STA	Society of Tennessee Archivists
	테네시기록전문가협회
UArchives	University Archives & Records Center
	한국대학기록관협의회
檔案科學技術研究所	
	당안과학기술연구소

국제기구 약어표

ACARM
Association of Commonwealth Archivists and Records Managers
영연방기록전문가와기록물관리자협회

AIAF
Association Internationale des Archives Francophones
프랑스어권국가의국제기록전문가협회

ARMA International
Association of Records Managers and Administration, International
국제기록관리자및행정가협회

ARMS
UN Archives and Records Management Section
유엔기록관리부

ARSC
Association for Recorded Sound Collections
음향기록컬렉션협회

AsF
Archivists without Borders
국경없는기록전문가

BAAC
Baltic Audiovisual Archival Council
발트해연안국시청각기록협의회

CE－LAD
Council of Europe, Library and Archives Division
유럽의회도서관 · 기록국

EBLIDA
European Bureau of Library, Information and Documentation Association
도서관 · 정보 · 도큐멘테이션협회유럽지부

ECPA
European Commission on Preservation and Access

	유럽기록보존및접근위원회
GA	General Assembly
	유엔총회
IADA	International Association of Book and Paper Conservators
	국제서적및문서보존가협회
IAMIC	International Association of Music Information Centers
	국제음악정보센터협회
IAML	International Association of Music Libraries, Archives and Documentation Center
	세계음악도서관·기록관및도큐멘테이션센터협회
IASA	International Association of Sound and Audiovisual Archives
	국제음향및시청각기록관협회
ICA	International Council on Archives
	국제아카이브스협의회
ICBS	International Committee of the Blue Shield
	국제블루실드위원회
ICCROM	The International Center for the Study of the Preservation and Restoration of Cultural Property
	세계문화유산보존및복구연구센터
ICOMOS	International Council on Monuments and Sites
	세계유물및유적지협의회
ICRM	Institute of Certified Recirds Managers
	기록관리사인증기구
IDA	Informieren Dokumentieren Archivieren
	여성도서관·기록관·도큐멘테이션센터기구
IFFA/FIAF	International Federation of Film Archives

국제영상기록관연맹

IFHRO	International Federation of Health Record Organization
	국제건강기록기구연맹
IFLA	International Federations of Library Association and Instotutions
	국제도서관협회연맹
IFTA/FITA	International Federation of Television Archives
	국제텔레비전기록연맹
IIC	International Institute for Conservation of Historic and Artistic Works
	국제역사작품및미술작품보존협회
ILAB	International League of Antiquarian Booksellers
	국제고서적상리그
IRMT	International Records Management Trust
	국제기록관리신탁
JICPA	Joint IFLA/ICA Committee for Preservation in Africa
	아프리카기록보존IFLA/ICA합동위원회
OSA	The Open Society Archives
	개방사회기록관
PAC	International Federation of Library Association Core Programme for Preservation and Conservation
	IFLA보존과유지를위한핵심프로그램
PARBICA	Pacific Regional Branch International Council on Archives
	국제아카이브스협의회태평양지역위원회
PIAF	Portail International Archivistique Francophone
	프랑스어권국가의국제기록전문가포털

SOLINET   Southeastern Library Network, INC
                 미국남동부도서관네트워크

UN Documentation Centre
                 유엔도큐멘트센터

UNESCO Archives
                 유네스코기록관

UNESCO MOW
                 Memory of the World
                 유네스코세계기록유산

UNESCO MOWCAP
                 Memory of the World Committee for Asia/Pacific
                 유네스코아시아·태평양세계기록위원회

WBGA   The World Bank Group Archives
                 세계은행기록관

WITNESS   위트니스

목 차

머 리 말_4

일러두기_6

약 어 표_8

Ⅰ. 기록 및 기록관리의 이해_23

1. 기록_24
  1.1 기록의 정의_24
  1.2 기록의 특성_26
  1.3 기록의 종류_27
  1.4 기록의 가치_28

2. 기록관리_30
  2.1 기록관리의 의미_30
  2.2 기록관리의 원칙_32

3. 세계의 기록관리의 역사_33
  3.1 서양의 기록관리의 역사_33
  3.2 동양의 기록관리의 역사_35

Ⅱ. 주요기구의 이해_39

1. 기구_40
　　1.1 기구의 의미_40
　　1.2 기구의 유형_41
　　1.3 기구의 종류_42

2. 국가기구와 행정기구_47
　　2.1 국가기구_47
　　2.2 행정기구_50

3. 협회_52
　　3.1 협회의 의미_52
　　3.2 협회의 설립_54
　　3.3 협회의 자원과 조직_55
　　3.4 협회의 기능_56

4. 협의회와 위원회_57
　　4.1 협의회_57
　　4.2 위원회_59

Ⅲ. 기록관련 주요기구 소개 및 정보원_61

1. 북미_62
   1.1 미국_62
   1.2 캐나다_225

2. 아시아 및 태평양_272
   2.1 호주_272
   2.2 중국_286
   2.3 필리핀_298
   2.4 일본_305
   2.5 뉴질랜드_340
   2.6 한국_346

3. 유럽_367
   3.1 영국_367
   3.2 독일_417
   3.3 프랑스_421

참고문헌_435

색 인_441

Ⅰ. 기록 및 기록관리의 이해

인류는 원시시대 상호간의 의사소통을 위한 수단으로 소리(voice)와 몸짓(gesture)을 사용하다가 문명의 발달과 더불어 언어(languages)를 탄생시켰다. 그러나 언어는 한정된 시간적·공간적 범위와 불완전한 인간의 기억력에 의존하여야 지속·유지될 수 있었고, 전달하고자 하는 내용의 보존 역시 극히 제한적이었다. 사회가 발달하고 커뮤니케이션의 양과 질이 확대되면서 인류에게 문자가 형성되고, 상호 의사소통의 내용이 기록되기 시작하였다.

진정한 기록은 기록재료와 기록방법의 변천에 의하여 완성되었다. 기록재료의 대명사인 종이는 A.D. 105년에 중국에서 만들어졌고, 서양에는 12세기에 이르기까지 점차적으로 전파되면서 전세계적으로 사용되었다. 이후 인쇄술이 발명되어 기록물이 대량으로 생산·유통되기 전까지 오랜 기간 필사되어 왔으며, 현대에는 다양한 매체의 발전으로 종이기록 외에 시청각기록, 전자기록, 그리고 웹기록 등에 이르기까지 발전하고 있다.

본 장에서는 기록 및 기록관리의 이해를 위하여 기록, 기록관, 기록전문가, 그리고 기록관리에 대하여 살펴보고자 한다.

1. 기록

1.1 기록의 정의

*문헌정보학용어사전*에 의하면 '기록(record)은 사용매체나 특성에 관계없이 영구히 보존되어야 할 문헌을 말하며, 목록이나 기입의 기준이 되는 문헌에 관한 데이터'라고 정의되어 있다. *기록관리학사전*에서는 '매체나 특성에 상관없이 기록된 정보(recorded information)'라고 하여, 문서와 도서를 포함한 모든 기록물(records)을 지칭하고 있다. 즉, 기록은 모든 매체에 관계없이 인간이 표현한 데이

터의 총칭이라 할 수 있다.

기록은 인간만이 가지는 고유한 특성으로서, 정부, 공공기관, 민간기관, 단체, 그리고 개인 어느 곳에서든 생산·형성된다.[1] 이 중에는 생산되자마자 즉시 소멸되는 것이 있고, 잠재적 또는 영구적 보존 가치가 있어 보존되는 것도 있다. 이 중 보존가치가 있는 자료를 '아카이브스(archives)'라고 한다. 그리고 기록 중에서 일정한 형식이나 주제로 모아 일정한 분량으로 인쇄하여 출판한 것을 '출판물(publications)' 또는 '도서(books)'라고 한다. 이러한 출판물의 일차자료가 되면서 유일성을 띤 원본을 '도큐먼트(documents)'라고 하며, 광의로는 '레코드(records)'라고 한다(최정태 2006, 22-29).

아카이브스(archives)는 그리스어의 'archeion'에서 파생된 말인데, '궁전(宮殿)', '정부(政府)의 집'을 뜻하고, '그 속에 보관된 기록물' 자체를 겸해서 쓰기도 한다. 아카이브스는 '업무수행에서 생산·수집된 레코드가 기록의 일생주기(the life cycle of record)에 따라 이용된 후 보존가치가 존속되는 기록'이다. 따라서 레코드와 아카이브스는 보존가치 측면에서 차이가 있음을 알 수 있다.

아카이브스를 한국과 일본에서는 '고문서(古文書)' 또는 '사료(史料)' 등과 혼동하여 사용하는 경향이 있다. 그러나 일반적으로 고문서는 일정시대(日政時代) 이전에 생산된 것으로 시간적 개념이 작용한 것임에 반해, 아카이브스는 최근의 자료를 포함하여 평가기준에 의해 보존가치가 있는 기록을 의미한다(김용원 2000). 중국에서는 기록을 '당안(檔案, dǎngàn)'이라 한다. 이는 '檔'과 '案'의 결합어로서 '檔'은 문서를 뜻하고, '案'은 관청의 서류나 훈령 또는 판결과 결정문을 뜻한다. 이는 현재 '관공서의 기록이나 공문서' 및 '영구히 보존하는 관공서의 문서군(文書群)'을 뜻한다. 이를 보존하는 기관을 '당안관(檔案館)'이라고 한다. 한편, 일

---

1) 참고로 2007년 1월 19일 제정된 '공공기관의 운영에 관한 법률(법률 제8258호)'에 의하면 모든 공공기관은 그 특성에 맞춰 공기업, 준정부기관 및 기타 공공기관으로 구분된다.

본은 1987년 제정된 공문서관법에 의하면 공문서는 아카이브스로 간주하였으며, 동시에 아카이브스를 보관하는 기관을 '문서관' 또는 '사료관'이라 부르고, 여기에 소장하는 자료를 '기록사료'라고 부른다. 이와 같이 일본은 레코드는 현대문서를 포함한 총괄적 기록을 말하고, 아카이브스는 공문서 내지 사료로 한정한다.

따라서 광의의 기록물 중에서 생산시기나 생산출처에 관계없이 보존가치가 있는 기록을 '아카이브스(archives)'라고 하며, 동시에 이러한 기록을 보존하는 기관 또는 시설 역시 '아카이브스(archives)'라고 명명하고 있다.

1.2 기록의 특성

기록은 각종 기관이나 단체 및 개인의 일상적인 업무수행이나 활동에서 생산되고 축적된다. 이를 기본으로 김태수(2002, 8-9)의 기록의 특성과 관리상의 원칙을 참조하고, 보다 구체적으로 살펴본 기록의 특성은 다음과 같다.

첫째, 기록은 생산기관의 업무 및 활동과 관련되어 있다. 특정 기관의 기록은 그 기관의 직접적인 업무 및 활동과 관련하여 생산·수집되고 축적되며, 기관의 정책과 기능 및 대외관계를 반영한다. 이는 기록관리의 중요 원칙 중 하나인 '출처(provenance)존중의 원칙'에 입각한 것으로서, 특정 기관의 기록은 다른 기관의 기록과는 구별되어 관리되어야 함을 의미한다.

둘째, 기록은 유기적인 성질을 지니고 있다. 기관이나 개인의 대외관계가 활발해짐에 따라 기록의 양도 자연스럽게 증가된다. 개개의 기록은 기존의 기록과 관련되거나 그 결과일 수도 있고, 기존의 기록은 후속 기록에 의해 그 내용이 보완되기도 한다. 그런데 기존 기록의 조직이나 배열체계를 달리하게 되면 기록 상호 간의 연결이 단절되거나 연관성이 약해질 수 있다. 따라서 '원질서(original order) 존중의 원칙'에 따라 기록의 관리는 단위업무별로 그리고 기록물군(퐁, fonds)별로 관리하는 것이 필요하다.

셋째, 기록은 공적인 성격을 지닌다. 기록은 기관이나 개인의 활동의 산물로서 법률상의 효력을 지니며, 특히 업무수행의 정당한 근거로서 효력을 지니게 된다. 따라서 기록은 부정한 수단이 개입되거나 비인가자가 접근할 수 없도록 생산자와 기록전문가에 의하여 관리되어야 한다.

넷째, 기록은 고유한 성격을 지니고 있다. 문화나 교육목적상 대량으로 생산되는 도서와 같은 출판물과 달리, 기록은 특정 기관의 특정 업무 또는 활동과 관련되어 생산된다. 도서가 손상되면 다른 복본으로 대체 가능하지만, 기록은 손상되면 그 원내용의 회복과 대체가 어렵다. 따라서 기록의 내용과 가치를 온전하게 유지하고, 특정 업무 또는 활동의 계획 및 기록 생산단계에서부터 체계적으로 수집 및 이용되도록 관리하여 기록이 지닌 고유성을 유지하는 것이 필요하다.

1.3 기록의 종류

기록물은 생산시기와 내재적 가치에 따라 참조 및 이용의 빈도에 차이가 발생한다. 이를 반영하여 기록물의 종류는 현용기록(current record), 준현용기록(semi－current record), 비현용기록(non－current record)의 세 단계로 구분된다. 현용기록은 최신자료로서 참조 및 이용의 빈도가 높은 기록을 의미하고, 비현용기록은 오래되어 거의 참조 및 이용되지는 않으나 영구보존가치가 있는 기록을 의미한다. 준현용기록은 그 중간단계에 있는 기록으로 일정기간 내에 잠재적 참조 및 이용의 가능성이 내재되어 있는 기록을 의미한다. 또한 기록물이 활용되는 빈도수에 따라 활용기록(active record), 준활용기록(semi－active record), 비활용기록(non－active record)의 세 종류로 구분하기도 한다. 이 경우 그 의미는 생산시기 및 내재적 가치에 따른 구분의 개념과 유사하다.

그리고 문서를 생산하는 기관의 성격에 따라 공문서(公文書)와 사문서(私文書)로 구분하기도 한다. 사무관리규정(대통령령 제13390호, 1991년 제정) 제2조 적용

범위와 제3조 정의에 명시된 '공문서'를 살펴보면, '대통령직속기관 및 국무총리 직속기관을 포함한 중앙행정기관 및 그 소속기관, 지방자치단체의 기관과 군 기관의 내부 또는 상호간이나 대외적으로 공무상 작성 또는 시행되는 문서(도면, 사진, 디스크, 테이프, 필름, 슬라이드, 전자문서 등의 특수매체기록 포함) 및 행정기관이 접수한 모든 문서'를 말한다.

1.4 기록의 가치

20세기 중반 미국의 기록보존학자이자 기록전문가였던 쉘렌버그(T. R. Schellenberg)는 기록의 가치를 주시하였다. 그는 기록의 가치를 일차적 가치(primary value)와 이차적 가치(secondary value)로 구분하였다(최정태 2006, 40−42). '일차적 가치'는 주로 당사자나 동등의 이해관계를 가지는 사람에게 해당되는 가치로서 내재적 가치이기도 하다. 이는 조직의 법률실무 혹은 재무에 한정되므로 법률적·행정적·재정적 가치를 포함한다. '이차적 가치'는 당사자 간의 가치는 이미 소멸되었으나 제삼자를 위한 공익적 이용에 제공되는 가치로서 보존적 가치이기도 하다. 이는 사실의 확인을 증빙하기 때문에 증거적 가치를 지니며, 그것이 여러 가지 다른 정보로 활용될 수 있기 때문에 정보적 가치도 지니고 있다.

기록은 기관 또는 개인의 업무수행 및 활동과 관련하여 생산되며 내재된 정보의 일차자료로서의 가치는 매우 크다. 특히 공공기록은 공공기관의 업무에 직·간접으로 영향을 미치는 근거이자 정보원이다. 공공기관 업무와 관련하여 살펴본 기록의 가치는 다음과 같다.

첫째, 정보의 전달. 기록은 의사전달의 수단으로서 육성(肉聲)보다 영속적이고 가시적이므로 분명한 정보 전달의 역할을 수행한다. 이는 정보가 기록됨으로써 시공을 초월하여 전달되기 때문이다.

둘째, 정보저장의 수단. 기록은 인간의 기억보다 영구적이며 시공을 넘어 전달되는 특징을 지닌다. 따라서 기록은 정보저장의 확실한 수단이 된다.

셋째, 공공기관 등에서의 업무수행의 수단. 각종 기관에서의 업무수행은 기록을 생성시키며, 한편 기록을 활용하여 업무가 수행된다. 즉, 기록은 수행할 업무의 근거가 된다.

넷째, 공공기관 등에서의 업무수행 증명의 수단. 기록은 체계적으로 보존·관리됨으로써 이후 업무수행 과정과 결과를 증명하는 자료가 된다.

다섯째, 역사와 문화 전승의 수단. 기록은 역사적 정보자료이며, 문화 전승의 수단이다. 기록을 통하여 역사와 문화가 후대로 전승되며, 기록을 통하여 국가실체의 정당성과 민족문화의 주체성을 확립할 수 있기 때문이다.

이상을 종합적으로 살펴본 포괄적인 기록의 가치는 다음과 같다.

첫째, 정보적 가치. 기관이나 개인의 업무수행과 활동 전개의 필요에 의하여 생산 또는 형성된 기록은 실제 업무나 활동에 필요한 다양한 사실적·현상적 정보를 제공하는 가치를 지닌다.

둘째, 행정적 가치. 정부를 비롯한 공공기관에서 일반 국민이나 기관 등의 인사, 경영, 제정 등의 행정업무를 처리하는 과정에서 생산 또는 접수된 기록물은 행정적 기록으로서의 가치를 지닌다.

셋째, 법률적 가치. 개인 또는 기관의 법적 권리, 가족 재산 세무 등 각종 이해관계에 관한 기록은 법률적 가치를 지닌다. 특히 법률적 견해나 해석을 포함한 기록물, 법적 행위와 관련된 기록물, 재산소유나 법적 의무 등에 증거가 되는 기록물은 영구보존의 가치와 기능을 지닌다.

넷째, 증거적 가치. 특히 기관의 업무 및 활동이 수행 중에 있거나 종료되었을 때 지속적 수행 또는 이후 관련 업무에 대한 증거로서의 가치를 지닌다.

다섯째, 역사적 가치. 영구보존 가치가 있는 모든 기록물들은 기록물관리기관에서 수집, 보존, 관리됨으로써 각 주제 분야의 역사 정립의 기초가 되는 가치를 지닌다.

여섯째, 문화적 가치. 상술한 기록의 역할과 가치에 의거하여 수집·관리된 기록의 활용 및 보존으로 해당 국민이나 지방 및 국가의 고유한 문화가 대변 또는 성립되는 가치를 지닌다.

일곱째, 연구적 가치. 기록물은 각 주제별로 학습·연구하는 연구자와 학자에 의하여 끊임없이 이용·활용·분석될 수 있는 연구적 가치를 지니고 있다.

2. 기록관리

2.1 기록관리의 의미

기록관리란 전반적인 기록업무에 관한 프로그램을 만들어 감독 또는 관리하는 것이다. '공공기록물관리에관한법률' 제2조에 의하면 기록물관리는 '기록물의 생산·분류·정리·이관·수집·평가·폐기·보존·공개·활용 및 이에 부수되는 제반업무'를 말한다.

요컨대 기록관리란 기록을 적법하고 적절하게 생산·관리하여 효율적으로 사용하고 불필요한 기록을 폐기하고, 장기보존 또는 영구보존가치가 있는 기록을 보존하여 쉽게 검색하고 활용할 수 있게 하는 일을 말한다.

우리나라의 공공기록물을 대상으로 하는 기록관리를 단계별로 보면, 업무수행 일선의 처리과에서부터 기록관리기구인 자료관(또는 기록관)을 거쳐 기록물 영구 보존기관까지로 구분된다.

첫째, 기초 단계. 처리과에서는 해당 공공기관의 기록을 효율적으로 생산하고 이용토록 하기 위한 목적으로 기록을 관리하며, 현행업무를 수행하는 중의 현용기록을 대상으로 관리한다. 이를 위하여 기록물을 적절하게 등록·분류 및 편철하여야 하고 쉽게 찾을 수 있도록 한다.

둘째, 중간 단계. 자료관(또는 기록관)은 기록물관리업무의 전담기구로서 해당 공공기관 기록물을 수집・보존・활용토록 하고, 전문관리기관으로의 기록물 이관 및 전문관리기관과의 협조에 의한 기록물의 상호활용 및 보존을 분담한다. 그리고 해당 공공기관의 기록물에 대한 정보공개청구의 접수 등 기록물관리업무를 전담한다. 기록정보센터라는 기능 수행기관으로서 공무수행관련 각종 기록물을 관리하고, 기록정보를 신속하게 검색・활용하도록 함으로써 전자정부의 구현 및 행정의 경쟁력 강화에 기여하는 역할을 담당한다. 해당 기관의 기록관리 정책 및 업무절차를 수립하여야 하고, 기록의 지적・물리적 통제 및 기록물의 물리적 보호환경을 구축하여 기록물관리에 최선을 다해야 한다. 마지막으로 기록물의 보존기간 책정 지원, 보존가치의 잠정적 평가, 기관의 일반적인 기록관리 교육과 같은 핵심적인 업무 또한 수행한다.

셋째, 최종 단계. 최종의 전문기록물관리기관으로 중앙기록물관리기관과 지방기록물관리기관이 있다. 그중 중앙기록물관리기관인 국가기록원은 책임행정과 투명한 정부정책을 실현하기 위해 기록물의 생산과 관리에 관한 기본 정책을 결정하고 제도를 확립한다. 증빙기록물과 역사기록물을 항구적으로 보존하며, 영구기록을 정리하여 목록을 작성하고 열람・활용할 수 있게 준비하여 국민에게 필요한 정보를 제공한다. 그 외 일선 조직이나 기관에서 영구적으로 보존할 기록을 수집하거나 이관받아 정리하여 보존한다. 기록관리 기술 및 기법을 연구하고 표준화하여 이를 보급한다. 공공기관의 업무수행과 관련하여 생산되고 국가적으로 보존할 가치가 높은 민간보유 기록물을 국가기록물로 지정・관리하여 민간보유 중요 기록물의 훼손・멸실 방지와 공적 가치가 있는 기록물을 보존한다. 그리고 공공기관의 기록물관리 추진실적을 종합 평가하여 우수기관 및 유공공무원을 표창하여, 기록물관리 제도의 조기정착과 업무종사자들의 관심과 사기를 진작한다.

이상을 종합하면 기록물은 기록의 단계별 흐름 또는 일생주기에 의한 현용, 준현용, 비현용 단계에 따라 처리과, 기록관 또는 특수기록관, 중앙기록물관리기관과 지방기록물관리기관의 전문기록물관리기관 등에서 단계별로 처리・관리된다.

2.2 기록관리의 원칙

전통적 기록관리는 다음과 같은 원칙을 기본으로 한다.

첫째, 출처존중의 원칙(principle of provenance). 이는 1820년대 프랑스 국립기록관(National Archives)에서 만들어졌으며, 기록물은 소장자보다 생산자가 더 중요하므로 기본적으로 기록물과 생산자의 관계를 중시하는 원칙이다. 이는 단행본의 경우처럼 어느 한 개인이나 기관보다는 기록물 생산자를 기준으로 관리하여 다른 생산자의 기록물과 섞이지 않도록 관리한다는 의미로서 기록물 자체뿐만 아니라 기록물 생산자에 대한 정보도 함께 보존 관리한다.

둘째, 원질서존중의 원칙(principal of original order). 생산기관이 공식 활동을 수행하는 과정에서 기록을 축적한 순서와 질서를 그대로 유지한다는 원칙이다. 이는 출처존중의 원칙을 바탕으로 하고 있으며, 특정한 기록물 계열들 사이의 상관관계 및 전체 기록물철의 기본 구조를 보존하여 관리한다.

한편 '공공기록물관리에 관한 법률' 제5조 '기록물관리의 원칙'에 의하면 공공기관 및 기록물관리기관의 장은 기록물이 생산부터 활용까지의 전 과정에 걸쳐 1) 진본성, 2) 무결성, 3) 신뢰성, 4) 이용가능성이 보장될 수 있도록 관리하여야 한다. 진본성(authenticity)은 기록이 그 취지와 맞는지, 그 기록을 생산하거나 보내기로 되어 있는 사람에 의해 생산되거나 보내졌는지, 명시된 시점에서 생산되거나 보내졌는지를 증명할 수 있는 것을 말한다. 신뢰성(reliability)은 기록의 내용이 업무처리·활동 혹은 사실을 충분히 명확하게 표현하고 있다고 믿을 수 있는지, 그리고 이후의 업무처리나 활동을 수행하는 과정에서 근거로 할 만한 것인지를 의미한다. 무결성(integrity)은 기록의 완전함과 변경되지 않았음을 의미한다. 이용가능성(usability)은 기록의 위치를 찾을 수 있고, 기록이 검색될 수 있으며, 보일 수 있고, 해석될 수 있음을 의미한다(국가기록원). 이는 ISO 15489에서 기술하고 있는 기록의 속성이기도 하며, 특히 전자기록관리에 있어서 더욱더 중요시되는 원칙이다.

3. 세계의 기록관리의 역사

언어와 기억에 의존하여 소통되던 정보는 문자발명 이래 '기록'되면서 본격적으로 시·공간을 초월하여 전달·유통되기 시작되었다. 그러나 근대적인 기록관리의 시대는 18세기 말 프랑스혁명과 더불어 개막되고 미국의 독립선언 이후 서서히 발아되기 시작하였다.

3.1 서양의 기록관리의 역사

1) 프랑스

1789년 제3계급 의원들로 이루어진 국민의회(Assemblee Nationale)의 결성으로 성직자와 귀족계급이 대결하게 되고, 프랑스혁명이 발발하면서 구정부의 많은 기록물들이 파괴·소실되게 되었다. 다행히도 국민의회의 자유와 평등시대를 향한 열망으로 관련 헌법이 제정되고, 국가 공공기록물 보존과 열람 권리가 법령화되면서 이후 근대적인 기록관리 시대의 초석이 되었다. 프랑스의 기록관리 역사는 다음과 같다.

첫째, 18세기. 프랑스혁명시기에 국가가 과거의 기록을 보존할 책임이 있음을 법적으로 명시하였고, 혁명의 이슬로 사라지기 쉬운 구정부기록물을 국가적 차원에서 보호하기 위하여 역사적 기록에 대한 보존 관리체제가 정비되었다. 1789년 국민의회가 의회 기록보존시설을 설치, 1790년 법령으로 '국립기록관(Archives National)'이라 명명하고, 중앙집권적으로 기록물을 관리하기 시작한 것이다. 한편 공공기록물에 대한 개방원칙을 1794년 6월 29일 법령에 명문화하여 기록물 열람을 시민의 권리로 보장하고, 기록열람 청구 자격 또한 규정하였다. 특히 프랑스혁명 당시 국민의회는 구정부가 남긴 기록과 신정부가 만들어 낸 기록을 모두 국민의 공유물로 선언하면서 최초로 현용기록(current record)과 비현용기록(non−

current record)을 구분하였다(최정태 2006, 52 - 53).

둘째, 19세기. 1897년에 이르러 문화부에 기록보존국(La Direction des Archives)을 설치하였으며, 기록보존국장은 국립기록보존소장을 겸임하게 되었다. 법령에 국립기록보존소뿐만 아니라 도립과 시립 및 병원기록보존소의 조직을 규정하였다(한상완 외 2002, 64 - 67). 특히 기록관리의 중요 원칙 중의 하나인 '출처존중의 원칙'은 19세기 중엽 프랑스에서 실무적으로 채택되어 오늘날 기록관리의 중요 원칙의 하나가 되었다(김상호 1999, 14).

셋째, 20세기. 문화부 산하 기록보존국의 세 자문기구인 기록보존상급위원회(1988년), 현대개인기록보존위원회(1973년), 역사위원회(1996년)가 각각 창설되었고, '기록보존에 관한 법률(Loi sur les archives)'[2]이 1979년에 제정되어 현대적인 기록관리의 기틀을 마련하였다.

2) 미국

1492년 콜럼버스가 신대륙 아메리카에 첫발을 내딛고, 1776년 아메리카 13주 독립선언 이후 미국은 체계적으로 프랑스형 기록관리제도를 수립하였다. 미국의 기록관리의 역사는 다음과 같다(최정태 2006, 55 - 63; Ambacher 2003).

첫째, 1930년대 이전까지의 태동기. 1791년 역사적 기록물을 보존하기 위하여 매사추세츠 역사학회(Massachusetts Historical Society)가 창설되었으며, 이후 각 지방에 학회와 단체가 창설되어 기록관리학 발전에 초석이 되었다(SAA). 1884년 미국역사학회(AHA: The American Historical Association)[3]가 결성되었고, 1920년 '국립기록관(National Archives) 설치법안' 통과와 더불어, 제1차 세계대전 이후 공공기록물관리에 주력하기 시작하였다.

둘째, 1930년대의 개발기. 1934년 '국립기록관 설립법안'의 통과로 설립된 국립기록관은 미국기록관리제도의 발판이 되었다. 1936년 '기록전문가회의'가 '미국기

---

2) http://www.de - cujus.com/legislation/legislation1.html
3) http://www.historians.org

록전문가학회(SAA: The Society of American Archivists)'로 개명되고, 이는 이후 미국 기록관리학의 주춧돌이 되었다.

셋째, 1940년대∼1970년대의 발전기. 제2차 세계대전 이후 엄청난 양의 기록물 증가로 기록관리학 영역이 다양화·전문화되었으며, 기록보존 프로그램이 기업기록관과 종교기록관 및 대학기록관으로 확대되었다. 특히 1966년 정보공개법 (FOIA: Freedom of Information Act)이 제정되고, 1974년 개정되었다.

넷째, 1980년 이후의 성숙기. 1934년 설립된 국립기록관은 1984년에 이르러 국립기록청(National Archives & Records Administration)이라는 명실상부한 독립기관으로 승격되었다. 표준화와 전문화에 관심이 집중된 시기이며, 공식적 기록교육 프로그램에 대한 논란이 제기되고 개발된 시기이다.

3) 영국

영국은 1838년 의회법에 의거하여 국립기록보존소가 최초로 설립되면서 근현대적 기록관리를 시작하였다. 국립기록본존소는 고등법관, 대법원장의 소속으로 있다가 이후 1902년에 챈서리 내인(Chancery Nane)에 설립하였고, 1977년 큐(Kew)에 신국립기록보존소를 설립하였다. 영국의 기록물은 크게 중앙행정부와 재판기록물 그리고 지방행정기록물과 민간기록물로 구분된다. 전자는 국립기록보존소에서 관리하며, 후자는 지방기록보존소(Local Archives Office)에서 관할하였다. 1958년에 '공공기록물법(Public Records Act)'이 제정되어 공공기록물관리의 법적 근거가 만들어졌고, 이후 1967년에 개정되었다.

3.2 동양의 기록관리의 역사

1) 중국

중국의 기록관리학은 역사학의 보조학문으로 출발하였다가 지금은 하나의 독립된 학문으로 발전하였다. 20세기 전반까지도 중국의 각급 기관은 기록관리를 비서업무의 일부분으로 생각하였으나, 1930년대 들어 '행정효율운동'과 역사기록물(歷史檔案) 정리활동의 추진, 역사기록물과 기관기록물(機關檔案)의 특징과 관리방법에 대한 연구를 진행하면서 초기 기록학이 성립되었다(馮惠玲 2001).

1949년 10월 중화인민공화국 건국 후에는 국가적 차원에서 정책적으로 기록물관리사업을 추진하였다. 특히 1980년 역사기록물의 개방방침 제시, 기록물관리업무의 확대, 당안관(檔案館, 우리의 기록관) 건설의 촉진에 이어 1986년 '기록사업발전칠오계획(檔案事業發展七五計劃, 일명 칠오계획)'과 더불어 기록관리제도는 본격화되었다. 칠오계획은 기본적인 기록물관리사업 발전방침으로 이후 중국 기록물관리사업 전개 및 발전의 기틀이 되었다. 그 결과 중앙에서 지방에 이르기까지 기록물관리 행정체제가 형성되고, 각급·각종의 당안관이 전국적 네트워크를 형성하게 되었다(한미경 2003, 6).

1953년 중앙사무청비서처(中央辦公廳秘書處)에서 기록물관리사업 지도기구 설치를 제안, 1955년 '국가당안국조직간칙(國家檔案局組織簡則)' 규정에 따라 국무원(國務院) 직속의 국가 기록물관리사업을 주관하는 최고행정관리기구인 국가당안국(國家檔案局)이 탄생하였다(中華人民共和國國家檔案局). 한편 '중화인민공화국기록법(中華人民共和國檔案法 1987년 제정, 1996년 수정)과 시행규칙(實施辦法 1990년 제정, 1999년 수정)'이 제정되었다.

중국은 기록관리에 있어서 다양한 분야에서 선진적인 발전을 이루고 있으며, 2007년 현재 각급의 각종 당안관의 설치현황을 살펴보면 총 3,816관으로 그중 종합당안관 3,046관, 국가전문당안관 225관, 부문당안관 142관, 기업당안관 304관, 과기사업단위당안관(科技事業單位檔案館) 59관 등이 설치되어 있다.

2) 일본

일본의 근대적인 기록물관리는 20세기 초 개화와 더불어 서구문물이 유입되면서 개막되었고, 1920년대에 문서정리에 관한 교과서도 출판되기 시작하였다. 1940년대 후반에는 미 점령군을 통해 파일링(filing) 관련 사상과 용품이 도입되어 사무를 보는 일본인을 상대로 교육이 실시되었으며, 그들은 관(官)·민(民)의 사무개혁 및 파일링의 지도자가 되었다.

1950년대부터 1960년대 초까지는 '사무관리'라는 경영학의 한 영역으로 취급되다가 1960년대 후반부터 산업계의 업무처리에 컴퓨터가 도입되면서 '경영정보학'으로 새로이 발전되었다. 이후 주로 'Computer System'의 방향으로 연구되었고, 'Filing System'은 주로 '비서학'으로 배치되게 되었다. 1980년대 들어 각 방면의 정보의 기술적 기반이 정비되고 산업계에는 'FA(Factory Automation)'가 정착되었으며, 행정부문에 있어 지방자치단체를 중심으로 행정집무환경의 개선과 정보공간의 요구가 높아졌다(高山正也 2001, 54 - 56).

1986년에 국제아카이브스협의회(ICA)에 가입하였으며, 1987년 12월 10일 의원입법으로 '공문서관법(公文書館法, Archives Offices Act)'을 공포, 이듬해 6월부터 시행하였다. 기록관리의 필요성이 각 방면에 인식되어 1989년 3월 기록관리학회가 창립되었다. 학회창립 이후 1994년 스루가다이(駿河台)대학 문화정보학부(文化情報學部)에 기록관리학의 전문과목군(群)이 설치되고, 1996년 대학원 석사(修士)과정이 개설되어 전문적으로 대학 및 대학원에서 연구·교육하는 체제가 형성되어 오늘에 이르고 있다.

3) 한국의 기록관리의 역사

세계 최고의 목판본과 금속활자본을 탄생시킨 우리나라는 역대 왕조마다 기록을 소중히 여기고, 발달된 기록문화를 계승해 왔다. 그러나 현대적 의미의 기록관리는 1969년 정부기록보존소의 설립에서부터 살펴볼 수 있고, 1990년대 후반 공공기록물에 대한 사회적 인식이 대두되면서 본격적으로 개막되었다고 할 수 있다. 1990년대를 전후로 기록관리의 역사를 살펴보면 다음과 같다.

첫째, 1990년대 이전. 1969년 총무처 소속으로 정부기록보존소를 설립하고, 정부의 영구보존 대상 문서·도면·카드 등의 집중적 보존·관리를 시작하였다. 1984년 조선시대 사고(史庫) 전통을 계승하여 금정산에 현대적 보존시설인 '부산지소'를 설치하여 공공기록물을 관리한 것이 대부분이었다.

둘째, 1990년대 이후. 1998년 재단법인 '한국국가기록연구원(The Research Institute for korean Archives and Records)'이 창립되고, 1999년 명지대학교와 공동 부설로 '한국기록관리학교육원'이 개설되면서 기록관리 교육이 시작되었다. 1999년 1월 29일 '공공기관의기록물관리에관한법률'이 제정·공포되고, 그해 12월 시행령과 시행규칙이 각각 발표되면서 본격적으로 기록관리에 박차를 가하게 되었다. 1994년 4월 한국 최초의 기록관리 전문직단체인 '한국기록보존협회'가 발족되고, 1996년 4월 사단법인으로 설립된 이후 1999년 7월 '한국기록관리협회(The Korean Association of Archives Management)'로 개명하여 기록관리 분야를 위한 실무적이고 실제적인 사업 활성화에 주력하고 있다.

셋째, 2000년대. 2000년에 접어들면서 '한국기록관리학회(Records Management Society of Korea)'의 창립과 더불어 기록관리 분야의 이론적이고 학술적인 연구와 교육에 정진하고 있다. 2004년에는 정부기록보존소가 '국가기록원(National Archives and Records Service)'으로 개명·승격되고, 자료관시스템표준규격이 고시되었으며, 국가기록원 내에 평가분류팀이 새로이 신설되었다. 2004년 국가기록원의 '기록물분류기준표'가 전면 시행되고, 2006년 기록물 기술의 국가 표준안이라 할 수 있는 '국가기록원 기록물 기술규칙(안)'이 시행되어 체계적인 기록관리의 기틀을 마련하였다. 기존의 기록물관리법이 '공공기록물관리에관한법률'로 2006년 10월 14일 전부 개정되고, 2007년 4월 5일 시행되었다. 한편 '대통령기록물관리에관한법률'의 제정으로 가장 대표적인 공공기록물인 대통령기록물 또한 효율적으로 관리되리라 기대된다.

Ⅱ. 주요기구의 이해

인간은 사회적인 동물로서 많은 사람들이 모이게 되면 일정의 어떤 목적을 위하여 여러 형태의 모임을 구성하거나 조직한다. 이러한 모임은 단체나 기구의 형식으로 존재하게 되며 비영리 또는 영리의 목적과 기능을 한시적 또는 지속적으로 수행하게 된다.

본 장에서는 우선 기구에 대한 일반적인 사항 외에 국가기구와 행정기구, 협회, 협의회와 위원회 등과 같은 여러 형식의 주요기구에 대하여 알아보기로 한다.

1. 기구

일반적인 기구의 이해를 위하여 기구의 의미, 유형, 종류 등에 대하여 알아보도록 하겠다.

1.1 기구의 의미

일반적으로 기구(機構, Organization)란 '많은 사람이 모여 어떤 목적을 위하여 구성한 조직이나 기관의 구성체계'를 이른다. 이에 대한 동의어로서 기관(機關)은 '사회생활의 영역에서 일정한 역할과 목적을 위하여 설치한 기구나 조직'을 이른다. 유사어의 하나인 단체(團體)란 '같은 목적을 달성하기 위하여 모인 사람들의 일정한 조직체' 또는 '여러 사람이 모여서 이루어진 집단'을 이르며, 집단(集團)이란 '여럿이 모여 이룬 모임'이라고 한다. 한편, 조직(組織)이란 '특정한 목적을 달성하기 위하여 여러 개체나 요소를 모아서 체계 있는 집단을 이룸 또는 그 집단'을 말한다. 특히 조직에 대하여 *행정학사전*에 의하면 '공동의 목표를 달성하기 위해 분업과 통합의 활동체계를 갖춘 사회적 단위(social unit)이다. 조직은 구조와 과정 및 규범을 내포하며, 환경과 교호작용을 한다'라고 정의 내리고 있다. 이상을 종합하면 기구, 기관, 단체, 집단, 조직 등은 동의어 또는 유사어로서 약간의 차이는 존재하나 어떤 목적을 위하여 여러 사람들이 조직 또는 구성한 체계임을 알 수 있다. 본서에서는 이해의 편의를 위하여 대표적 용어로 '기구'를 사용하기로 하되, 학계의 통상적인 이론에 따라 '조직'도 함께 사용하기로 한다.

1.2 기구의 유형

기구의 유형은 학자마다 다양하게 분류하고 있다. *행정학대사전*에서 소개하고 있는 기구, 즉 조직의 분류방법을 종합적으로 살펴보면 다음과 같다.

첫째, 휴스(Everett C. Hughes)의 분류. 이는 일종의 분석적 분류방법으로 1) 평등한 자원(自願)조직(voluntary association of equals), 2) 군대모형(military model), 3) 자선단체(philanthropy model), 4) 회사(corporation model)로 분류하고 있다.

둘째, 블라우(P. Blau)의 분류. 블라우와 스코트(W. Richard Scott)는 조직과 관계를 지닌 사람을 1) 구성원, 2) 조직의 소유자나 운영자, 3) 조직 밖에 있는 사람들(고객), 4) 사회 전체 또는 대중으로 구분하고 이에 입각하여 조직을 네 가지로 분류하고 있다. 즉, 1) 공익단체, 2) 사업조직, 3) 서비스조직, 4) 공익복지조직으로 분류하고 있다.

셋째, 에치오니(A. Etzioni)의 분류. 에치오니는 조직 전체를 통제체제로 보고 상위자가 어떤 방법으로 하위자를 통제하느냐와 하위자가 그 통제에 대하여 어떤 태도를 가지느냐에 근거하여 조직의 유형을 분류하였다. 즉 에치오니에 의하면 세 가지 통제체제(강제적 통제, 보수적 통제, 규범적 통제)와 하위자의 세 가지 수용태도(소외적 태도, 타산적 태도, 도덕적 태도)를 종합하여 아홉 가지의 조직유형을 도출한다. 그중 현실적 조직은 세 가지로서 1) 강제된 조직(coercive organization), 2) 보수적 조직(utilitarian organization), 3) 규범적 조직(normative organization)으로 분류된다.

넷째, 카츠(D. Katz)와 칸(R. Kahn)의 분류. 이들은 조직을 목표달성을 위한 사회적 시스템(social system)으로 보고 조직은 1) 적응, 2) 목표달성, 3) 통합, 4) 형상유지의 네 가지 기능이 필요하다고 하였다. 조직의 유형도 이 네 가지 기능에 대응하는 것으로 1) 생산적 내지 경제적 조직(productive or economic organization), 2) 형상유지조직(maintenance organization), 3) 적응조직(adaptive structures), 4) 관리 내지 정치적 조직(managerial or political organization)으로 분류하였다.

이 외에도 민츠버그(Henry Mintzberg)는 복수 국면적 접근방법(multi-faceted approach)에 의하여 다섯 가지 범주의 조직 양태를 분류하였고, 퍼그(D. S. Pugh)와 힉슨(D. J. Hickson) 그리고 히닝스(C. R. Hinings)는 경험적 조사연구를 통해 귀납적으로 조직유형론을 개발하였다. 종합적으로 조직의 유형은 학자에 따라 매우 다양한 기준에 의하여 다양하게 분류되고 있으나, 어떤 분류이든 분류된 조직 즉 기구의 성격을 예측하는 데 도움을 줄 수 있어야 한다는 것에 대해서는 의견을 일치하고 있다.

1.3 기구의 종류

기구의 종류는 다양하며, 이는 여러 가지 기준을 근거로 다음과 같이 구분하여 볼 수 있다. 일반적으로 국가의 구성단위 여부를 기준으로 정부간기구와 비정부기구로 구분하며, 다른 한편으로 국가단위를 기준으로 하나의 국가를 단위로 하는 국가기구와 다수의 국가를 단위로 하는 국제기구로 구분할 수 있다. 국가적 차원의 기구 여부를 기준으로 국가기구와 민간기구 또는 정부기구와 비정부기구로 구분하기도 한다. 그리고 영리와 비영리의 기준으로 영리단체와 비영리단체로 구분하기도 한다. 한편, 이 외에도 학술단체와 연구단체 등이 있으며, 구체적으로 학술적 성격을 기준으로 학술단체의 대표 격인 학회와 실무단체의 대표 격인 협회 등도 있다.

여기에서는 본서의 주요기구의 조사대상이 되는 국가기구, 행정기구, 협회, 협의회와 위원회를 제외하고 상술한 기구의 구분을 참조하여 국제기구와 비정부기구 그리고 영리단체와 비영리단체 등 기구에 대하여 간략히 살펴보겠다.

1) 국제기구

국제기구(國際機構, International Organization)는 '조약에 입각하여 복수의 주권국가로 구성되어, 일정한 목적하에 국제법상 독자적으로 존재하는 동시에 자체기관에 의하여 독자적인 행동을 하는 조직체'이다. 이는 국제기관, 국제조직, 국제단체라고도 한다.

국제기구는 19세기에 들어와서 국제하천위원회와 같은 특수한 분야에서부터 시작하여, 특히 19세기 후반 사회생활의 여러 분야에서 국제관계가 현저하게 긴밀해짐과 동시에 국제행정연합으로서 등장하기 시작하였다. 20세기에 들어와서 정치적인 평화의 유지나 전쟁의 방지를 주목적으로 하는 국제기구가 생겨났고, 이와 함께 여러 가지 국제협력을 임무로 삼는 조직이 나타났다. 특히 오늘날에는 국제기구가 전체적으로 서로 유기적인 연관을 가지고 존재하고 기능을 발휘하는 것이 특징이다.

*두산세계대백과사전*을 참조하여 국제기구의 특징을 정리하면 다음과 같다.

첫째, 국제기구는 국가, 즉 정부를 구성단위로 하기 때문에 '정부간기구(IGO: Inter‐Governmental Organization)'라 불리기도 한다. 따라서 국제적 민간단체인 '국제비정부기구(NGO: Non‐Governmental Organization)'와는 구별된다.

둘째, 국제기구는 기본조약에 의해서 일정한 목적을 가지는 기능적 존재로서 국가와 같은 권력적 존재는 아니다. 이러한 점에서 복수국가의 결합에 있어서도 연방이나 국가연합과 구별된다. 다만 국가연합(UN)을 국제기구에 포함시키는 학자도 있다.

셋째, 국제기구는 국제법상 독자적인 위치에 있는 의사주체로서 이를 구성하는 기관과는 구별된다. 참고로 국제연합은 국제기구이지만 그 총회, 안전보장이사회, 경제사회이사회 등은 보조적인 기관이지 국제기구는 아니며, 국제재판소 등 사법적 국제기구 또한 별도로 논의되는 경우가 많다.

한편, 국제기구는 다음과 같이 구분하기도 한다.

첫째, 국제기구는 그 구성원이 세계 여러 나라를 포함하는 일반적 국제기구와, 지역적으로 한정되어 있는 지역적 국제기구로 구분된다. 국제연합(UN)이나 국제연합교육과학문화기구(UNESCO), 국제노동기구(ILO)와 같은 전문기구는 전자에 해당되고, 북대서양조약기구(NATO) · 미주기구(OAS) · 유럽연합(EU) · 아시아개발은행(ADB) 등은 후자에 해당된다. 일반적으로 국제기구는 보통 총회 · 이사회 · 사무국으로 구성되는데, 지역적 국제기구에는 이사회라는 기관이 없는 것이 통례이다.

둘째, 국제기구는 그 목적과 임무가 평화유지나 경제사회협력도 포함해서 종합적이냐, 아니면 전문적 · 개별적(특히 경제사회협력의 분야)이냐에 따라서 종합적 국제기구와 전문적 국제기구로 구분된다. 국제연합 · 미주기구 · 아랍연맹 · 아프리카통일기구(OAU) 등은 전자에 해당되고, 국제연합교육과학문화기구 · 국제노동기구 등 전문기관과 아시아개발은행 등은 후자에 해당된다.

2) 비정부기구

비정부기구(非政府機構, NGO: Non−Governmental Organization)란 지역, 국가, 국제적으로 조직된 자발적인 비영리 시민단체이다. 공동의 이해를 가진 사람들이 특정 목적을 위해 조직한 비정부기구는 다음과 같은 기능을 수행한다.

첫째, 다양한 서비스와 인도주의적 기능을 수행한다.

둘째, 정부정책을 감시하고 정보를 제공한다.

셋째, 시민의 정치 참여를 장려한다.

넷째, 인권, 환경, 보건, 성차별 등의 특정 이슈를 추구하기도 한다.

참고로 현재의 실제 기구인 국제비정부기구(國際非政府機構, Non‒Governm-ental Organization)는 1946년에 설립되어 국제연합(UN: United Nations)에 여론을 반영하기 위해 설립된 각국의 민간단체이다. 이는 통상적으로 엔지오(NGO) 또는 비정부기구라고 불린다. 개인이나 민간단체가 연합하여 국제적 기관을 조직한 INGO(International Non‒Governmental Organization, 비정부간국제기구)와 같은 뜻으로 사용되는 경우가 많다. 국제연합헌장에 따라 국제연합경제사회이사회의 자문기관으로 인정받고 있다. 주로 환경·인권·빈곤추방·부패방지 관련 활동을 전세계적으로 전개하고 있으며, 유엔총회에서 결의한 내용에 관한 자문과 프로그램을 제작하는 활동을 전개하고 있다. 2001년 현재 전세계 1,600여 민간단체가 가입되어 있으며, 본부는 미국 뉴욕에 있다.

3) 영리단체

영리단체(營利團體)란 '동일 산업부문에 속하는 독립기업을 구성원으로 하여 공통의 이익증진을 도모하는 자주적 단체'를 이른다. 이는 사업자단체(事業者團體)라고도 하며, 공정거래법 제2조에 의하면 '같은 업종에 종사하는 사업자, 곧 동일 산업부문에 종사하는 기업이나 사업주 또는 사업자격을 가진 사람들이 형태 여하를 막론하고 공동의 이익을 증진할 목적으로 조직한 결합체 또는 연합체'를 말한다. 예를 들어 우리나라의 경우 전국경제인연합회, 한국경영자총협회, 한국자동차공업협회, 한국반도체산업협회 등이 이에 해당한다.

영리단체는 독점규제 및 공정거래에 관한 법률이 정하는 바에 따라 그 설립을 신고하게 되어 있다. 한편, 관련 법률에 의하면, ① 일정한 거래 분야의 경쟁을 실질적으로 제한하는 행위, ② 일정한 거래 분야에 있어서 현재 또는 장래의 사업자 수를 제한하는 행위, ③ 단체구성원의 사업내용 또는 활동을 부당하게 제한하는 행위, ④ 단체구성원에게 불공정거래행위 또는 재판매가격 유지행위(再販賣

價格維持行爲)를 하게 하는 행위는 금지되어 있다.

또한 영리단체, 즉 사업자단체는 그 자체가 영리사업을 할 수는 없지만 공익을 위해 자기 집단의 이익을 포기하지는 않고, 또 양자가 상충할 경우에는 언제든지 공익을 버릴 수 있다. 일반적으로 사단법인, 재단법인, 조합 등의 법률 형태를 가진다. 그리고 연합회, 협회, 조합 등 명칭을 다양하게 사용하고 있다.

4) 비영리단체

비영리단체(非營利團體)는 '비영리민간단체'라고도 한다. 비영리민간단체지원법(非營利民間團體支援法 2000. 1. 12, 법률 제6118호)에 의하면 비영리민간단체란 '영리가 아닌 공익활동을 수행하는 것을 주된 목적으로 하는 민간단체'로서 다음의 요건을 갖추어야 한다. ① 사업의 수혜자가 불특정 다수일 것, ② 구성원 상호간에 이익을 분배하지 않을 것, ③ 특정 정당 또는 선출직 후보에 대한 지지·지원이나 특정 종교의 교리전파를 주된 목적으로 설립·운영되지 않을 것, ④ 상시 구성원 수가 100인 이상일 것, ⑤ 최근 1년 동안 공익활동의 실적이 있을 것, ⑥ 법인이 아닌 단체인 경우 대표자나 관리인이 있어야 한다.

국가나 지방자치단체는 비영리민간단체의 고유한 활동영역을 존중하고, 창의성과 전문성을 발휘하여 공익활동에 참여할 수 있도록 적극 노력해야 한다. 참고로 비영리민간단체지원법은 비영리민간단체의 자발적인 활동을 보장하고 건전한 민간단체로 성장하도록 지원함으로써 비영리민간단체의 공익활동 증진과 민주사회 발전에 기여하기 위해 제정한 법이다. 비영리단체지원법이 정한 지원을 받고자 하는 비영리민간단체는 해당 공익활동의 주무 장관이나 시·도지사에게 등록을 신청해야 한다.

2. 국가기구와 행정기구

본 장에서는 국가기구와 행정기구에 대한 이해를 위하여 국가기구의 의미와 종류, 행정기구의 의미와 유형 등에 대해 살펴보기로 하겠다.

2.1 국가기구

1) 국가기구의 의미

일반적으로 국가기구(國家機構, State Apparatus)란 '국가가 권력을 행사하여 국가기능을 수행하는 데 필요한 여러 행태의 제도와 조직들의 집합'으로 정의된다. 그러나 좀더 분석적으로 여러 가지 이론적 접근법에 따라 다르게 정의되고 해석될 수 있다. 정용덕(2002a)은 기능론, 행위론, 제도론 등 접근방법 또는 국가와 시민사회 간 관계에 관한 다양한 이론적 시각에 따라 그 의미가 다양하게 정의되고 해석된다고 하였다. 그중 기능론은 국가기구란 국가가 주어진 사회질서의 유지와 같은 기능적 필요에 대응하기 위해 형성된 제도들의 집합이며, 국가기구는 이 기능적 필요에 따라 진화하거나 도출된다는 것이다. 행위론은 국가기구의 변화는 관련 행위자들의 의도적이거나 합리적인 선택의 산물이라는 것이다. 한편 알포드와 프리드랜드(Alford & Friedland 1985)에 의하면 국가기구에 관한 이론적 시각은 다음과 같다(정용덕 2002b, 16 – 17).

첫째, 다원주의 시각. 현대국가와 국가기구의 민주주의적 측면에 초점을 맞춘 것으로 국가의 정책은 당시 사회의 필요성에 대한 시민들의 합의를 바탕으로 투입되어 정치과정을 통해 형성되는 것으로 본다. 국가기구의 제도화도 분화와 통합이라는 기능적 필요에 의해 혹은 집단 정치 과정 참여자들의 상호작용을 통해 이루어진다는 시각이다.

둘째, 개인주의 시각. 현대국가와 국가기구의 개인주의적 측면에 초점을 둔 것으로 국가의 정책은 국가와 사회의 구성원들이 모두 자기의 개인 이익을 추구하기 위해 수행한 합리적인 선택의 집합으로서 결정되는 것으로 본다. 국가기구의 제도화도 관련 행위자들이 자신의 개인이익을 극대화하기 위해 주어진 제약 속에서 합리적으로 선택한 결과라는 시각이다.

셋째, 엘리트론 시각. 현대 국가와 국가기구의 관료주의적 측면에 초점을 맞춘 것으로 국가의 정책은 불가피하게 관료제적 방식에 의해 조직화되는 것으로 본다. 국가기구의 자율성과 정책 능력의 확보와 상관관계 위에서 제도화된다는 시각이다.

넷째, 자본주의 시각. 국가와 국가기구의 자본주의적 특성에 초점을 맞춘 것으로 국가의 정책은 국가기구의 자본주의의 기능적 필요에 따라 그리고 계급갈등을 통해 결정되는 것으로 본다. 국가기구도 자본주의 발전의 기능적 필요에 따라 혹은 계급갈등에 의해 다양한 형태로 제도화된다는 시각이다.

이상의 네 가지 시각은 일종의 국가이론으로 국가기구의 변화에 대한 상술한 기능론과 행위론이라는 귀인이론(Attribution Theory)에 의해 세분화될 수 있다.

한편, 이데올로기적 국가기구(Appareils Idéologiques d'Etat)란 국정을 수행하기 위하여 조직한 국가기관의 체계를 이른다. 이데올로기적 국가기구는 계급사회의 특정한 역사적 환경에서 이데올로기에 의해 주어진 물질적 또는 제도적 형식이다. 이는 프랑스 마르크스주의 철학자 루이 알튀세르(Louis Pierre Althusser, 1918~1990)가 사회구성체가 유지되는 과정을 설명하기 위해 도입한 것이다. 알튀세르에 따르면, 사회구성체가 지속적으로 유지되기 위해서는 생산력과 기존의 생산관계를 재생산해야 하는데 이러한 생산조건들의 재생산 과정에서 작용하는 대표적인 것이 국가와 이데올로기라는 것이다. 이는 억압적 국가기구와 구별되며, 억압적 국가기구는 국가의 통제에 사용되거나 또는 직접 국가통제하에 있는 억압적이고 규제적인 세력의 복합체이다. 여기에는 형벌제도, 경찰, 군, 입법 및 행정기관 등이 포함된다. 이들은 우리가 원하든 원하지 않든 명령을 내릴 수 있는 합법적 권위로 특징져진다. 반면에 이데올로기적 국가기구는 국가와 대응되는 사적인 영역으로서의 시민사회 안에서 발생하는 다양한 사회제도들이다. 이들 역시 규제적인 기능을 수행하며 국가를 대신하여 이데올로기를 재생산한다. 여기에는 교육, 가족, 종교, 법률제도, 정당정치제도, 문화와 커뮤니케이션 등이 포함된다.

2) 국가기구의 종류

정용덕(2002b, 18－19)은 한일국가기구를 비교하기 위하여 다음과 같이 국가기구의 종류를 분류·기술하고 있다.

첫째, 중앙정부의 모든 공식기구들. 여기에는 중앙정부의 입법, 행정 및 사법의 모든 공식기구들이 포함된다.

둘째, 중앙정부의 중간기구들. 국가와 시민사회의 중간에 다양한 형태로 제도화되어 있는 중간조직들은 다양한 방법에 의하여 사실상 국가기능을 수행하기 때문이다. 참고로 중간조직들은 준정부기구(QUAGOS: Quasi－Governmental Organizations)와 준비정부기구들(QUANGOS: Quasi－Non－Governmental Organizations)을 의미한다. 이 밖에도 정부산하단체, 특수법인 등과 같이 실무적인 용어에서 이익집단, 제3섹터, 매개조직(Intermediate Organizations), 정책연결망 등 학술적인 용어에 이르기까지 다양한 이름이 사용되기도 한다(임학순 1994, 정용덕 2001 등).

셋째, 중앙정부의 지방수준 행정기구들. 이는 지방정부의 중앙－지방정부 간 관계의 맥락에서 국가기능의 배분 및 관련 기구들이 포함된다. 그 외에 지방 내 기구들이 있다. 이는 지방의 관련 업무수행의 필요에 의하여 구성되는 기구들이다.

이상으로 국가기구는 중앙정부의 모든 공식조직, 중앙정부의 중간조직, 중앙정부의 지방수준 행정기구, 그리고 지방 내 기구로 분류됨을 알 수 있다.

2.2 행정기구

1) 행정기구의 의미

행정기구란 '국가가 권력을 행사하여 행정기능을 수행하는 데 필요한 여러 형태의 제도와 조직들의 집합'을 의미한다. 20세기에 대부분의 나라에서 행정국가화가 이루어졌고, 이 때문에 국가기구에서 행정기구가 차지하는 비중이 크게 증가하였다(Cadien 1981, Muto 2000, 정용덕 2002a, 12) 한편, 국가의 행정이 관료적 방식에 의해 운영되면서, 최소한 20세기 말에 이르러 이에 대한 제동이 걸리기 전까지는, 점차 행정기구는 관료기구와 사실상 대동소이해지게 되었다. 원래 국가기구의 하위개념으로서 행정기구와 관료기구는 정부기계 또는 기제(Government Machine or Mechanism), 행정조직(Administrative Organization), 행정기관(Administrative Agency) 등으로 지칭되기도 한다. 이는 다음과 같이 공식화되기도 한다.

행정기구 = 국가기구 - 입법기구 - 사법기구 + 준행정적 기구

따라서 국가기구(State Apparatus)의 하위개념이지만, 행정국가 현상이 심화됨에 따라 국가기구와 행정기구 간의 차이가 감소되어 왔으며, 국가행정이 점차 관료제 방식에 따라 운영됨으로써 관료기구(Bureaucratic Apparatus)와의 차이도 대동소이해지게 되었다.

참고로 한국의 행정기구는 중앙행정기관, 지방행정기관, 부속기관, 행정위원회, 국가기업, 국가출연 연구기관, 각종 공단, 국공립학교, 국립군과 외국군, 일부 공공법인체 등으로 분류·구성된다.

2) 행정기구의 유형

행정기구는 국가의 중범위 수준(meso-level) 구조에 해당한다. 따라서 상술한

국가에 관한 네 가지 이론적 시각에 따라 행정기구 이론들을 유형화할 수 있다. 또한, 행정기구 조직화의 귀인을 구조와 행위 가운데 어디에서 구하는가에 따라 유형화할 수도 있다(정용덕 2002a).

첫째, 다원주의 시각. 다원화된 국가와 사회의 특성에 따라 행정기구가 형성, 변화, 소멸하는 것이다. 대표적인 이론모형으로는 구조기능론과 집단정치론을 들 수 있다. 전자는 한 정치체계가 체계기능, 과정기능, 정책기능을 수행하는데, 이 기능들의 세부적인 기능들을 수행하는 구조로서 행정기구들이 조직화되는 것으로 본다. 후자는 국가정책의 내용에 따라 정책과정과 관련 행정기구들의 특성이 다르게 나타나는 것으로 본다. 즉 분배, 재분배, 규제, 구성 정책이라는 네 가지 유형에 따라 정책과정과 행정기구들의 특성이 각각 상이하게 이루어진다.

둘째, 개인주의 시각. 국가와 사회가 모두 자기 이익을 추구하기 위하여 합리적인 행동을 하는 사람들의 집합인 것으로 간주한다. 행정기구들은 국가의 공급 측면 접근방법에 의해 주로 개발되었으며, 이 가운데 관청형성 모형은 행정기구들이 예산의 유형에 따라 다양한 특성을 보이는 것으로 본다. 즉 전달기관, 규제기관, 이전기관, 계약기관, 통제기관, 조세기관, 거래기관, 봉사기관으로 구분하고, 이 각 기구별 유형과 구성원의 계급에 따라 다양한 특성을 나타내는 것으로 본다.

셋째, 엘리트론 시각. 국가의 자율성에 따라 행정기구의 특성을 구분한다. 국가가 사회에 의해 수동적으로 통제되는 경우, 국가제도의 일부인 행정기구도 사회로부터 수동적으로 통제되는 존재가 된다. 국가가 사회집단들의 정상조직들과 더불어 제도화된 협상과정을 통해 정책을 결정하는 경우, 행정기구는 그와 같은 코포라티즘적 협상체계를 반영하도록 구조화된다. 그리고 국가가 사회에 대해 자율성을 갖는 경우, 국가의 중요한 제도적 구성요소로서 행정기구도 사회로부터 자율성을 지니게 된다. 또한 국가자율성은 행정기구의 조직적 및 제도적 특성에 의해 크게 좌우된다.

넷째, 자본주의 시각. 행정기구의 변화를 자본가 계급과 비자본가 계급 간의 이익갈등의 산물인 것으로 보거나, 국가가 자본주의의 유지 및 발전을 위하여 수행해야 할 기능적 필요성에 따라 결정되는 것으로 보는 두 가지 경우가 있다. 전자의 계급갈등의 시각은 자본주의 국가의 행정기구는 계급투쟁의 특이한 상황과 자본가 계급의 이익에 의해 좌우된다는 것이다. 후자의 기능주의 시각은 자본주의 국가의 행정기구는 자본주의의 유지와 발전을 위해 국가에 요구되는 기능적 필요에 따라 결정된다는 것이다. 이 경우 행정기구는 국가기능에 의해, 또한 국가기능은 국가형태에 의해 좌우된다. 이와 같은 접근법에 의해 자본주의 국가의 행정기구는 합의, 생산, 통합, 집행의 네 가지로 유형화할 수 있다.

한편, 행정기구는 때론 행정기관이라는 용어와 혼용되기도 하며, 후자는 주로 법률적 용어로 사용된다. 이 경우 행정기관(行政機關)이란 '국가 또는 지방자치단체의 행정사무를 맡아보는 기관'을 의미하며, *두산세계대백과사전*에 의하면 취급 사무와 법적 성격에 따라 다음과 같이 분류된다.

첫째, 취급 사무에 따른 분류. 행정기관은 취급하는 사무에 따라 국가행정기관 또는 관치행정기관과 자치행정기관으로 분류된다.

둘째, 법적 성격에 따른 분류. 행정기관은 법적 성격에 따라 행정관청, 의결기관 또는 자문기관, 감사기관, 집행기관, 보조기관 등으로 분류된다.

3. 협회

3.1 협회의 의미

일반적으로 협회(協會, Society; Association)란 회원이 협동 일치하여 설립·유지하는 모임으로 사전적으로는 '같은 목적을 가진 사람들이 설립하여 유지해 나아가는 모임'을 이른다. 이에 학회(學會, Society; Institute)는 '학술연구를 목적으로 학문을 깊이 있게 연구하고 더욱 발전시키기 위하여 공부하는 사람들이 만든 모임'을 이른다.

협회는 같은 목적을 가진 조직들의 모임이며, 조직들의 모임인 조직군(組織群)은 '유사한 환경에 처해 있는 조직들의 집합체'이다. 이러한 조직군을 규정하는 방법은 다음과 같다(류명석 1996, 35-36).

첫째, 조직이 속한 산업에 따른 구별. 이는 가장 단순한 방법으로 특정 산업이나 직업을 기준으로 조직군의 범주를 규정하는 것이다.

둘째, 조직이 생산하는 상품이나 서비스를 구체적 수준으로 구분. 이는 산출물의 구체성을 통한 조직군의 세분화로서 사회경제적 의미를 가지는 보다 구체적인 수준까지 계속하여 조직군을 규정할 수 있다는 것이다.

셋째, 동일 상품 생산의 조직 내에서의 규모나 조직형태 등에 따른 구분. 이는 동일 상품을 생산하는 조직들이라도 조직의 규모나 조직형태 등이 다르다면 각각의 조직군으로 구분될 수 있다는 것이다.

넷째, 동일 상품 생산의 조직 내에서의 지역단위에 따른 구분. 이는 동일 상품을 생산하는 조직들이라도 일정한 지역을 단위로 각각의 조직군으로 구분될 수 있다는 것이다.

다만 이상은 절대적인 기준은 아니며 동일한 조직이 각기 다른 조직군에 중복 포함되기도 한다. 한편, 일반적으로 개별조직이 조직의 성장단계, 정체단계, 쇠퇴단계라는 생애주기를 갖듯이 조직군도 일종의 생애주기를 갖고 변화하게 된다(이창원, 최창현 1996). 캐롤과 휴(Carroll and Huo 1986)에 의하면 조직군은 생애주기와 환경의 변화에 따라 조직군에 분류되는 조직의 수 즉, 규모도 유동적이다.

조직군의 조직들은 조직군의 생애주기와 환경 변화에 대하여 조직들 간의 공동대응을 통하여 적극적으로 대응하기도 한다. 즉, 조직군 내에서 조직군의 공동전략의 차원에서 협회조직이 결성된다. 이때 조직군의 생애주기에 따라 협회조직 등과 같은 공동전략의 동기와 형태가 달라진다. 올리버(Oliver 1999)는 조직군을 구성하는 조직 수입 매출액이 증가하는 단계인 성장단계에서 조직군 내의 경쟁은 미미한 반면 조직군에 대한 시회로부터의 제도적 정당성은 부족하다고 언급하였다. 따라서 이 단계에서 협회조직의 결성과 같은 공동전략은 조직군의 성장과 함께 조직군에 대한 사회적 승인을 높이는 데 중요한 역할을 수행하게 된다.

3.2 협회의 설립

보우만(Bowman 1989)은 조직군의 공동전략 차원에서 협회조직이 결성되며, 이는 조직군 내부적 요인과 외부적 요인의 영향을 받아 설립된다고 하였다. 전자요인은 이익확대 욕구와 조직내부군의 경쟁의 완화, 대정부 활동의 필요성, 조직군에 대한 사회적 정당성과 지원의 확대, 동종 조직 간의 정보의 교환이나 정서적 유대의 강화 등이 해당된다(Coleman 1988). 후자요인은 우선 조직군의 활동과 관련한 환경의 변화를 의미한다. 이는 조직들과의 관계에서 조직군에 불리한 방향으로 변화가 발생하면 조직군 내의 조직들은 자신들의 이익을 확보하기 위한 목적에서 공동전략을 추구하게 되기 때문이다. 두 번째로 정부의 각종 규제와 지원 등의 산업정책 역시 조직군의 중요한 환경적 변화라 할 수 있다. 그 외 전쟁이나 공황, 경제호황과 불황 역시 해당된다.

실제적인 협회의 설립과정에 있어 조직군의 규모와 조직들의 규모, 조직군의 동질성 정도, 조직군의 환경 등의 영향을 받는다(류명석 1996, 40-41). 구체적으로 다음과 같다.

첫째, 조직군의 규모. 조직군을 구성하는 조직들의 수가 적을수록 협회의 조직이 용이하다. 이는 구성 조직들의 수가 많을수록 협회 설립을 위한 의사소통을 포함한 시간과 비용이 증대되기 때문이다(박효종 1994).

둘째, 조직군의 동질성 정도. 조직군을 구성하는 조직들 간의 규모와 생산물이 동질적일수록 협회 설립이 잘된다(Wilson 1987). 조직들의 동질성이 증가할수록 의사소통이 원활하며, 이해관계가 유사하기 때문이다.

셋째, 조직군의 환경. 조직군은 유사한 환경에 처한 조직들의 집합체이며, 환경 변화에 대한 공동대응으로 협회의 설립을 낳는다. 협회의 결성과 설립은 조직군의 환경 변화에 민감한 영향을 받으며, 급격한 환경 변화나 불리한 환경 변화는 협회 설립의 촉진 요인이라 할 수 있다.

3.3 협회의 자원과 조직

노크(Knoke 1990)에 의하면 협회의 결성이나 협회가입에 대한 조직들의 동기와 태도 등은 이익추구적 목적과 정서적 목적, 규범적 목적으로 구분된다. 다만 일반적으로 협회는 영리단체가 아니다. 따라서 회원들 간의 인적·물적 자원의 기여를 바탕으로 관련 목적과 기능을 수행한다. 즉, 협회의 자원 동원은 크게 인적자원과 물적 자원으로 구분되며(류명석 1996, 41), 자원과 관련 구조는 다음과 같다.

첫째, 인적자원. 이는 조직군의 조직들이 협회의 회원으로 가입하는 방법과 정기총회와 같은 협회의 일상적 활동과 공동 이익을 위한 활동이나 사업에 참가하는 것을 포함한다. 협회의 조직은 지도부인 임원진과 사무국의 상근직원 그리고 회원으로 구성된다. 회장을 비롯한 임원진들은 총회에서 선거를 통하여 선출되며, 관련 법규에 의거하여 임기가 보장된다. 상근직원은 협회업무를 전문적으로 담당하는 구성원으로 회원들의 이익을 위한 서비스를 제공하는 판매자이며, 회원들은 서비스의 구매자라 할 수 있다.

둘째, 물적 자원. 협회의 가장 중요한 물적 자원은 회원들의 정기적 회비와 가입비, 기부금, 정부보조금, 기타 사업 활동을 통한 수입을 통하여 동원된다. 그러나 일반적으로 가입 회원에 의한 회비 납부가 기본이다. 협회의 물적 자원은 협회조직의 규모, 회원 조직의 규모, 협회의 조직화 수준, 조직들의 동질화 수준과 관련이 있다. 특히 회원 조직의 규모가 클수록, 그리고 협회의 조직화 수준 및 조직 간의 동질화 수준이 높을수록 물적 자원 동원력은 높아진다.

협회의 조직화 수준은 협회의 인적·물적 자원의 동원 규모, 조직 연수, 사업기능의 다양성에 의하여 영향을 받는다. 많은 물적 자원이 동원 및 확보될수록, 동일조건하의 협회조직 연수가 장기적일수록, 기능이 다양화될수록 인적자원 특히, 상근직원의 수와 질의 수준이 높아진다(류명석 1996, 44). 다시 말해 협회의 조직화 수준은 곧 상근직원의 수와 조직의 관료화 수준으로 평가된다.

3.4 협회의 기능

협회의 기능은 협회의 목적과 긴밀한 관계에 있으며, 캐나다 콜만(Coleman 1989)의 경험적 연구를 참조하면 협회의 주요한 목적은 다음과 같다.

첫째, 회원들에게 특수한 기술적 정보를 제공한다.

둘째, 협회 구성원들의 요구사항을 정부기관에 전달한다.

셋째, 관련 표준적 기준을 설정한다.

넷째, 비회원인 기구나 조직들을 협회에 가입시킨다.

다섯째, 회원들 간의 결속을 증진시킨다.

여섯째, 사회적 정당성을 확보 내지 증대시킨다.

상술한 협회의 목적을 기반으로 살펴보면 협회의 공식적인 기능은 1) 회원들의 이익 증진, 2) 회원들의 활동과 관계된 정보의 수집과 제공, 3) 회원들에 대한 교육, 4) 회원들 간의 이해관계의 조정, 5) 출판 및 홍보, 6) 정부업무의 위임 등을 포함한다. 특히 정부의 위임업무에는 회원들에 대한 교육 및 지도, 회원들에 대한 정부정책의 전달, 정부지원자금의 배분 등이 포함된다. 그러나 협회의 기능 중 무엇보다도 가장 중요한 것은 정부와의 호의적인 관계를 유지하고, 정책에 대한 정보를 수집하며 정부정책을 조직군에 유리한 방향으로 도모하는 것이다.

이상과 같은 협회의 기능은 회원들 간의 이해관계의 동질성, 회원들의 동기와 선호, 협회의 자원동원 규모, 협회의 조직화의 수준에 의하여 영향을 받는다. 즉 회원 간의 이해관계의 동질성이 강할수록, 회원들의 동기와 선호도가 클수록, 그리고 협회의 자원동원 능력 또는 규모가 클수록 협회의 기능이 다양화되고 효율적으로 된다(류명석 1996, 45).

4. 협의회와 위원회

기구의 성격보다는 협의를 위한 회합성격의 협의회와 특별한 자격이 주어진 합의체인 위원회 역시 비가시적 기구의 성격을 지닌다. 여기에서는 협의회와 위원회의 의미와 종류에 대하여 살펴보겠다.

4.1 협의회

1) 협의회의 의미

일반적으로 협의회(協議會, Conference; Council)란 협의하기 위하여 여는 회합을 말한다. 사전적으로는 ‘여러 사람이 모여 서로 의논하기 위하여 여는 모임’을 이른다.

이에 대한 유사어이기도 하지만 기구 성격의 개념으로서 보다 보편적으로 사용되는 용어인 ‘자문기관’이 있다. 자문기관(諮問機關, advisory board)은 조직체에서 집행기관이 집행할 안(案)의 내용과 방법 및 기타 문제의 자문에 대하여 답신하는 기관으로 집행기관(행정청)이나 의결기관에 대응하는 개념이다. 집행기관은 행정의사를 결정할 뿐만 아니라 그것을 외부에 표시하여 집행하는 권한까지를 가진 기관을 말하고, 의결기관은 그 결정이 법률상 당해 행정청을 기속(羈束)하는 힘을 가진 기관이다. 이에 반해 자문기관은 당해 집행기관의 요구가 있을 때 또는 자진하여 어떤 사항에 대한 의견을 제출하는 기관을 말한다. 자문기관 자신은 행정의사를 결정하거나 이를 표시·집행하는 권한이 없고, 오직 참고의견을 제출할 수 있을 뿐이므로, 그 의견의 채택 여부는 전적으로 당해 집행기관에 달려 있다.

자문기관은 '○○ 위원회'라 부르지만 그 밖에 심의회·조사회·협의회 등으로 불릴 때도 있다. 자문기관은 국가나 지방자치단체 등의 제도수립 또는 정책결정의 과정에서 전문적인 의견을 수렴하고 이해관계자들의 의견을 조정하며 민간대표 또는 사회 각계각층의 여론을 수렴하여 행정의 민주화에 이바지하는 기능이 있기 때문에 오늘날 각 분야별로 많이 설치되는 경향이다.

2) 협의회의 종류

협의기구 성격의 협의회에는 당정협의회, 노사협의회 등이 있다. 전자는 정책수립에서 여당의 역할을 강화하고 행정부와 여당 간에 유기적인 협조체제를 공고히 하기 위한 협의기구이다. 당정협의회에는 정부·여당권 청와대연석회의(일명 당정정책협의회)를 비롯해 당정조정협의회 경제문제연석회의 및 당정실무기획위원회 등이 있다. 후자는 근로자와 사용자가 상호 협조해 근로자의 복리증진, 기업의 건전한 발전과 산업평화에 힘쓴다는 목적으로 구성한 협의기구이다.

참고로 현재 우리나라의 실재 협의회의 종류를 보면 다음과 같다.

첫째, 경영협의회(經營協議會). 이는 경제적 개념의 협의회로 노동자가 경영에 참가하기 위하여 사용자 측과 노동 조건이나 경영 문제 따위에 관하여 협의하는 기구이다.

둘째, 경제협의회(經濟協議會). 이 또한 경제적 개념의 협의회로서 1961년 1월에 설립된 주요 기업가의 단체로서 경제정책에 관한 대정부(對政府) 건의 따위를 주로 한다.

셋째, 국민협의회(國民協議會). 이는 역사적 개념의 협의회로서 '국민공회'라고도 한다.

넷째, 기술협의회(技術協議會). 이는 북한에서 주로 사용하는 협의회로서 주로 기관이나 기업소 안에서 기술을 개선하거나 기술을 더 발전시키기 위한 문제를 토의하는 협의회를 이른다.

4.2 위원회

1) 위원회의 의미

일반적으로 위원회(委員會, Committee)란 특별한 자격을 가지거나 특별히 위임받은 사람들로써 구성되는 합의체를 이른다. 사전적 의미의 위원회는 법률적 용어로서 일반 행정과는 달리 어느 정도 독립된 분야에서 기획, 조사, 입안, 권고, 쟁송의 판단, 규칙의 제정 따위를 담당하는 합의제 기관을 이른다. 특수한 행정 분야에서 일반 행정청의 권한에 소속시키는 것이 적당하지 않은 행정사무를 맡아보기 위하여 등장한 제도이다. 참고로 심의회(審議會)는 어떤 사항을 심의하기 위하여 모이는 의회이다. *두산세계대백과사전*을 참조하면 위원회는 넓은 뜻으로는 다양한 형태의 모든 합의기관을 의미하며, 좁은 뜻으로는 의회에 설치되어 의원들의 합의체로 운영되는 상임위원회와 특별위원회를 가리키는 경우와 합의제 행정기관으로 운영되는 행정위원회를 가리키는 경우도 있다.

2) 위원회의 종류

위원회는 크게 공동위원회(共同委員會)와 상임위원회(常任委員會) 등으로 구분된다. 전자는 한 문제를 공동으로 심의·검토하기 위하여 두 단체 또는 두 국가 이상이 각각 위원을 내어 조직한 위원회를 말하며, 후자는 항상 일정한 임무를 담당하는 위원회 또는 국회에서 위원을 각 전문 부문별로 나누어 조직한 상설의 위원회를 말한다.

한편, 상술한 넓은 의미의 위원회인 합의기관은 단독기관과 대비된다. 의사결정의 방법은 과반수의 다수결에 의하는 것이 보통이나 ⅔ 이상 또는 전원일치에 의하는 경우도 있다. 국회나 국회 내의 위원회, 지방의회, 법원의 합의부, 내각책임제하의 내각, 행정부의 각종 위원회 등이 이에 속한다. 한국의 감사원·선거관리위원회·헌법위원회 등은 합의기관이다. 사법상으로는 민법상 비영리사단법인의 사원총회와 친족회, 상법상 주식회사의 주주총회나 이사회 등이 있다.

참고로 현재 우리나라의 실재 위원회의 종류를 보면 다음과 같다.

첫째, 감리위원회(監理委員會). 이는 법률적 개념의 위원회로서 증권 감독원의 한 기구를 이른다. 법인의 외부 감사제(監査制) 실시에 따른 기업 감사인(監査人)의 감사 보고서를 감리하고, 부실감사가 적발되면 감사인을 문책하는 일을 한다.

둘째, 헌법위원회(憲法委員會). 이 또한 법률적 개념의 위원회로서 예전에 법원의 제청에 의한 법률의 위헌 여부, 탄핵, 정당의 해산 따위에 대하여 심판하던 기관을 말하였고, 현재 헌법재판소로 바뀌었다.

셋째, 행정위원회(行政委員會). 이는 정치적 개념의 위원회로서 일반 행정기관에서 독립하여 순수한 행정기능 외에 입법기능이나 사법기능에 준하는 기능도 아울러 수행하는 합의기관을 이른다. 우리나라의 금융감독위원회, 공정거래위원회, 청소년보호위원회 따위가 이에 해당된다.

넷째, 군축위원회(軍縮委員會). 이는 군사적 개념의 위원회로서 국제연합군축위원회를 가리킨다.

Ⅲ. 기록관련 주요기구 소개 및 정보원

1. 북미

1.1 미국

AAC

Archivists and Archives of Color Roundtable

유색인종관련기록전문가및기록라운드테이블

① 기구

1) 소재사항

소재국가　미국

주　　소　Division of Rare and Manuscript Collections 2B Kroch Library, Cornell University, Ithaca, NY 14853/Hoover Institution Archives, MS 6010, Stanford University, Stanford, CA 94305 USA

전자우편　pj43@cornell.edu/nguyen@hoover.stanford.edu

홈페이지　http://www.archivists.org/saagroups/aac

2) 설립연혁

유색인종관련기록전문가및기록라운드테이블(AAC)은 1987년 미국기록전문가협회(SAA: Society of American Archivists)의 이해집단으로서 설립되었다.

3) 설립목적

① 아프리카, 아시아, 라틴 계통의 미국인 및 원주민 관련기록전문가의 관심사 표명 및 파악

② 기록관리에 대한 기록전문가의 좀더 활발한 참여 촉진

③ 유생인종과 관련한 기록자료 보존 장려

4) 회원

AAC로의 참여는 본 라운드테이블의 사명을 지지하는 모든 사람들에게 열려 있다. 라운드테이블은 일 년에 한 번 열리는 미국기록전문가협회의 연간회의 동안에 열린다.

② 정보원

1) 정보원배포정책

본 기구는 'Newsletter'란에서 AAC와 관련된 정보를 제공하여 온라인으로 원문열람이 가능하며, 그 외 'Resource Links'란을 통해 기록관련 유용한 링크의 리스트를 제공하고 있다.

2) 뉴스레터(Newsletter)

뉴스레터는 일 년에 두 차례 발간되어 회원들에게 발송된다. 현재 홈페이지에는 1987년 4월의 창간호부터 2007년 봄호(Vol.21, no.1)까지 탑재되어 있다.

3) 자원링크(Resource Links)

다음과 같은 기관들의 홈페이지로의 링크를 제공하고 있다.

(1) 미국기록전문가협회(SAA: Society of American Archivists)

- SAA 다양성에 관한 보고서(SAA Statement on Diversity)
  홈페이지: http://www.archivists.org/statements/diversitystatement.asp
- SAA 라운드테이블 안내서(SAA Guidelines for Roundtables)
  홈페이지: http://www.archivists.org/saagroups/roundtables.asp
- 관련 전문 기관(Associated Professional Organization)
  홈페이지: http://www.archivists.org/assoc－orgs/a_p_o.asp

(2) 유생인종에 관한 일반정보(General Resources on People of Color)

- 아프리카계 미국인(African/African American Sites, MIT)
  홈페이지: http://libraries.mit.edu/guides/subjects/ethnic/afamsites.html
- 아시아계 미국인(Asian Americans, University of Redlands)
  홈페이지: http://newton.uor.edu/Departments&Programs/AsianStudiesDept/
  asianam.html
- 라틴계(Hispanic/Latino Sites, MIT)
  홈페이지: http://libraries.mit.edu/guides/subjects/ethnic/hilasites.html
- 소수민족(Indigenous Peoples Sites, MIT)
  홈페이지: http://libraries.mit.edu/guides/subjects/ethnic/inpesites.html
- 다양성 및 인종연구(Diversity & Ethnic Studies Recommended Websites &
  Research Guides, Iowa State University)
  홈페이지: http://www.public.iastate.edu/~savega/divweb2.htm
- 아프리카계, 아시아계, 원주민, 라틴계 미국인 조지타운대학 학회 인터넷사이트

홈페이지: http://www.georgetown.edu

(3) 계보(Genealogy)

- 가족연구(Cyndi's List. com)

  홈페이지: http://www.cyndislist.com

(4) 역사홈페이지

- 의회도서관 아프리카계 미국인 모자이크(African‒American Mosaic by Library of Congress)

  홈페이지: http://www.loc.gov/exhibits/african/intro.html

- 아시아계 미국인 역사 홈페이지(Asian American History Web Sites)

  홈페이지: http://www.cetel.org/res.html

- 라틴계 미국인 연구(Hispanic American Studies)

  홈페이지: http://www.loc.gov/acq/devpol/colloverviews/hispanic‒amer.html

- 스미스소니언 원주민 미국인 역사 및 문화(American Indian History and Culture)

  홈페이지: http://www.si.edu/Encyclopedia_SI/History_and_Culture/Amer icanIndian_History.htm

(5) 구술역사

- 웹에서의 구술역사링크(Oral History Links On the Web, UC Berkeley)

  홈페이지: http://bancroft.berkeley.edu/ROHO/resources/ohlinks.html

- 깨지지 않은 사회: 남부지방협의회(Unbroken Circle, a Production Southern Regional Council)

  홈페이지: http://www.unbrokencircle.org/home.htm

(6) 기타 도서관 커뮤니티 링크

- 미국인디언도서관협회(American Indian Library Association)

  홈페이지: http://www.nativeculturelinks.com/aila.html
- 아시아·태평양미국인사서협회(APALA: Asian/Pacific Librarians Association)

  홈페이지: http://www.apalaweb.org
- ALA흑인회의(Black Caucus of ALA)

  홈페이지: http://www.bcala.org
- REFORMA

  홈페이지: http://www.reforma.com

ABAA
Antiquarian Booksellers Association of America
미국고서적상협회

1 기구

1) 소재사항

소재국가　미국

주　　소　ABAA HQ, 20 West 44th Street, New York, NY 10036 USA

전　　화　+1 212 944 8291

팩　　스　+1 212 944 8293

전자우편　sbenne@abaa.org

홈페이지　http://www.abaa.org/books/abaa/abaapages/index.html

2) 성격

- 미국의 고서적거래에 관한 윤리기준과 전문성을 촉진시키기 위한 전문적인 기구이다.
- 미국에서 서적거래에 있어서의 윤리강령을 가장 엄격하게 적용하고 있으며 ABAA의 회원들은 그 윤리강령을 따르도록 되어 있다.
- ABAA의 서적상들은 사업에 있어서 최고이며 최상의 서적을 보유하고 있다.
- ABAA에 의해 지원받는 최고의 고객보호를 자랑한다.

3) 설립연혁

ABAA는 국제고서적상인리그(ILAB: International League of Antiquarian Booksellers)와의 협력을 통하여 고서적의 가치를 국제적으로 증진시키기 위해 1949년에 설립되었다.

4) 설립목적

① 훌륭한 고서적 그리고 다른 인쇄자료 및 메뉴스크립트에 대한 감상 및 관심 장려 및 고취
② 거래에 있어서 직업 및 윤리기준의 설립, 유지 및 증진
③ 회원 및 서적상 커뮤니티 사이의 좋은 관계 장려
④ 특정 거래에 관한 기술 및 일반 지식의 증진 장려
⑤ 상업이익을 위한 서적박람회 후원 또는 서적판매 및 서적수집 촉진
⑥ 협회의 일반목적을 위해 사용된 기금징수
⑦ 개인 활동이 가급적 제한되는 협회 그 자체로서 활동
⑧ 위의 목적을 위한 미국 및 국외의 유관기구와의 협력

5) 사명

ABAA는 다음과 같은 사명을 갖는다.
① 고서적 거래에 있어서의 윤리기준 및 전문성 고취
② 고서적 및 관련 자료의 수집 및 보존 장려
③ 고서적 연구와 관련된 교육 프로그램 및 연구지원
④ 서적상, 사서, 학자, 그리고 수집가들과 함께 대학생들의 관계 촉진

6) 조직

ABAA의 운영조직은 여성 및 남성의 자발적 지원과 노력에 의해 이루어진다.

7) 회원

회원자격은 연속적으로 4년 이상의 사업경험을 갖고 있으며, 미국에 본사를 갖고 있는 좋은 성격과 평판 및 신용을 지닌 고서적상을 대상으로 하고 있다.

② 정보원

1) 정보원배포정책

본 기구는 'Find a Book'란을 통해서 원하는 서적을 키워드로 검색 가능하다. 다만 회원에게만 공개되어 비회원의 경우 열람이 불가능하다.

2) 검색

본 협회의 주요 고서적과 기록물 및 출판물 그리고 관련 자료 등은 'Find a Book'의 키워드 검색으로 이용할 수 있다. 다만 모든 출판물 등은 회원에게만 제한적으로 공개하고 있다.

ACA
Academy of Certified Archivists
공인기록전문가아카데미

1 기구

1) 소재사항

소재국가   미국

주   소   90 State Street, Suite 1009, Albany, NY 12207 USA

전   화   +1 518 463 8644

팩   스   +1 518 463 8656

전자우편   aca@caphill.com

홈페이지   http://www.certifiedarchivists.org

2) 성격

공인기록전문가아카데미(ACA)는 전문적인 기록관리자를 위한 독립적이고 비영리를 추구하는 인증된 기구이다.

3) 설립연혁

- ACA는 미국기록전문가협회(SAA: Society of American Archivists)의 연간 회의를 통하여 1989년에 설립되었다. ACA가 설립되기 이전, SAA에 의한

임시인증위원회(IBC: Interim Board for Certification)가 설립되어 기록관리 전문 인증 프로그램을 개발하여 IBC는 초기 시험과 청원(petition) 인증을 시작하였다.

- 개인회원들은 전문기준을 통과하고 자격증을 지급받음으로써 회원으로 인정이 된다. 즉, 이들은 인증기록전문가를 위한 시험을 통과하거나 인증기록전문가를 위한 청원서에 의해 인증된다. 그러나 청원 프로그램은 1989년 9월을 마지막으로 더 이상 시행되지 않고 있다.
- 현재 기록전문가들은 교육과 경험에 관한 일정기준에 준해야 하며 기록관리 인증시험을 통과해야만 한다.

4) 설립목적

① ACA는 전문적인 기록 및 기록관리 관련 교육, 개념, 이슈에 관한 정의 및 증진을 위한 활동으로의 참여를 위해 설립되었다.
② 이상을 기본으로 ACA는 기록관련 목표, 윤리, 표준 등의 이해를 촉진시킨다.
③ ACA의 홈페이지는 자격증에 대한 정보를 원하는 사람들을 위해 설계·운영된다.
④ ACA의 홈페이지는 자격증 시험관련 과정에 대한 정보를 필요로 하는 회원들을 위해 구성되어 있다.

5) 조직

위원장, 부위원장, 평의원, 그리고 담당임원 등으로 구성된다. 해마다 ACA의 회원들은 1년 동안의 임기를 위한 평의원, 위원장, 부위원장을 선출한다. 비서, 회계, 시험개발, 자격증관리 등의 담당임원은 2년 동안의 임기를 갖는다.

6) 회원

ACA의 개인회원들은 교육 및 경험에 있어서 지속적으로 전문성을 유지해야만 한다. 미국 및 전세계에 걸쳐 활동 중인 공인기록전문가들은 기록관리의 모든 면에 있어서의 지식을 보유하고 있다. 또한 ACA의 회원들은 자격증으로 검증된 높은 수준의 지식을 공유한다.

7) 주요사업

ACA는 기록관리와 관련된 다양한 측면에 있어서의 활발한 참여, 리더십, 교육, 실천의 전문적 기준을 제시하고 촉진시키는 사업을 한다.

② 정보원

1) 정보원배포정책

본 아카데미는 'News'란에서 ACA 회의보고서 및 최근 보도자료를 제공하고 있으며, 그 외 'Links'란을 통해서 유용한 기록관리 관련 홈페이지를 제공하고 있다.

2) 보도자료(News)

홈페이지 상단에 최근 보도자료를 'ACA News'란에서 PDF로 제공하고 있으며, 2007년 7월 현재 57번째 소식지가 탑재되어 있다. 또한 홈페이지 왼쪽 상단의 'News Highlights'란에서 관련회의 보고서를 전문으로 제공하고 있다.

3) 링크(Links)

기록전문가들이 참고할 수 있도록 다음과 같은 관련 기관들의 홈페이지를 링크하여 제공하고 있다.

- 유네스코기록관(UNESCO Archives Portal)
  홈페이지: http://www.unesco.org/cgi−bin/webworld/portal_archives/cgi/page.cgi?d=1
- 아카이브스정보센터(ALIC: The Archives Library Information Center)
  홈페이지: http://www.archives.gov/alic
- 아카이브스자원센터(ARC: The Archives Resource Center)
  홈페이지: http://www.coshrc.org/arc/index.htm
- ARMA온라인(ARMA Online)
  홈페이지: http://www.arma.org
- 기록관및기록전문가리스트서브를위한기록관리스트서브(Archives of the Archives and Archivists Listserv)
  홈페이지: http://www.certifiedarchivists.org
- 기록전문가일지(The Archivist's Daybook)
  홈페이지: http://www.tulane.edu/~lmiller/Daybook.html
- 기록전문가툴킷(The Archivist's Toolkit)
  홈페이지: http://aabc.bc.ca/aabc/toolkit.html
- 캐나다기록전문가협회(Association of Canadian Archivists)
  홈페이지: http://www.collectionscanada.ca
- 호주기록전문가협회(Australian Society of Archivists, Inc.)
  홈페이지: http://www.archivists.org.au
- 미국지역 · 주정부 · 지방기록전문기관주소록(Directory of Regional, State, and Local Archival Organizations in the United States)

홈페이지: http://www.smith.edu/~pnelson/regionals
- 유럽기록관리네트워크(EAN: European Archival Network)
  홈페이지: http://www.european－archival.net
- 공인기록관리자협회(Institute of Certified Records Managers)
  홈페이지: http://www.icrm.org
- 국제아카이브스협의회(International Council on Archives)
  홈페이지: http://www.ica.org
- 기록전문가를위한인터넷정보원(Ready, Net, Go! Internet Resources for Archivists)
  홈페이지: http://www.tulane.edu/~lmiller/ArchivesResources.html
- 일차정보보관소(Repositories of Primary Sources)
  홈페이지: http://www.tulane.edu/~lmiller/ArchivesResources.html
- 미국기록전문가협회(Society of American Archivists)
  홈페이지: http://www.archivists.org
- 영국·아일랜드기록전문가학회(Society of Archivists, U.K. and Ireland)
  홈페이지: http://www.archives.org.uk
- 웹정보특별 컬렉션(Special Collections Web Resources)
  홈페이지: http://info.lib.uh.edu/speccoll/specres.htm

ACWR
Archivists for Congregations of Women Religious
여성종교집회기록전문가

1 기구

1) 소재사항

소재국가　미국

주　　　소　ACWR National Office, 5900 Delhi Rd, Mount St. Joseph, OH 45051
USA

전　　　화　+1 513 347 4080

전자우편　acwr@juno.com

홈페이지　http://archivistsacwr.org

2) 성격

여성종교집회기록전문가(ACWR)는 회원들에게 최근 이슈화되고 있는 문제에
대한 토론 및 학습의 기회 및 회원들의 능력을 강화할 수 있는 기회를 제공하
는 전문기구이다.

3) 설립연혁

- ACWR은 1989년에 열린 미국기록전문가협회(SAA: Society of American Archivist) 토론에서 가톨릭 수녀집회의 기록전문가를 위한 전문기구의 필요성이 제기되었다.
- 이후 1990년 9월에 구체적으로 설립되어 ACWR은 SAA와 견고한 유대관계를 유지하고 있으며, 또한 여성종교리더십컨퍼런스(LCWR: Leadership Conference of Women Religious)와 여성종교역사(HWR: History of Women Religious)와도 연계되어 있다.
- 국가사무소는 1993년부터 시작되었다. 1994년부터는 3년에 한 번씩 열리는 컨퍼런스를 후원하기 시작하였다.
- 2006년까지 총 3회 열린 컨퍼런스를 통해 회원들은 학습, 공유, 성장의 기회를 제공받고 있다.

4) 설립목적

① 기록자원의 보존을 위한 장기적 계획에 있어서 여성종교집회들과의 협력
② 광범위한 기록관련 기구들뿐 아니라 ACWR과 함께 기록 및 기록관리 전문성 공유
③ ACWR 회원활동을 통한 기록관련 직업으로의 전문적인 성장, 개발, 책임 장려
④ 여성종교집회가 유지하고 있는 역사기록으로의 접근을 확보하기 위한 도큐먼트 전략 개발
⑤ 기록적 노력의 협력을 통한 여성종교집회 연구자, 작가, 기록전문가의 전문서비스 강화
⑥ 여성종교역사컨퍼런스와 여성학 및 교회역사 분야의 연구를 하고 있는 모든 역사가들과의 적극적이고 효과적인 협력

5) 회원

- ACWR의 회원은 정회원(Regular)과 명예회원(Retired)으로 구분된다. 정회원은 여성종교와 관련된 기록 및 역사 서비스에 관여하는 회원들을 칭하며, 명예회원은 활동 중이던 기록직업에서 은퇴한 회원들을 말한다.
- ACWR의 회원이 되면 1년에 두 번 발간되는 뉴스레터를 받아 볼 수 있으며, 3년마다 열리는 컨퍼런스에 참석할 기회가 주어진다. 또한 전문가들을 만나볼 수 있는 기회가 제공되며, 경험이 많고 지식이 풍부한 기록전문가들을 접할 수 있는 기회도 주어진다.
- 그 밖에 비슷한 직업 환경에 있는 이들과의 커뮤니티에 참여하고, 종교기록을 위한 자원에 쉽게 접근할 수 있는 혜택이 있다.

6) 주요사업

ACWR은 미국 기록전문가학회의 연간회의, 컨퍼런스 및 워크숍, 뉴스레터, 멘토링을 통한 기록 및 기록관리에 있어서의 네트워킹 및 전문성을 촉진시킨다.

② 정보원

1) 정보원배포정책

본 기구는 'Resources'란에서 지역관련 기록의 목록과 연락처(전화번호와 전자우편 주소)를 제공하고 있으며, 'Newsletter'란을 통해서 뉴스레터 원문을 제공하여 열람이 가능하다. 한편, 'Links'란에서 유용한 관련 홈페이지로의 이동을 제공하고 있다.

2) 뉴스레터(Newsletter)

공식 출판물인 Newsletter의 경우 2007년 현재 총 18번째를 발간하였다. 홈페이지를 통하여 2006년 9월호, 2006년 11월호, 2007년 4월호의 원문 열람이 가능하다.

3) 지역 관련기관 자원

- 종교기관기록관(Archivists of Religious Institutes)
  전자우편: jcoen@diobrook.org
- 클리블랜드기록전문가원탁회의(Cleveland Archivists Roundtable)
  홈페이지: http://www.library.clevelandart.org/car/home.php
- 아이오와가톨릭기관기록전문가컨퍼런스(ICACI: Iowa Conference of Archivists of Catholic Institutions)
  전화번호: +563 588 2351 ext. 553
  전자우편: archives@bvmcong.org
- 세인트루이스지역종교기록전문가(SLARA: St. Louis Area Religious Archivists)
  전화번호: +314 367 7370
  전자우편: rmeimanosu@sbcglobal.net
- 세개주가톨릭기록전문가(Tri-State Catholic Archivists)
  전화번호: +513 347 4058
  전자우편: judith.metz@srcharitycinti.org
- 서부뉴욕기록전문가(Western New York Archivists)
  전자우편: Serbacki@intotem.net

4) 링크(Links)

- ACA(Academy of Certified Archivists)

  홈페이지: http://www.certifiedarchivists.org
- Archivists of Religious Collections Section of the Society of American Archivists

  홈페이지: http://www.saa－arcs.org
- CoSA(Council of State Archives)

  홈페이지: http://www.statearchivists.org
- Conservation OnLine: Resources for Conservation Professionals

  홈페이지: http://palimpsest.stanford.edu
- Directory of Archival Organizations in the United States and Canada

  홈페이지: http://www.archivists.org/assoc－orgs/directory/index.asp
- Image Permanence Institute

  홈페이지: http://www.imagepermanenceinstitute.org/index.html
- Northeast Document Conservation Center

  홈페이지: http://www.nedcc.org
- Society of American Archivists

  홈페이지: http://www.archivists.org
- NARA(US National Archives)

  홈페이지: http://www.archives.gov
- UNESCO Archives Portal

  홈페이지: http://portal.unesco.org

ART
Archivists Round Table of Metropolitan New York
메트로폴리탄뉴욕기록전문가라운드테이블

① 기구

1) 소재사항

소재국가 미국

주   소 Mike Vitale, ART Secretary Archivist, The Winthrop Group, Inc.,
37 West 39th Street, Suite 501, New York, NY 10018 USA

전   화 +1 212 944 8855

팩   스 +1 212 044 8982

전자우편 secretary@nycarchivists.org

홈페이지 http://www.nycarchivists.org

2) 성격

메트로폴리탄뉴욕기록전문가라운드테이블(ART)은 비영리기관으로서 뉴욕 메트로폴리탄 지역의 330명 이상의 기록전문가, 사서, 기록관리자들의 다양한 단체들을 대표하는 기구이다.

3) 설립연혁

ART는 1979년에 설립된 미국에서 지역을 대표하는 가장 큰 기구 중 하나이다. 매달 열리는 회의와 회원 안내서를 통해서 ART는 회원 간 네트워크를 형성하며 전문토론 및 개발을 위한 포럼을 제공한다. ART는 월간회의를 주최하여 실제적이고 전문적인 문제 및 대중관심과 관련된 주제에 관한 내용을 다룬다.

4) 설립목적

① 아카이브스위크(Archives Week)와 가족역사박람회(Family History Fair)와 같은 이벤트를 통한 공공기록관 및 민간기록관 그리고 원고본(manuscript) 컬렉션의 법적, 역사적, 문화적 가치에 대한 대중교육
② 기록커뮤니티 회원들을 대상으로 하는 월간회의를 통한 포럼 주최
③ 평생교육 워크숍을 통한 전문적인 개발과 전문교육의 기회 촉진
④ 역사적 자료의 이용과 보존 지지

5) 아카이브스주간(Archives Week)

- 1989년부터 ART는 매해 10월에 뉴욕 아카이브스주간을 개최해 왔다.
- 아카이브스주간은 기록관의 혁신적 이용(Innovative Use of Archives), 기록관에 대한 대대지원(Outstanding Support of Archives), 기록관련 성취(Archival Achievement)상 수상식 및 유명한 가족역사박람회(Family History Fair)를 포함한다.
- 아카이브스주간의 목적은 다음과 같다.
  ① 뉴욕의 다양한 역사 기념
  ② 지역 내 많은 기록정보에 대한 대중인식 확대
  ③ 상을 통한 개인 및 기관 인식 및 존중

② 정보원

1) 정보원배포정책

본 기구는 'Archives Links'란에서 다양한 기록관련 기관의 링크를 통하여 다양한 정보를 제공하고 있다.

2) 기록관련 링크(Archives Links)

뉴욕 메트로폴리탄 지역의 기록전문가들에게 기록 및 기록관리 관련 기구 및 정보 등을 제공하기 위해 관련 링크를 연계하고 있다.

(1) 기록기구(Archival Organizations)

- 공인기록전문가아카데미(Academy of Certified Archivists)
  홈페이지: http://www.certifiedarchivists.org
- ARMA International
  홈페이지: http://www.arma.org
- ARMA NY Chapter
- 동영상기록보관인협회(AMIA: Association of Moving Image Archivists)
  홈페이지: http://amianet.org
- 독립적미디어예술보존(Independent Media Arts Preservation)
  홈페이지: http://www.imappreserve.org
- 국제아카이브스협의회(ICA: International Council on Archives)
  홈페이지: http://www.ica.org
- 중부애틀랜틱시티기록관컨퍼런스(MARAC: The Mid-Atlantic Regional Archives Conference)
- 뉴잉글랜드기록전문가(NEA: New England Archivists)

홈페이지: http://www.newenglandarchivists.org
- RLG

  홈페이지: http://www.oclc.org/community/rlg/transitions/
- 미국기록전문가협회(Society of American Archivists)

  홈페이지: http://www.archivists.org
- 전문도서관협회(SLA: Special Libraries Association)

  홈페이지: http://www.sla.org

(2) 기록정보자원(Archival Information Resources)

- 버클리디지털도서관SunSITE(Berkeley Digital Library SunSITE)

  홈페이지: http://sunsite.berkeley.edu
- 보존온라인(Conservation Online)

  홈페이지: http://palimpsest.stanford.edu
- 기금센터(The Foundation Center: Finding Funders)

  홈페이지: http://foundationcenter.org/findfunders
- 이비블리오도서관및인터넷기록관(ibiblio.org Library and Internet Archive)

  홈페이지: http://www.ibiblio.org
- 인터넷기록관(Internet Archive and Wayback Machine)

  홈페이지: http://www.archive.org
- 사서및기록전문가를위한의회도서관자원(Library of Congress Resources for Librarians and Archivists)

  홈페이지: http://www.loc.gov/library

(3) 뉴욕메트로폴리탄지역(New York Metropolitan Area)

- 미국지역역사네트워크(ALHN: American Local History Network)

  홈페이지: http://www.alhn.org

- 대학및연구도서관협회: 대뉴욕메트로폴리탄챕터(ACRL/NY: Association of College and Research Libraries, Inc‐Greater New York Metropolitan Area Chapter)
- 코네티컷유산게이트웨이(Connecticut Heritage Gateway)
  홈페이지: http://www.ctheritage.org
- 코네티컷역사온라인(Connecticut History Online)
  홈페이지: http://www.cthistoryonline.org
- 뉴욕시역사고담센터(Gotham Center for New York City History)
  홈페이지: http://www.gothamcenter.org
- 메트로폴리탄뉴욕도서관협의회(Metropolitan New York Library Council
  홈페이지: http://www.metro.org
- 뉴저지역사위원회(New Jersey Historical Commission)
  홈페이지: http://www.nj.gov/state/history
- 뉴저지주정부기록관(New Jersey State Archives)
  홈페이지: http://www.nj.gov/state/darm/links/archives.html
- 뉴욕역사네트(New York History Net)
  홈페이지: http://www.nyhistory.com
- 뉴욕주정부기록관(New York State Archives)
  홈페이지: http://www.archives.nysed.gov

(4) 리스트서브(Listservs)

- 기록관및기록전문가(Archives & Archivists)
  홈페이지: http://listserv.muohio.edu/archives/archives.html
- H‐구술기록(H‐Oral History)
  홈페이지: http://www.h‐net.org/~oralhist

ASLAA
Association of St. Louis Area Archivists
세인트루이스지역기록전문가협회

1 기구

1) 소재사항

소재국가 미국

주   소 Saint Louis University Archives Pius Library 307, 3650 Lindell Blvd, St. Louis, MO 63108 USA

전   화 +1 314 588 1746/314 961 2660 x7811

전자우편 Michael.Everman@sos.mo.gov; kgaynor@webster.edu

홈페이지 http://www.stlarchivists.org

2) 성격

세인트루이스지역기록전문가협회(ASLAA)는 기록전문가 및 원고본(manuscript) 큐레이터를 위한 전문적인 협회이다.

3) 설립연혁

ASLAA는 1972년에 설립되었다. 회원자격은 모든 관심 있는 개인에게 열려 있으며, ASLAA의 홈페이지는 워싱턴 대학 도서관에 의해 운영되고 있다.

4) 설립목적

① 강연, 워크숍 또는 다른 교육 프로그램을 통한 세인트루이스 메트로폴리탄 지역의 기록전문가를 위한 전문교육 촉진

② 세인트루이스 지역의 보관소, 컬렉션, 관리방법, 기준, 윤리 등에 대한 정보교환을 위한 네트워크 제공

③ 지방, 지역, 국가적 단계에서의 전문가들의 협력 촉진

5) 조직

(1) 행정위원회(Executive Committee)

ASLAA의 관리조직으로 두 명의 협회장과 비서 및 회계담당자로 이루어진다. 임시위원회를 열 수 있는 권한이 있으며 필요시 뉴스레터 편집위원, 홈페이지 편집위원, 주소록 편집위원과 같은 관련 임원들을 임명할 수 있다.

(2) 회의

봄과 가을에 걸쳐 1년에 2회 정기회의를 개최하며, 추가적인 회의는 필요시에 개최하기도 한다. 가을회의는 연간 비즈니스 회의이며 회원들은 비즈니스 처리에 대한 투표를 하게 된다. 회의기록은 뉴스레터에 실린다.

6) 회원

ASLAA의 개인회원자격은 기록전문가(archivists), 기록관리자(records managers), 원고본큐레이터(manuscript curators), 그리고 다른 기록관련 종사자에게 주어진다. 회원변경은 ASLAA 회원 다수의 승인이 있어야 가능하다.

7) 영구기록의 보존

ASLAA의 영구기록은 미주이 - 세인트루이스 대학의 웨스턴역사원고컬렉션

(Western Historical Manuscript Collection)에 보존된다.

② 정보원

1) 정보원배포정책

본 협회는 'Resources'란에서 ASLAA의 회원들의 상담업무에 관한 문서, 기록 및 원고(manuscript)와 관련된 강연 발표자료를 제공하고 있으며, 다른 유용한 기록관련 기관 리스트 및 국가 또는 지역 기록협회 홈페이지 링크를 제공하고 있다. 상담업무(Archival Consultants) 및 발표자료(Speakers Bureau)의 홈페이지에서의 열람가능 서비스는 추후에 실시할 예정이다.

2) 출판물(Publications)

*Acid Free Press*라는 뉴스레터를 발간한다. 또한 1985년부터 세인트루이스 지역의 기록관 및 원고본보관소(Manuscript Repositories)의 주소록을 출간해 오고 있다.

3) 기록관련 기구(Other Archival Associations)

세인트루이스 내 기록관련 기구들의 목록이다. 홈페이지에서 각 목록을 클릭하면 해당 홈페이지로 이동이 가능하다.

(1) 지역기구

- 캔자스시티지역기록전문가(Kansas City Area Archivists)
  홈페이지: http://http://www.umkc.edu/KCAA/INDEX.HTM

- 중부애틀랜틱시티기록전문가컨퍼런스(Mid-Atlantic Regional Archives Conference)

  홈페이지: http://www.lib.umd.edu/MARAC
- 미드웨스트기록전문가컨퍼런스(Mid-Atlantic Regional Archives Conference)

  홈페이지: http://www.midwestarchives.org
- 캘리포니아기록전문가협회(Society of California Archivists)

  홈페이지: http://www.calarchivists.org
- 노스웨스트기록전문가(Northwest Archivists, OSU Archives)

  홈페이지: http://osulibrary.oregonstate.edu/archives
- 인디아나기록전문가협회(Society of Indiana Archivists)
- 오하이오기록전문가협회(Society of Ohio Archivists)

  홈페이지: http://www.ohiohistory.org/ohiojunction/soa
- 사우스웨스트기록전문가협회(Society of Southwest Archivists)
- 세인트루이스전문도서관협회(Special Libraries Association, St. Louis Metropolitan Chapter)

  홈페이지: http://units.sla.org/chapter/cstl

(2) 국가기구

- 공인기록전문가아카데미(Academy of Certified Archivist)

  홈페이지: http://www.certifiedarchivists.org
- 미국주정부및지방역사협회(AASLH: American Association of State and Local History)

  홈페이지: http://www.aaslh.org
- 미국도서관협회(ALA: American Library Association)

  홈페이지: http://www.ala.org
- 대학및연구기관도서관 · 희귀본 · 원고본부서(RBMS: ALA/Assn. of College and Research Libraries, Rare Book and Manuscripts Section)

홈페이지: http://www.rbms.info
- 정부기록관및기록행정국가협회(NAGARA: National Association of Gove-rnment Archives and Records Administrators)
  홈페이지: http://www.nagara.org
- 미국기록전문가협회(Society of American Archivists)
  홈페이지: http://www.archivists.org
- 전문도서관협회(SLA: Special Libraries Association)
  홈페이지: http://www.sla.org

(3) 국제기구

- 캐나다기록전문가협회(ACA: Association of Canadian Archivists)
  홈페이지: http://archivists.ca/home/default.aspx
- 국제아카이브스협의회(ICA: International Council on Archives)
  홈페이지: http://www.ica.org

(4) 관련 기록관

- 아이다호주정부일차정보보관소(Repositories of Primary Sources, Idaho State)
  홈페이지: http://www.uidaho.edu/special－collections/Other.Repositories.html
- 세스캐차완대학인터넷캐나다기록자원(Canadian Archival Resources on the Internet, University of Sasketchawan)
  홈페이지: http://www.archivescanada.ca/car/menu.html
- 독일기록관(Archives in Germany)
  홈페이지: http://www.uni－marburg.de/archivschule/deuarch.html
- 호주기록관(Archives in Australia)
  홈페이지: http://www.archivists.org.au/directory
- 의회도서관(Library of Congress)

홈페이지: http://www.loc.gov

- 미국국립기록청(National Archives and Records Administration)

  홈페이지: http://www.archives.gov/index.html

- 의회도서관원고본컬렉션국가연합목록(National Union Catalog of Manuscript Collections, Library of Congress)

  홈페이지: http://www.loc.gov/coll/nucmc

CAR
Cleveland Archival Roundtable
클리블랜드기록라운드테이블

① 기구

1) 소재사항

소재국가 미국

주   소 Special Collections Librarian, Cleveland State University Library
          2121 Euclid Avenue, Cleveland, OH 44115 USA

전   화 +1 216 687 6998

팩   스 +1 216 687 9328

전자우편 w.barrow@csuohio.edu

홈페이지 http://library.clevelandart.org/car/home.php

2) 성격

클리블랜드기록라운드테이블(CAR)은 기록전문가, 역사가, 그리고 그 외 클리블랜드 및 미 서부 지역의 역사정보의 이용 및 보존에 관심이 있는 사람들을 위한 기구이다.

3) 설립연혁

CAR은 1989년에 설립되어 전세계 기록 커뮤니티의 게이트웨이 역할을 한다. CAR을 통해 지역 네트워크를 경험할 수 있고 오하이오 및 더 큰 기록관련 커뮤니티의 기록전문가들의 관심이슈에 관한 활동의 최근 뉴스를 접할 수 있다.

4) 설립목적

① 기록, 역사, 문화 보관소를 돌아보고 공동관심사에 대한 논의
② 회원들 사이의 협력 및 전문개발을 촉진

5) 회원

CAR의 회원들은 회의, 워크숍 등의 지역 기록 커뮤니티를 위한 활동을 지원해야 할 책임이 있다.

② 정보원

1) 정보원배포정책

본 기구는 'Links'란을 통하여 CAR의 활동과 관련된 기구들의 홈페이지 링크를 제공하며 주요 관련 정보와 자원을 공유토록 하고 있다.

2) 링크(Links)

(1) 전문기구(Professional Organizations)

- 미국기록전문가협회(Society of American Archivists)
  홈페이지: http://www.archivists.org
- ARMA International
  홈페이지: http://www.arma.org
- 미드웨스트기록전문가컨퍼런스(Midwest Archives Conference)
  홈페이지: http://www.midwestarchives.org
- 오하이오기록전문가학회(Society of Ohio Archivists)
  홈페이지: http://www.ohioarchivists.org
- 미국도서관협회(American Library Association)
  홈페이지: http://www.ala.org
- 공인기록전문가아카데미(Academy of Certified Archivists)
  홈페이지: http://www.certifiedarchivists.org
- 전문도서관협회(SLA: Special Libraries Association)
  홈페이지: http://www.sla.org
- 동영상기록전문가협회(Association of Moving Image Archivists)
  홈페이지: http://www.amianet.org
- 기록음성 컬렉션협회(Association for Recorded Sound Collections)
  홈페이지: http://www.arsc－audio.org

(2) 자원(Resources)

- 박물관간보존협회(Intermuseum Conservation Association)
  홈페이지: http://www.ica－artconservation.org
- 보존온라인(Conservation OnLine)

- 홈페이지: http://www.loc.gov/coll/nucmc
- 노스웨스트문서보존센터(Northeast Document Conservation Center)
  홈페이지: http://www.nedcc.org/home.php
- 국립기록청(National Archives and Records Administration)
  홈페이지: http://www.archives.gov
- 의회도서관(Library of Congress)
  홈페이지: http://www.loc.gov/index.html
- 예술및건축사전(Art and Architecture Thesaurus)
  홈페이지: http://www.getty.edu/research/conducting_research/vocabularies/aat
- NUCMC
  홈페이지: http://www.loc.gov/coll/nucmc
- ArchiveGrid
  홈페이지: http://archivegrid.org/web/index.jsp
- 기록관및기록전문가리스트서브기록관(Archives & Archivists Listserv Archives)
  홈페이지: http://listserv.muohio.edu/archives/archives.html
- When Works Pass into Public Domain
  홈페이지: http://www.copyright.cornell.edu/public_domain
- 오하이오메모리(Ohio Memory)
  홈페이지: http://www.ohiomemory.org
- 클리블랜드메모리(Cleveland Memory)
  홈페이지: http://www.clevelandmemory.org
- 클리블랜드역사백과사전(Encyclopedia of Cleveland History)
  홈페이지: http://ech.case.edu
- 클리블랜드공공도서관사망기사파일(Cleveland Public Library Necrology File)
  홈페이지: http://dxsrv4.cpl.org/WebZ/Authorize?sessionid=0&next=/html/
          obit_start.html&dbchoice=1:dbname=necr&bad=html/

authofail.html&style＝noframe
- 클리블랜드기금센터(Foundation Center, Cleveland)
  홈페이지: http://foundationcenter.org/cleveland

(3) 지방기록관(Local Archives)

- Case Western Reserve University
  홈페이지: http://www.case.edu/its/archives
- Cuyahoga지방기록관(Cuyahoga County Archives)
  홈페이지: http://centralservices.cuyahogacounty.us/archives/default.htm
- 클리블랜드시협의회 기록관(Cleveland City Council Archives)
  홈페이지: http://www.clevelandcitycouncil.org/ClevelandCityCouncil/Archives/
            tabid/60/Default.aspx
- 디트릭의료역사센터(Dittrick Medical History Center)
  홈페이지: http://www.case.edu/artsci/dittrick/site2
- Geauga지방기록관및기록센터(Geauga County Archives & Records Center)
  홈페이지: http://www.geaugacountyarchives.org
- 클리블랜드공공도서관특별 컬렉션(Cleveland Public Library Special Collections)
  홈페이지: http://www.cpl.org/finearts/index.php?q＝taxonomy/term/9
- 허드슨도서관및역사사회 · 역사기록관(Hudson Library & Historical Society,
  Historical Archives)
  홈페이지: http://www.hudson.lib.oh.us/Hudson%20Website/Archives/archives.htm
- 클리블랜드주립대학기록관(Cleveland State University Archives)
  홈페이지: http://www.ulib.csuohio.edu/archives
- 나사글랜연구센터역사프로그램(NASA Glenn Research Center History Program)
  홈페이지: http://grchistory.grc.nasa.gov
- 클리블랜드주립대학특별 컬렉션(Cleveland State University Special Col-

lections)

홈페이지: http://www.csuohio.edu/CUT/SpecColl.htm

- Western Reserve역사사회(Western Reserve Historical Society)

홈페이지: http://www.wrhs.org

CHS
California Historical Society
캘리포니아역사사회

1 기구

1) 소재사항

소재국가 미국

주   소 678 Mission Street, San Francisco, California 94105 USA

전   화 +1 415 357 1848

팩   스 +1 415 357 1850

전자우편 info@calhist.org

홈페이지 http://californiahistoricalsociety.org

2) 성격

캘리포니아역사사회(CHS)는 비영리기관으로서 회원들 및 기부금에 의해 운영되는 주정부의 공식적인 역사관련 기구이다.

3) 설립연혁

CHS는 캘리포니아 역사와 관련된 예술 및 기록자료의 수집과 보존 및 소개
에 있어서 대중의 관심과 참여를 유도하는 데 주력하며 역사조사, 출판, 교육
활동을 지원하기 위하여 1871년에 설립되었다.

4) 사명

CHS의 사명은 캘리포니아 주민들에게 과거가 그들의 현재의 삶의 의미 있는
부분이 될 수 있도록 고무시키며 능력을 갖출 수 있도록 하는 데 있다.

5) 주요사업

- CHS는 가치 있는 사진, 편지, 일기, 원고본(manuscripts), 사업기록, 미술품,
  신문, 서적 등의 컬렉션을 유지, 보존, 공유한다.
- 기부자들의 기금을 바탕으로 하여 CHS는 교육 프로그램과 캘리포니아의 동
  적이고 진화해 온 역사수집품에 대한 문서화를 지원한다.

6) CHS 컬렉션(CHS Collections)

CHS 컬렉션은 '캘리포니아에 관한 사료를 수집, 보존, 해석, 출판, 전시한다'
는 CHS의 사명을 지원한다. 또한 캘리포니아의 다양한 역사를 가진 주민들에
게 가치 있는 기록을 제공하는 역할을 한다.

(1) 미술품 컬렉션

금의 발견 이전의 시대부터 20세기 초까지의 캘리포니아 역사와 예술역사
를 대표하는 오천 개 이상의 예술작품을 소장하고 있다. 이 컬렉션은 유화,
데생, 의상, 석판화, 장식작품 등으로 구성된다.

(2) 연구 컬렉션(Research Collection)

도서관과 사진촬영 컬렉션으로 구성된 연구 컬렉션은 캘리포니아 및 미국 서부의 역사와 관련된 자료를 소장하고 있다.

(3) 사진촬영 컬렉션(Photography Collection)

약 오십만 개의 19세기와 20세기의 캘리포니아 역사를 담고 있는 사진작품을 소장하고 있다.

(4) 노스베이커 연구도서관(North Baker Research Library)

다른 지역에서는 볼 수 없는 역사적 판본(texts), 원고본(manuscripts), 지도, 그리고 특별 컬렉션을 소장하고 있다.

② 정보원

1) 정보원배포정책

본 기구는 'Publications'란에서 캘리포니아 역사잡지, 150년 시리즈, 뉴스레터, 서적 등을 제공하고 있다. 다만 정보열람은 직접 구매신청을 하여야 한다.

2) 출판물(Publications)

(1) 정기간행물(Magazine)

*California History Magazine*은 CHS의 공식적인 출판물로서 1922년부터 지속적으로 발간되어 왔다. 열람을 위해서는 직접 구매하여야 한다.

(2) 백오십 주년 시리즈(Sesquicentennial Series)

캘리포니아 백오십 주년을 기념하여 다음의 총 네 가지 시리즈가 발간되었다.

- *Contested Eden: California Before the Gold Rush*
- *A Golden State: Mining and the Development of California*
- *Rooted in Barbarous Soil: People, Culture, and Community in Gold Rush California*
- *Taming the Elephant: Politics, Government, and Law in Pioneer California*

(3) 뉴스레터(Newsletter)

CHS의 뉴스레터로서 표제는 *California Chronicle*이다.

(4) 출판물(CHS Press)

관련 출판물들의 목록을 검색할 수 있으며, 대표적인 것은 다음과 같다.

- *Only What We Could Carry*
- *The Way We Lived*
- *A Flier in Oil*
- *Jazz on the Barbary Coast*
- *Quizzical Eye: The Photography of Rondal Partridge*

🏛 CoSA

CoSA
Council of State Archivists
주정부기록전문가협의회

1 기구

1) 소재사항

소재국가　미국

주　　소　308 E Burlington St #189, Iowa City IA 52240 USA

전　　화　＋1 609 984 3299

팩　　스　＋1 609 292 9105

전자우편　info@statearchivists.org

홈페이지　http://www.statearchivists.org/index.htm

2) 성격

주정부기록전문가협의회(CoSA)는 각 주정부 및 정부기관의 주요 기록부서의 장(directors)들이 모여 설립한 국가기구이다. 국가역사출판및기록위원회(NH-PRC: National Historical Publications and Records Commission)의 규정에 입각하여 이들은 각각의 주정부역사기록자문위원회(SHRAB: State Historical Records Advisory Boards)를 맡고 있는 주정부역사기록코디네이터(SHRC: State Historical Records Coordinators)로 활동한다.

3) 설립연혁

CoSA는 1975년 국가역사출판및기록위원회(NHPRC)의 규정안 '36 CFR 1206'에 의거, 주정부역사기록자문위원회(SHRAB)를 설립하기 위해 필요로 하는 각 주정부, 지방, 컬럼비아 지방에 의해 설립되었다.

4) 설립목적

가치 있는 국가의 역사기록을 보존하여 널리 이용시키는 것을 CoSA의 설립목적으로 하고 있다.

5) 사명

CoSA는 다음과 같은 사명을 바탕으로 활동한다.
① 역사기록의 중요성 표현
② 역사기록을 확인하고 보존하고 기록에 접근하는 음성기록 촉진
③ 공공역사기록 및 개인역사기록 프로그램을 위한 리더십 제공
④ 기록의 우선순위를 알 수 있는 실제적인 상품 개발
⑤ 국가역사출판및기록위원회(NHPRC)와의 협력 및 CoSA의 사명을 공유하는 다른 기관들과의 협력

6) 주요사업

① 회원들과의 공동사업
② 주정부 기록전문가들은 공동관심사에 대한 주정부들과 주정부역사기록전문위원회(SHRAB)들과의 협력 장려
③ 기록관련 문제들을 국가적 차원에서 정의
④ 국가역사출판및기록위원회(NHPRC)와 국가기록관(NARA: National Archives)

그리고 다른 국가기구들과의 공동 활동

7) 프로젝트

다음과 같은 프로젝트들을 진행하고 있다.

- 긴급계획 및 이니셔티브 준비(Emergency Planning and Preparedness Initiative)
- 집에 가장 가까운: 지방정부 기록을 위한 기록관 프로그램(Closest to Home: Archival Programs for Local Government Records)
- 주정부기록 기술(The State of State Records)

② 정보원

1) 정보원배포정책

본 협의회는 'Resource Center'란에서 주정부 기록전문기관 등의 명부 및 기록관련 프로그램 목록, 행정관련 홈페이지 링크, 교육관련 각 지역별 홈페이지 링크, 뉴스레터 및 기록관 링크 등을 제공하고 있다.

2) 명부(Directories)

(1) 기록관련 전문기구

국가기록협회(National Archival Associations), 지역기록협회(Regional Archival Associations), 주정부기록협회(State Archival Associations), 지방기록협회(Local Archival Associations) 등의 리스트를 제공하고 있으며, 로서 각 홈페이지로 링크되어 있다.

(2) 주정부 기록관 및 기록 프로그램

주정부의 주요 기록관 및 기록부서 홈페이지와 링크되어 기록관련 프로그램으로 연결되도록 하고 있다.

3) 법, 법령, 규정(Laws, Statutes, Regulations)

각 주정부의 기록관련법을 링크해 놓았다.

(1) 애리조나

- ***Public Records Standards and Laws***
  홈페이지: http://www.dlapr.lib.az.us/records/laws.cfm

(2) 콜로라도

- ***Colorado Laws Concerning Public Records***
  홈페이지: http://www.colorado.gov/dpa/doit/archives/arcopen.html

(3) 코네티컷

- ***GL M 97−1 PA 97−89 'An Act Concerning the Recording, Copying and Maintenance of Certain Public Records'***
  홈페이지: http://www.cslib.org/image.htm
- ***Required Minimum Microfilming Standards for Public Records; Disposition of Original Records: Policy Statement, General Letter 96−2***
  홈페이지: http://www.cslib.org/micro.htm

(4) 델라웨어

- ***Delaware Freedom of Information Act***

  홈페이지: http://www.delcode.state.de.us/title29/c100

- ***Delaware Public Records Law***

  홈페이지: http://archives.delaware.gov/govsvcs/records_policies/de%20public
  %20records%20law.shtm

(5) 조지아

- ***Summary of Georgia Record Keeping Laws***

  홈페이지: http://www.sos.state.ga.us/archives/who_are_we/rims/best_practices
  _resources/summary_georgia_record_keeping_laws.htm

- ***Georgia Records Act***

  홈페이지: http://www.sos.state.ga.us/archives/who_are_we/rims/best_practi-
  ces_resources/georgia_records_act.htm

- ***Open Records Act***

  홈페이지: http://www.sos.state.ga.us/archives/who_are_we/rims/best_practices
  _resources/open_records_act.htm

- ***Georgia Microforms Act***

  홈페이지: http://www.sos.state.ga.us/archives/who_are_we/rims/best_pra_ctices
  _resources/microforms_act.htm

(6) 일리노이즈

- ***The State Records Act(5 ILCS 160)***

  홈페이지: http://www.ilga.gov/legislation/ilcs/ilcs3.asp?ActID=86&ChapAct
  =5ILCS160/&ChapterID=2&ChapterName=GENERAL+

PROVISIONS&ActName＝State＋Records＋Act.

- ***The Local Records Act(50 ILCS ACT 205)***

  홈페이지: http://www.ilga.gov/legislation/ilcs/ilcs3.asp?ActID＝699&ChapAct
  ＝50ILCS 205/&ChapterID＝11&ChapterName＝LOCAL＋GOVER
  NMENT&ActName＝Local＋Records＋Act.

- ***Illinois School Student Records Act(105 ILCS 10)***

  홈페이지: http://www.ilga.gov/legislation/ilcs/ilcs3.asp?ActID＝1006&ChapAct
  ＝105ILCS 10/&ChapterID＝17&ChapterName＝SCHOOLS&
  ActName＝Illinois ＋School＋Student＋Records＋Act.

- ***Filmed Records Reproduction Act(5 ILCS 170)***

  홈페이지: http://www.ilga.gov/legislation/ilcs/ilcs3.asp?ActID＝88&ChapAct
  ＝5ILCS 170/&ChapterID＝2&ChapterName＝GENERAL＋
  PROVISIONS &ActName＝Filmed＋Records＋Reproduction＋Act.

- ***Filmed Records Certification Act(50 ILCS 210)***

  홈페이지: http://www.ilga.gov/legislation/ilcs/ilcs3.asp?ActID＝700&ChapAct
  ＝50ILCS 210/&ChapterID＝11&ChapterName＝LOCAL＋
  GOVERNMENT &ActName＝Filmed＋Records＋Certification＋Act.

- ***Filmed Records Destruction Act(50 ILCS 215)***

  홈페이지: http://www.ilga.gov/legislation/ilcs/ilcs3.asp?ActID＝701&ChapAct
  ＝50ILCS 215/&ChapterID＝11&ChapterName＝LOCAL＋
  GOVERNMENT &ActName＝Filmed＋Records＋Destruction＋Act.

- ***Freedom of Information Act(5 ILCS ACT 140)***

  홈페이지: http://www.ilga.gov/legislation/ilcs/ilcs3.asp?ActID＝85&ChapAct＝
  5ILCS 140/&ChapterID＝2&ChapterName＝GENERAL＋
  PROVISIONS&ActName＝Freedom＋of＋Information＋Act.

(7) 인디아나

- *Indiana's Public Records: The Legal Framework of Records and Information Management in State Government*
  홈페이지: http://www.in.gov/icpr/records_management/pubs/legal.html

(8) 메인

- *Rules for Disposition of Local Government Records*
  홈페이지: ftp://ftp.state.me.us/pub/sos/cec/rcn/apa/29/255/255c010.doc

(9) 매사추세츠

- *Public Records Law*
  홈페이지: http://www.sec.state.ma.us/pre/prepdf/pubreclaw.pdf
- *A Guide to the Massachusetts Public Records Law*
  홈페이지: http://www.sec.state.ma.us/pre/prepdf/guide.pdf

(10) 네바다

- *Nevada Administrative Code —Records of State Agencies*
  홈페이지: http://dmla.clan.lib.nv.us/docs/nsla/records/nac.htm

(11) 뉴저지

- *New Jersey Public Records Related Legislation*
  홈페이지: http://www.njarchives.org/links/legislation.html
- *New Jersey Open Public Records Act*
  홈페이지: http://www.state.nj.us/opra
- *New Jersey Administrative Code Title 15 Department of State Chapter*

3 Records Management Complete text of N.J.A.C.

홈페이지: http://www.njarchives.org/links/pdf/njac−15−3.pdf

• *Summary History of N.J.A.C. 15:3*

홈페이지: http://www.njarchives.org/links/njac−15−3.html

• *N.J.A.C. 15:3 Subchapter 1: General Provisions*

홈페이지: http://www.njarchives.org/links/njac−15−3−1.html

• *N.J.A.C. 15:3 Subchapter 2: Records Retention*

홈페이지: http://www.njarchives.org/links/njac−15−3−2.html

• *N.J.A.C. 15:3 Subchapter 3: Standards for Microfilming of Public Records*

홈페이지: http://www.njarchives.org/links/njac−15−3−3.html

• *N.J.A.C. 15:3 Subchapter 4: Image Processing of Public Records*

홈페이지: http://www.njarchives.org/links/njac−15−3−4.html

• *N.J.A.C. 15:3 Subchapter 5: Certification of Imaging Processing Systems*

홈페이지: http://www.njarchives.org/links/njac−15−3−5.html

• *N.J.A.C. 15:3 Subchapter 6: Records Storage*

홈페이지: http://www.njarchives.org/links/njac−15−3−6.html

(12) 뉴멕시코

• *Governing Statutes*

홈페이지: http://www.nmcpr.state.nm.us/info/statutes.htm

(13) 뉴욕

• *Laws and Regulations Relating to Local Government Records*

홈페이지: http://www.archives.nysed.gov/a/nysaservices/ns_mgr_laws_
acal57A.shtml

(14) 노스캐롤라이나

- *Guidelines for Public Records*
  홈페이지: http://www.ah.dcr.state.nc.us/records/guidelines.htm

(15) 오하이오

- *Ohio Public Records Laws and Legislation*
  홈페이지: http://www.ohiohistory.org/resource/lgr/lawsandlegislation.html
- *Sections of the Ohio Revised Code Respecting the Creation, Maintenance, Preservation, Transfer, and Disposal of Records*
  홈페이지: http://www.ohiohistory.org/resource/statearc/orc.html

(16) 오리건

- *Oregon Administrative Rules*
  홈페이지: http://arcweb.sos.state.or.us/banners/rules.htm

(17) 로드아일랜드

- *Records Laws: State records*
  홈페이지: http://www.sec.state.ri.us/Archives/pra/laws
- *Records Laws: Local Government Records*
  홈페이지: http://www.sec.state.ri.us/Archives/lgrp/laws
- *Study of Access to Public Records in Cities and Towns of Rhode Island*
  홈페이지: http://www.brown.edu/Departments/Taubman_Center/foi_html/
  Default.htm

(18) 사우스캐롤라이나

- ***South Carolina Public Records Act***

  홈페이지: http://www.state.sc.us/scdah/pra.htm

(19) 텍사스

- ***State Records Management Laws***

  홈페이지: http://www.tsl.state.tx.us/slrm/recordspubs/stbull04.html

(20) 유타

- ***GRAMA(Government Records Access and Management Act)***

  홈페이지: http://www.archives.state.ut.us/main/index.php?module＝Pagesetter&func＝viewpub&tid＝1&pid＝196

(21) 버지니아

- ***Virginia Public Records Act***

  홈페이지: http://www.lva.lib.va.us/whatwedo/vprareview.htm

4) 뉴스레터(Newsletter)

주정부 기록관 및 기록관리 프로그램 관련 뉴스레터를 제공하고 있다.

- ***Alabama Government Records News***

  홈페이지: http://www.archives.state.al.us/ol_pubs/olpubs.html

- ***Florida Technical Bulletin***

  홈페이지: http://dlis.dos.state.fl.us/barm/techbull/techindx.htm

- ***Idaho News from the Library and Archives***

홈페이지: http://www.idahohistory.net/newsL%26A.pdf

- *Illinois For the Record: Newsletter of the Illinois State Archives*

  홈페이지: http://www.cyberdriveillinois.com/departments/archives/news-

    letternewsletter.html

- *Maryland The Archivists' Bulldog: Newsletter of the Maryland State Archives*

  홈페이지: http://www.msa.md.gov/msa/refserv/html/bulldogs.html

- *Mississippi History Newsletter*

  홈페이지: http://www.mdah.state.ms.us/pubs/mhn/index.html

- *New Mexico Quipu: Newsletter of the State Records Center*

  홈페이지: http://www.nmcpr.state.nm.us/pubs/publications.htm

- *New Jersey New Jersey Gazette, a A Collaborative Production of the New Jersey Historic Trust, the New Jersey Historical Commission and the Division of Archives and Records Management*

  홈페이지: http://www.njht.org/dca/njht/news/newslet

- *South Carolina On the Record*

  홈페이지: http://www.state.sc.us/scdah/otr.htm

- *Texas The State Record*

  홈페이지: http://www.tsl.state.tx.us/slrm/recordspubs/staterec/index.html

- *The Local Record*

  홈페이지: http://www.tsl.state.tx.us/slrm/recordspubs/localrec/index.html

- *Virginia Records Management Newsletters*

  홈페이지: http://www.lva.lib.va.us/whatwedo/records/manuals/newslet.htm

- *Wyoming Old News*

  홈페이지: http://wyoarchives.state.wy.us/articles/newsletter1.htm

FRMA
Florida Records Management Association
플로리다기록관리자협회

① 기구

1) 소재사항

소재국가   미국

주   소   FRMA PO Box 938844 Margate FL 33093－8844 USA

전자우편   frma_mail@yahoo.com

홈페이지   http://www.frma.org

2) 성격 및 설립목적

플로리다기록관리자협회(FRMA)는 다음과 같은 목적을 달성하기 위해 설립되었다.

① 정부기록과 정보관리에 관심이 있는 개인 및 기관들 간의 정보의 교환 및 협력 장려

② 공동 관심사에 대한 논의를 위한 포럼 개최

③ 정부 기록관리의 목적 및 기능에 대한 대중의 더 넓은 이해 장려 및 촉진

④ 플로리다 법안과 규정의 더 나은 이해 장려 및 촉진

⑤ 지방, 지역, 국가, 국제 기록관리 기구들의 협력

⑥ 프로그램과 서비스 증진을 위한 정부기록관과 기록관리 기관들 간의 정보

의 지속적인 교환 장려

⑦ 기록 및 정보관리에 관한 교육 촉진

⑧ 정보관리를 위한 신기술의 효과적이고 효율적인 사용 촉진

3) 회원

FRMA의 회원은 개인회원, 기관회원, 법인회원으로 구분되며, 각 회원들은 연간 세미나와 사업회의 등 회의에 참석할 수 있다.

(1) 개인회원

개인회원들은 출판물을 열람 가능하며 컨퍼런스를 할인된 가격으로 제공받게 되고, 협회의 투표에 참여할 수 있다.

(2) 기관회원

기관회원들은 회원가로 협회활동에 2인을 참석시킬 수 있으며, 투표에 1인을 참석시킬 수 있다. 그 외 출판물도 열람 가능하다.

(3) 법인회원

법인회원들 역시 협회활동에 2인을 참석시킬 수 있으며, 출판물 열람이 가능하다.

② 정보원

1) 정보원배포정책

본 협회는 'Newsletter'란에서 공식 출판물인 뉴스레터를 제공하고 있으며,

‘Publications’란에서 FRMA와 관련된 출판물 및 관련 홈페이지 정보를 제공하고 있다.

2) 뉴스레터(Newsletter)

2003년(August∼November)부터 2006년(February∼November)까지의 보도자료가 제공되고 있다.

3) 출판물(Publications)

- ***Information Management Technology Magazine***
  온라인 출판물로서, 기록과 정보관리기술 솔루션에 대한 내용을 다루고 있다. 이는 기록과 정보관리 전문가들에게 매우 유용한 정보를 제공하고 있다.
  홈페이지: http://www.imtmagazine.com
- ***Information Access Systems***
  홈페이지: http://www.recyclingtoday.com
- ***Tab Records & Information Management Systems***
  기업콘텐츠관리(ECM: Enterprise Content Management)와 관련된 정보를 다루는 잡지이다.
  홈페이지: http://www.edoc.com
- ***MCCI Innovations***
  정보관리저널로서 기록 분야의 전문적 지식을 제공할 목적으로 출간되고 있다.
  홈페이지: http://www.arma.org

GNOA
Greater New Orleans Archivists
뉴올리언스기록전문가기구

① 기구

1) 소재사항

소재국가　미국

주　　소　Irene Wainwright, New Orleans Public Library, USA

전자우편　iwainwri@gno.lib.la.us

페 이 지　http://nutrias.org/~nopl/gnoa/gnoa.htm

2) 성격

뉴올리언스 지역의 다양한 기록관의 전문가들 사이의 커뮤니케이션과 이해를
증진시키기 위해 설립된 기구이다.

3) 설립연혁

뉴올리언스기록전문가기구(Greater New Orleans Archivists)는 기록관 및 특별
컬렉션 자원의 이용 촉진과 회원 기록전문가와 기관들의 개인노력과 협력을
적극적으로 지원하기 위하여 1982년에 설립되었다.

4) 조직

• 위원회(Committee)의 위원장은 프로젝트별 특별위원회를 조직할 수 있다.

- 위원회는 각각의 회의 진행사항을 회원들에게 보고해야 할 의무가 있다.
- 뉴올리언스기록전문가기구는 적어도 1년에 3회의 회의를 주최한다. 회의 장소는 다양한 기록관에서 순회하면서 개최된다.
- 선거는 2년에 한 번 12월 회의기간에 열린다.

5) 회원

뉴올리언스기록전문가기구의 회원자격은 뉴올리언스 지역에서 기록관련 분야에 종사하거나 교육 중인 자, 그리고 뉴올리언스 지역의 기록관에 관심이 있는 모든 개인에게 열려 있다.

6) 프로젝트

다음과 같은 프로젝트들을 진행하고 있다.
- 뉴올리언스기록연구조사보존소(Archival Research Repositories in New Orleans)
- 뉴올리언스 축제(carnival) 연구를 위한 뉴올리언스기록보존소에 관한 리소쓰 안내(Guide to Resources in New Orleans Repositories for the Study of Carnival in New Orleans)
- 뉴올리언스의 유대인: 기록물 안내(Jews of New Orleans: An Archival Guide)
- GNOA 넝칭 인가 프로섹트(GNOA Name Authority Project)

② 정보원

1) 정보원배포정책

본 협회는 'Newsletter'란에서 매해 2회 또는 3회씩 발간되는 뉴스레터를 PDF로 제공하고 있고 무료로 열람할 수 있다.

2) 뉴스레터(Newsletter)

1988년(가을호와 겨울호)에서부터 2003년(봄호와 가을호)의 Newsletter가 홈페이지에 탑재되어 있다.

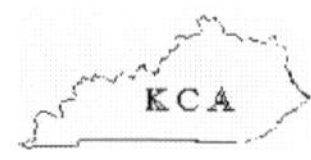

KCA
Kentucky Council on Archives
켄터키기록협의회

① 기구

1) 소재사항

소재국가 미국
전자우편 dj.baker@moreheadstate.edu/jim.cundy@ky.gov
홈페이지 http://kyarchivists.org

2) 성격

켄터키기록협의회(KCA)는 기록전문가, 역사가, 사서, 기록관리자, 그리고 기록관 발전에 관심이 있는 개인들이 모여 이루어진 협회이다.

3) 설립연혁

KCA는 회원들 상호간에 아이디어를 교환할 수 있는 기회를 제공하기 위하여 1976년에 설립되었다. 한편, KCA는 비즈니스 및 종교 기록관, 대중 및 학계

- 정부기록관및기록행정국가협회(NAGARA: National Association of Government Archives and Records Administrators)

  홈페이지: http://www.nagara.org
- 기록관리자및행정가협회(ARMA: Association of Records Managers and Administrators, Inc.)

  홈페이지: http://www.arma.org
- Cool Conservation Online

  홈페이지: http://palimpsest.stanford.edu
- 구술역사협회(Oral History Association)

  홈페이지: http://www.dickinson.edu/oha

LAMA

Louisiana Archives and Manuscripts Association
루이지애나기록및메뉴스크립트협회

① 기구

1) 소재사항

소재국가 미국

주   소 Phyllis Kinnison, Special Collections, Hill Memorial Library, LSU
Libraries Baton Rouge, LA 70803 USA

전   화 +1 225 578 6529

전자우편   pcasti1@lsu.edu

홈페이지   http://www.nutrias.org/~nopl/lama/lama.htm

2) 성격

루이지애나기록및메뉴스크립트협회(LAMA)는 루이지애나의 대중기록보존소와 개인기록보존소의 협력으로 국가 및 주, 지역유산의 보존에 있어서의 기록관의 역할을 촉진시키기 위해 설립된 비영리단체이다. 본 협회는 수집, 보존, 공공메뉴스크립트, 그래픽 예술, 의미 있는 역사적 시각자료로의 접근이 가능토록 해주고 있다.

3) 설립연혁

LAMA의 전신은 루이지애나기록친구들(FLA: Friends of the Louisiana Archives)이며, 이는 1984년 루이지애나의 기록보관소 주소록을 편찬한 데서 그 유래를 찾을 수 있다. 당시의 주소록은 단지 학계 및 큰 규모의 대중 및 개인 컬렉션을 나열한 것일 뿐이었다. 1993년 남서부기록전문가학회(SSA: Society of Southwest Archivists)가 알칸사스, 애리조나, 루이지애나, 뉴멕시코, 오클라호마, 텍사스의 여섯 지역의 기록보존소 주소록을 편찬함으로써 루이지애나의 기록보존소에 대한 정보의 시대를 열었다. 그러나 이 새로운 주소록 역시 많은 작은 규모의 기록보존소에 대한 정보는 담고 있지 못했고, SSA의 전자우편 주소나 인터넷 홈페이지 주소와 같은 새로운 커뮤니케이션의 수단 또한 포함하지 않았다. 이러한 배경을 바탕으로 LAMA는 FLA의 새로운 이름으로서 좀더 자세한 내용의 기록관의 정보편찬을 지원한다.

4) 설립목적

① 국가, 주, 지역유산 보존에 있어서 기록관의 역할에 대한 정보를 대중에게 전달

② 기록자료 보존 장려

③ 공통의 목표를 달성하기 위한 루이지애나 족보 및 역사를 다루는 기관들의 협력

④ 기록관을 대중화시키는 프로그램에 있어서 개인 및 대중 기록보존소의 협력

⑤ 대중에게 가능한 기록자료를 위한 개인 및 대중 기록보존소의 협력

⑥ 루이지애나의 공중 및 개인 기록보존소에 관한 정보센터(clearing house)로서 활동

5) 조직

LAMA의 운영진은 회장, 부회장, 서기관, 재무관으로 구성된다.

• 회장은 LAMA 회의의 의장이 되며, 또한 동시에 이사회(Board of Directors)의 대표이기도 하다.

• 부회장은 회장을 보좌하며, 회장이 부재 시 회장 역할을 하게 된다. 부회장은 지명위원회(Nominating Committee)와 장학위원회(Scholarship Committee)의 대표역할을 한다. 회장과 부회장의 임기는 각각 1년씩이다.

• 서기관과 재무관의 임기는 2년이다. 서기관은 홀수 연도에 선출되며, 재무관은 짝수 연도에 선출된다.

(1) 이사회(Board of Directors)

이사회의 구성원은 회장, 부회장, 전임 회장, 비서관, 재무관, 그리고 연간 회의 또는 특별회의에서 회원들에 의해 선출된 6인의 이사들로 구성된다. 이사를 선출하거나 이사가 될 수 있는 조건은 모든 회원에게 공평하게 주어진다. 이사회의 구성원들은 매해 2인의 이사가 선출되는 형식으로 각각 3년의 임기기간을 갖는다.

(2) 연차주주총회위원회(Annual Meeting Committee)

연차주주총회위원회는 회장에 의해 지정되며, 적어도 3인의 구성원을 갖게 된다. 집행이사회(Executive Committee)에 주주총회 일시를 제안하며, 본 위원회는 주주총회에 앞서 적어도 45일 이전에는 이사회에 활동보고서를 제출해야 한다.

(3) 지명위원회(Nominating Committee)

지명위원회는 주주총회에서 이사회 등의 구성원을 지명해야 하며, 부회장, 위원장, 그리고 최소 2인 이상의 다른 회원들로 구성된다. 본 위원회의 활동은 우편이나 전화로 이루어진다. 지명위원회가 지명하는 후보자 선정은 구성원들 모두의 동의가 있어야 하며, 지명위원회는 서기관의 지명을 총회에 앞서 최소 45일 이전에는 보고해야 한다.

(4) 출판위원회(Publications Committee)

출판위원회는 회장에 의해 지정된다. 본 위원회는 뉴스레터 및 다른 출판물에 대한 활동을 하며, 수장은 뉴스레터의 편집장이 맡는다.

(5) 장학위원회(Scholarship Committee)

장학위원회는 부회장과 회장에 의해 정해진 다른 2인의 회원으로 구성된다. 본 위원회는 장학제도의 인지를 장려하고, 장학금을 위한 지원서 평가 등에 대한 업무를 맡는다.

6) 회원

- LAMA의 회원자격은 협회의 목적을 지원하고 따르고자 하는 모든 개인 및 기관에 열려 있다. LAMA는 성별, 인종, 피부색, 신조, 종교, 언어, 민족 또

는 국가에 의한 차별을 하지 않는다.

- 뉴스레터를 제공받으며 연차주주총회에 참여할 수 있다.
- 한편, 자동적으로 루이지애나, 미시시피, 앨라배마, 테네시의 남동부 주에 있는 기록관 기관들의 상부단체인 남부기록관컨퍼런스(SAC: Southern Archives Conference)의 회원으로 등록된다.

7) 주요사업

- 1년에 두 차례 봄/여름과 가을/겨울에 제작되는 뉴스레터(Newsletter) 출판
- 최대 미화 삼백 달러에 이르는 장학금을 제공하여 교육의 기회를 광범위하게 확대하고자 하는 사업

② 정보원

1) 정보원배포정책

본 협회는 'Newsletter'란에서 뉴스레터를 PDF로 제공하고 있으며, 일부 기간호도 홈페이지에서 원문을 제공하고 있다. 그 외 관련 기구의 경우 'Links'란에서 홈페이지로의 이동을 제공하고 있다.

2) 뉴스레터(Newsletter)

1년에 두 차례 발간되는 뉴스레터는 최근 한 해의 자료와 과거의 자료를 구분하여 제공하고 있다. 2001년부터 모든 뉴스레터를 PDF로 열람할 수 있도록 했으며, 그 이전의 자료는 홈페이지에서 원문열람이 가능하다. 현재 1996년 가을호부터 2007년 봄/여름호에 이르기까지 모두 제공되고 있다.

3) 링크(Links)

‘루이지애나 기록관 및 웹상의 특별 컬렉션(Louisiana Archives and Special Collections on the Web)’에서 다음과 같은 관련 기구와 정보원 제공을 위하여 링크를 제공하고 있다.

- 아미스타드연구센터(Amistad Research Center)
  홈페이지: http://www.tulane.edu/~amistad
- Bossier Parish 도서관역사센터(Bossier Parish Library Historical Center)
  홈페이지: http://www.bossierhistory.org
- 딜라드대학(Dillard University)
  홈페이지: http://books.dillard.edu/Archives/index.htm
- 슈리브포트주교관구기록관(Diocese of Shreveport Archives)
  홈페이지: http://www.dioshpt.org/archives/archives.htm
- 뉴올리언스역사컬렉션(The Historic New Orleans Collection)
  홈페이지: http://www.hnoc.org
- 루이지애나크리올인유산센터(Louisiana Creole Heritage Center)
  홈페이지: http://www.nsula.edu/creole
- 루이지애나주정부기록관(Louisiana State Archives)
  홈페이지: http://www.sos.louisiana.gov
- 루이지애나 주립대학(Louisiana State University)
  홈페이지: http://www.lib.lsu.edu/special
- 유니스루이지애나주립대학(Louisiana State University, Eunice)
  홈페이지: http://www.lsue.edu/library
- 슈리브포트 루이지애나주립대학(Louisiana State University, Shreveport)
  홈페이지: http://www.lsus.edu/library/Archives.htm

- 로욜라대학(Loyola University)

  홈페이지: http://library.loyno.edu/speccoll/index.htm

- 맥니스주립대학(McNeeese State University)

  홈페이지: http://library.mcneese.edu/depts/archive/index.htm

- 뉴올리언스공증기록관(New Orleans Notarial Archives)

  홈페이지: http://www.notarialarchives.org

- 뉴올리언스공공도서관(New Orleans Public Library)

  홈페이지: http://nutrias.org

- 뉴콤브컬리지(Newcomb College)

  홈페이지: http://www.tulane.edu/~wc/text/newarchives.html

- 루이지애나노스웨스턴주립대학(Northwestern State University of Louisiana)

  홈페이지: http://www.nsula.edu/watson_library/CGHRC.HTM

- 누네스커뮤니티컬리지(Nunez Community College)

  홈페이지: http://www.nunez.edu/Library/archives.htm#college

- 사우스웨스턴루이지애나대학(Southeastern Louisiana University)

  홈페이지: http://www.selu.edu/library/directory/nursing/index.html

- 툴레인대학(Tulane University)

  홈페이지: http://specialcollections.tulane.edu

- 라파예트루이지애나대학(University of Louisiana at Lafayette)

  홈페이지: http://library.louisiana.edu/Spec

- 뉴올리언스대학(University of New Orleans)

  홈페이지: http://library.uno.edu/about/louisiana.html

- Young－Sanders 센터(Young－Sanders Center)

  홈페이지: http://www.youngsanders.org

MAA
Michigan Archival Association
미시간기록협회

① 기구

1) 소재사항

소재국가 미국
전자우편 mcmartim@ferris.edu
홈페이지 http://www.maasn.org

2) 성격

미시간기록협회(MAA)는 미시간 주(州)의 기록 커뮤니티에 기여하는 최고의 기록관련 기관이다.

3) 설립연혁

MAA는 1958년 특별 컬렉션 사서, 대학 기록전문가, 주정부 기록관리자, 역사 사회그룹 회원들이 정부를 기준으로 최초 열렸던 지역역사컨퍼런스(Local History Conference)에서 비공식 그룹으로 시작되었다. MAA는 미국에서 가장 오래된 기록협회이자 가장 큰 지역기구의 하나로서 2008년에는 제50회 창립 기념일을 맞는다.

4) 설립목적

MAA는 1962년 마이크로필름 프로젝트에 관한 미시간 신문과 1983년에 성공적으로 개최된 'MAA와 미시간도서관협회의 캠페인'과 같은 미시간 주정부의 문화적 유산을 보존하고 장려하기 위한 협동노력을 촉진시키는 데 그 목적이 있다.

5) 조직

(1) 이사회

MAA는 4인의 임원, 컨퍼런스 코디네이터, 6인의 이사회에 의해서 운영된다. 2인의 이사회 구성원이 매해 열리는 총회에서 결정된다.

(2) 위원회

미시간기록전문가및사서위원회(Committee of Michigan Archivists and Librarians)는 주기적인 모임을 주최하여 공동의 관심사에 대해 논의하고 장학제도와 같은 협동적 프로젝트를 주관하기도 한다.

6) 회원

미시간의 역사와 문화유산 보존에 관심 있는 사람은 누구나 MAA의 회원이 될 수 있다. MAA의 회원은 기록컬렉션을 위해 활동하는 전문가 및 준전문가, 자원봉사자 등으로 구성되어 있다.

7) 주요사업

- MAA는 교육워크숍, 출판, 총회, 뉴스레터 등을 통해 기록전문가 또는 관련 전문가를 위한 교육에 있어서 주요역할을 하고 있다.

- MAA의 또 다른 주요사업은 '비정기간행물(Occasional Papers)'이라는 시리즈물의 출판이다.
- 회원들의 활동 및 프로젝트에 대한 정보를 홈페이지에 분류하여 제공함으로써 MAA의 다양한 활동을 보여준다.

② 정보원

1) 정보원배포정책

본 협회는 'Open Entry'란에서 MAA의 출판물 및 뉴스레터의 목록을 제공하고 있다. 다만 원문은 열람이 불가능하고 직접 주문 후 구입해야 한다. 'Links'란에서 MAA의 리스트서브, 미시간 주 기록관 목록, 기록관련 교육 프로그램 등의 유용한 홈페이지로의 이동을 제공하고 있다.

2) 출판물(Publications)

MAA는 뉴스레터와 출판물의 리스트를 제공하고 있으며, 다음과 같다.

(1) 뉴스레터(Newsletter)

이는 봄과 가을에 걸쳐 일 년에 두 번 간행되는 반년간의 출판물이다. 1997년 봄/가을호에서부터 2004년 가을호까지 제공되고 있다.

(2) 출판물

- Matyn, Marian J. ed. 1998. *A Guide to Michigan Archival Resources*.
- Hathaway, Richard J. ed. 1969. *Directory of Historical Collections in*

Michigan.

- ***Records Appraisal: Papers Presented at the Spring 1975 Meeting of the Michigan Archival Association.*** 1976.
- Harms, Richard H., Frederick L. Honhart, and David J. Olson. 1981. ***A Program for Disaster Response in Michigan.***
- Mark Coir. 1994. ***The Photographic Primer.***

3) 링크(Links)

- 미시간주립대정보학과(School of Information, University of Michigan)
  홈페이지: http://www.si.umich.edu
- 웨인주립대도서관및정보과학프로그램(Library and Information Science Program, Wayne State University)
  홈페이지: http://www.lisp.wayne.edu
- 공인기록전문가아카데미(ACA: Academy of Certified Archivists)
  홈페이지: http://www.certifiedarchivists.org
- 주정부및지역역사미국협회(AASLH: American Association for State and Local History)
  홈페이지: http://www.aaslh.org
- 미국역사협회(AHA: American Historical Association)
  홈페이지: http://www.historians.org
- 미국도서관협회(ALA: American Library Association)
  홈페이지: http://www.ala.org
- 캐나다기록전문가협회(ACA: Association of Canadian Archivists)
  홈페이지: http://archivists.ca
- 기록관리인및관리자협회(ARMA: Association of Records Managers and Ad-

ministrators)

　홈페이지: http://www.arma.org

- 호주기록전문가협회(ASA: Australian Society of Archivists)

　홈페이지: http://www.archivists.org.au

- 미시간역사협회(Historical Society of Michigan)

　홈페이지: http://www.hsmichigan.org

- 문화유산보존을위한미시간동맹(Michigan Alliance for the Conservation of Cultural Heritag)

　홈페이지: http://macch.org

- 미시간인문과학협의회(Michigan Humanities Council)

　홈페이지: http://www.michiganhumanities.org

- 미시간도서관협회(Michigan Library Association)

　홈페이지: http://www.mla.lib.mi.us

- 미시간구술역사협회(MOHA: Michigan Oral History Association)

　홈페이지: http://www.h－net.org/~oralhist/moha

- 애틀랜틱중부지역기록관컨퍼런스(MARAC: Mid－Atlantic Regional Archives Conference)

　홈페이지: http://www.lib.umd.edu/MARAC

- 미드웨스트기록관컨퍼런스(MAC: Midwest Archives Conference)

　홈페이지: http://www.midwestarchives.org

- 정부기록관및기록관리자국가협회(NAGARA: National Association of Government Archives and Records Administrators)

　홈페이지: http://www.nagara.org

- 구술역사협회(OHA: Oral History Association)

　홈페이지: http://www.dickinson.edu/oha

- 미국사학자기구(OAH: Organization of American Historians)

홈페이지: http://www.oah.org
- 미국기록전문가협회(SAA: Society of American Archivists)
  홈페이지: http://www.archivists.org
- 기술의역사협회(SHOT: Society for the History of Technology)
  홈페이지: http://www.historyoftechnology.org

MARAC
Mid-Atlantic Regional Archives Conference
애틀랜틱중부지역기록컨퍼런스

① 기구

1) 소재사항

소재국가　미국

주　　소　8233 Old Courthouse Road, Suite 200, Vienna, VA 22182 USA

전　　화　+1 703 556 4905

팩　　스　+1 703 790 0845

전자우편　marac@lamoureux.us

홈페이지　http://www.lib.umd.edu/MARAC

2) 성격

애틀랜틱중부지역기록컨퍼런스(MARAC)는 기록 및 원고본 자료에 관심이 있는 개인 상호간의 협력과 커뮤니케이션을 촉진시키기 위해 델라웨어에서 설립된 비영리의 회원지향적 전문기구이다.

3) 설립연혁

MARAC는 1972년 6월 매릴랜드주립대학의 컬리지공원에 위치한 맥켈딘도서관(McKeldin Library)에서 열린 한 회의에서 33인의 기록전문가들이 모여 시작되었다. 같은 해 MARAC는 반기총회(semi-annual meeting)를 열어 총 150명의 기록전문가와 메뉴스크립트 큐레이터를 회원으로 등록하게 되었다. 한편, 같은 해 처음으로 '애틀랜틱중부지역기록전문가(MAA: Mid-Atlantic Archivist)'라는 출판물을 제작하게 되었다. 그 후 3년 동안 MARAC는 중부애틀랜틱의 다섯 개 지역에서 6회에 걸친 컨퍼런스를 개최하였다.

4) 설립목적

MARAC의 장기적인 목표는 기록옹호 및 교육, 기록전문가 및 다른 역사기록 담당자들을 위한 최고의 애틀랜틱 중부지역 기구가 되는 것이다. 구체적인 설립목적은 다음과 같다.
① 다양한 회원 수 증가
② 기구의 경제적 여유 유지
③ 회원들의 활발한 참여 장려 및 향상
④ 회원의 전문성 강화 및 증명

5) 조직

(1) 임원과 운영위원회(Officers and Steering Committee)

- MARAC는 의장, 부의장, 서기관, 재무관의 총 4인의 임원진으로 구성된다.
- 운영위원회는 상기 4인의 임원과 각 주의 대표와 회원대표가 구성원이

된다. 운영위원회의 구성원은 2년 동안의 임기기간을 갖게 된다.

- 운영위원회는 사업회의에서 선출하는 회원을 제외한 모든 컨퍼런스와 관련된 운영을 담당하게 된다. 사업회의(business meeting)에서 구성된 회원은 컨퍼런스에서 가장 높은 권한을 갖는다.

(2) 회의(meetings)

- 컨퍼런스는 회원들의 관심사와 관련한 프로그램을 제공하고, 사업을 집행하기 위한 목적으로 1년에 총 2회 정기적으로 열린다.
- 특별회의는 운영위원회에 의해 필요시 개최된다.

6) 회원

컨퍼런스에 사용될 회비를 납부하는 모든 개인에게 회원자격이 주어진다. 그러나 기관은 회원이 될 수 없고 오직 개인만이 회원으로 가입이 가능하며, 회원들에게는 투표자격이 주어진다. MARAC의 회원이 됨으로써 기록전문가들과의 네트워킹의 기회를 갖게 되기도 한다.

7) 주요사업

MARAC의 주요사업은 출판프로그램이다. MAA의 출판은 현재 분기별로 이루어지며, 1972년 시작 당시 4장에 불과했던 분량이 현재는 32장에 이른다.

② 정보원

1) 정보원배포정책

본 기구는 'Publications'란에서 정기간행물을 포함한 MARAC의 출판물들의 목록을 제공하고 있으며, 'Links'란을 통해 기록관련 전문기구들을 연계하여 관련 정보 열람을 가능케 하고 있다.

2) 출판물(Publications)

1년에 4회 발행되는 계간지인 MAA의 경우 PDF로 제공하고 있어 무료 열람이 가능하다. 다만 다른 출판물의 경우 전자우편(lmiller@roanoke.edu)을 통해 직접 주문하여 구입해야 한다.

(1) 정기간행물(Journal)

*MAA(Mid - Atlantic Archivist)*라는 표제의 계간지는 2000년(제29권)부터 2006년(제35권)까지의 전문을 홈페이지에 PDF로 제공하고 있다.

(2) 그 외 출판물(Publications)

- ***Guidelines for Archives and Manuscript Repositories.*** 2(1983).(비정기간행물)
- ***Charlene Bickford: The Coalition to Save Our Documentary Heritage.*** 3(1983).(비정기간행물)
- Boccaccio, Mary, ed. 1988. ***Constitutional Issues and Archives.*** Archival Symposia 1.
- Wilsted, Thomas. 1989. ***Computing the Total Cost of Archival Processing***

Leaflet 2.

- Dearstyne, Bruce W. 1989. *Planning for Archival Programs: An Introduction.* Leaflet 3.
- Boccaccio, Mary and David W. 1989. *Carmicheal Processing Congressional Collections.* Leaflet 4.
- Aubitz, Shawn and Gail F. Stern. 1990. *Developing Archival Exhibitions.* Leaflet 5.
- Carmicheal, David W. 1990. *Involving Volunteers in Archives.* Leaflet 6.
- Schlessinger, Kenneth and Marvin F. Russell. 1992. *Identifying and Handling Classified Documents in Archives.* Leaflet 7.
- Bradsher, James G. and Bruce I. Ambacher. 1992. *Archival Sampling: A Method of Appraisal.* Leaflet 8.
- Mustardo, Peter and Nora Kennedy. 1994. *Photograph Preservation: Basic Methods of Safeguarding Your Collection.* Leaflet 9.
- Shankar, Kalpana. 1999. *Understanding the Record −keeping Practices of Scientists.* Leaflet 10.
- *Susan Hamburger: Architectural Records: Arrangement, Description, and Preservation.* Leaflet 11(2004).

3) 링크(Links)

주요기록 및 기록관리 관련 국제기구, 국가기구, 지역기구, 그리고 주정부기구 와의 홈페이지 링크를 제공하고 있다.

NAGARA

National Association of Government Archives and Records Administrators
정부기록및레코드관리자국가협회

① 기구

1) 소재사항

소재국가   미국

주   소   Membership & Publication Services, NAGARA 90 State Street, Suite
1009, Albany, NY 12207 USA

전   화   +1 518 463 8644

팩   스   +1 518 463 8656

전자우편   nagara@caphill.com

홈페이지   http://www.nagara.org

2) 성격

정부기록및레코드관리자국가협회(NAGARA)는 연방정부, 주정부, 지역정부의
기록 및 정보관리 향상을 위해 활동하는 협회이다. NAGARA는 정부의 모든
단계에서의 역사기록 및 정보관리에 관한 아젠다를 지향한다. 또한 NAGARA
는 정부기록의 성공적인 관리를 위한 기술 및 자원을 개발하고자 한다.

3) 사명

NAGARA는 전문기구로서 정부정보의 효과적인 사용과 관리 그리고 성취 및 노력에 관한 대중의 인식에 기여하고자 한다.

4) 설립목적

정부의 모든 단계에서의 기록 및 정보관리의 품질향상에 의한 문서로 남긴 유산의 유효성을 촉진하는 것이 NAGARA의 목적이다. NAGARA는 또한 다음과 같은 목적 수행을 위하여 활동한다.

① 공정하고 정직하고 개방된 업무수행

② 전문성 향상에 있어서의 네트워킹의 중요성

③ 모든 이에게 공평한 대우 및 표현

④ 개인의 의사 및 기여

⑤ 회원장려 및 그들의 성취와 노력에 대한 대중인식

⑥ 실제적이고 구체적이며 비용절감적인 결과 전달

⑦ 비회원 참여의 중요성

5) 회원

회원들은 NAGARA의 프로그램의 지원자이자 옹호자의 입장에서 활동한다. 각 프로그램별 회원기관은 다음과 같다.

(1) 국가 프로그램(National Programs)

- National Archives and Records Administration(US)

(2) 협회 프로그램(Institutional Programs)

- California Judicial Center Library

- Delaware Department of Transportation
- Federal Trade Commission
- Genealogical Society of Utah
- National Cancer Institute
- National Institute for Occupational Safety & Health(CDC)
- Notarial Archives Research Center(New Orleans, LA)
- Ohio Department of Job and Family Services
- South Carolina State University
- US Department of the Treasury
- US Geological Survey
- US Naval War College
- Utah Retirement Systems
- Utah System of Higher Education
- Western Archeological and Conservation Center(NPS)

(3) 캐나다 지방 프로그램(Canada: Provincial Programs)

- Provincial Archives of New Brunswick

(4) 미국 주(州) 및 연방 프로그램(US: State and Commonwealth Programs)

- Alabama Department of Archives and History
- Arizona State Library, Archives and Public Records
- California State Archives
- Colorado State Archives
- Connecticut Secretary of State
- Connecticut State Library

- Delaware Public Archives
- State Library and Archives of Florida
- Georgia State Archives
- Hawaii State Archives
- Idaho State Historical Society
- Illinois State Archives
- Indiana Commission on Public Records
- State Historical Society of Iowa
- Kansas State Historical Society
- Kentucky Department for Libraries and Archives
- Maine State Archives
- Maryland State Archives
- Massachusetts Archives
- Minnesota Historical Society
- Mississippi Department of Archives and History
- Missouri State Archives
- Nebraska State Historical Society
- Nevada State Library and Archives
- New Jersey Division of Archives and Records Management
- New Mexico Commission of Public Records
- North Carolina Office of Archives & History
- State Historical Society of North Dakota
- Ohio Historical Society
- Oklahoma Department of Libraries
- Oregon State Archives
- Pennsylvania Historical and Museum Commission

138

- General Archives of Puerto Rico
- Rhode Island State Archives
- South Carolina Department of Archives and History
- South Dakota State Historical Society
- Tennessee State Library and Archives
- Tennessee General Services, Records Management
- Texas State Library and Archives Commission
- Utah State Archives
- Vermont State Archives
- Vermont Department of Building and General Services, Public Records
- Library of Virginia
- Washington State Archives
- West Virginia Division of Culture and History
- Wisconsin State Historical Society
- Wyoming State Archives

(5) 미국 지방 프로그램(US: Local Programs)

- Alexandria(VA) Archives & Records Center
- Anoka(MN) County
- Austin, TX
- Barton County, KS
- Beaufort County, SC
- Boston(MA) Archives and Records
- Bridgeport(CT) Department of Archives & Records
- Butler County(OH) Records Center and Archives
- Carlsbad, CA

- Carson, CA
- Chandler, AZ
- Charleston, SC
- Cobb County, GA
- Collin County, TX
- Colonie, NY
- Columbia, SC
- Cooper City, FL
- Davenport, IA
- Decatur, GA
- East Brunswick, NJ
- Flathead County, MT
- Fountain Valley, CA
- Geauga County(OH) Archives
- Gloucester County, NJ
- Grand Rapids, MI City Archives
- Greene County, OH
- Hanover County(VA) Public Schools
- Harris County(TX) Records Center
- Henderson, NV
- Hollywood, FL
- Huntington, NY
- Jefferson County(CO) Archives and Records Management
- Keene, NH
- Kenai Peninsula Borough, AK
- King County(WA) Wastewater Division

- Knox County, TN
- Knox County(TN) Archives
- Lake Havasu City, AZ
- Little Rock, AR
- Los Angeles, CA
- Manassas, VA
- Maricopa County, AZ
- Memphis(TN) Light, Gas and Water
- Mercer County, NJ
- Metro Regional Government(Portland, OR)
- Mobile, AL
- Monmouth(NJ) County Archives
- Montgomery, AL
- Nashua, NH
- Nashville & Davidson (TN) County
- North Miami, FL
- Oceanside, CA
- Ontario, CA
- Philadelphia(PA) Department of Records
- Riley County, KS
- Riverside, CA
- Santa Clara, CA
- St. Louis County, MO
- Salem County, NJ
- Salt Lake County(UT) Archives
- Sarasota(FL) County Clerk of Circuit Court

- Savannah, GA
- Seattle, WA
- Seattle(WA) Municipal Archives
- Sedgwick County(KS) Division of Information & Operations
- Sheboygan(WI) Police Department
- Snohomish County, WA
- Sonoma County, CA
- Southfield, MI
- Southwest Florida Water Management District
- Sparks, NV
- Spotsylvania County(VA) Government
- Troup County(GA) Archives
- Utah County, UT
- Webb County(TX) Records Management
- Westchester County, NY
- Westerville, OH
- Whatcom County, WA
- York County, VA

6) 조직

NAGARA는 다음과 같은 위원회로 구성되어 있다.

- 지역준비(local arrangement)위원회
- 프로그램위원회
- 전자기록 및 정보시스템위원회(CERIS: Committee on Electronic Records & Information Systems)

- NAGARA 뉴스레터(Clearinghouse)위원회
- CERIS 뉴스레터(Crossroads)위원회
- 회원관리(membership)위원회
- 전문개발위원회
- 홈페이지위원회

7) 주요사업

NAGARA는 기구의 회원을 위해서 다음과 같은 사업을 수행한다.

① 연간회의. 정부기록과 정보관리에 관한 문제관련 워크숍이나 토론 등을 개최한다.
② Clearinghouse. 1년에 4차례 발간되는 뉴스레터를 제공하여 지역, 주정부, 연방정부의 개발에 관한 소식을 전달한다.
③ Crossroads. 전자기록 및 정보정책에 관한 소식을 전하는 뉴스레터를 제작하며, 일 년에 네 차례 발간한다.
④ 홈페이지. 활동적 홈페이지로서 협회의 활동, 관련 역영에서의 개발, 회원목록, 회원 프로그램의 링크 등의 정보를 제공한다.
⑤ 이니셔티브. NAGARA는 정부 간 기록이니셔티브와 연간조사 그리고 주정부 기록 및 기록 프로그램에 관한 보고서를 촉진시킨다.
⑥ 협동사업. NAGARA는 정부기록관리의 중요성 및 전자기록관리를 위한 원칙과 같은 주요 이슈에 관하여 다른 기구 및 협회와 협력한다.

② 정보원

1) 정보원배포정책

본 기구는 'Publications'란에서는 보도자료 및 출판물의 검색을 제공하고 있다. 그 외 상술한 회원정보와 관련하여 'Links of Interest/Member Websites'란을 통하여 회원과 각종 관련 프로그램의 홈페이지를 제공하고 있다.

2) 정기출판물

뉴스레터(Newsletter) 등 정기적으로 발간·제공된다.

- ***Status of the Preservation of Electronic Records by State Archives***
- ***Clearinghouse: News and Reports on Government Records***
- ***Crossroads: Developments in Electronic Records Management and Information Technology***

3) 보도자료(News)

NAGARA는 또한 'Records and Archives in the News'란을 통해 보다 광범위한 관련 자료를 열람할 수 있도록 링크를 제공하고 있다. 다음은 NAGARA 홈페이지에서 제공되고 있는 보도자료들 중 대표적 목록이다.

- ***NARA Deputy Archivist Lew Bellardo to Retire***
- ***Jim Henderson to Retire as Maine State Archivist***
- ***NHPRC Posts New and Revised Grant Opportunities***
- ***ADA Best Practices Tool Kit for State and Local Governments***

- *GSA's Disaster Recovery Purchasing Program Available to State and Local Governments*
- *State of the Archives Address & Awards Ceremony, National Archives*

NEA
New England Archivists
뉴잉글랜드기록전문가기구

① 기구

1) 소재사항

소재국가　미국

주　　소　Archivist and Special Collections Librarian, George C. Gordon Library, Worcester Polytechnic Institute, 100 Institute Road, Worcester, MA 01609 USA

전자우편　webcoordinator@newenglandarchivists.org

홈페이지　http://www.newenglandarchivists.org

2) 성격

뉴잉글랜드기록전문가기구(NEA)는 매사추세츠 주의 법에 근거하여 설립된 비영리기구이다. NEA는 취득, 보존, 지속적 가치의 기록에 접근 가능하게 하는 일에 대해 책임이 있는 개인 및 기관들을 대표한다. NEA는 회원 및 일반인에게 기록 이론 및 실제를 교육하고, 다른 기록 또는 연관 전문기구들과의 연계를 가지며, 기록 및 기록관 업무를 지지하기 위한 포럼을 주최한다.

3) 사명

① 기구 내 커뮤니케이션의 강화
② 회원들의 요구사항, 관심사, 활동의 반영
③ NEA의 목표 및 목적에 관심유도
④ 개인회원 의사표명의 가능화

4) 설립목적

① 뉴잉글랜드, 대중과 개인, 기업과 개인의 가치를 담고 있는 기록의 보존과 이용 촉진
② 기록 이론 및 실제, 지역 내 기록관련 개인 및 기관 사이의 정보교환, 그리고 지방과 지역 및 국가의 기록관련 기구와의 협동 및 커뮤니케이션을 위한 올바른 사용 등에 관한 평생교육을 제공함으로써 기록의 관리와 대중의 인식 그리고 이해의 증진

5) 조직

NEA는 다음과 같은 위원회로 구성되어 있다.

(1) 교육위원회(Education Committee)

교육위원회는 기록 이론 및 실제에 관한 교육의 계획 및 진행을 통한 NEA의 교육목적을 실행하기 위한 업무를 담당한다. 이러한 교육은 NEA 회원들의 요구사항을 실현하기 위해 기획된 것이다.

(2) 하스상위원회(Haas Award Committee)

기록과 기록관리 전문성 이해를 위해 NEA나 기록관리자협회(ARMA: Association of Records Managers and Administrators) 회원들에게 1년에 한 번 주어지는 하스상(Haas Award) 관련 업무를 담당한다. 하스상은 NEA와 ARMA의 보스턴(Boston)지부가 공동 지원한다.

(3) 헤일상위원회(Hale Award Committee)

NEA 회원에게 주어지는 전문개발을 위한 연간시상식인 헤일시상식(Hale Award)을 위한 위원회이다.

(4) 회원관리위원회(Membership Committee)

NEA 회원들에게 회원 정보를 제작하여 제공하고, NEA 회원들의 관심사를 알려주며, 그리고 회원자격과 관련한 정보를 제공한다.

(5) 뉴스레터편집장(Newsletter Senior Editor)

뉴스레터편집장은 NEA의 위원회와 동등한 지위를 가진다. NEA의 뉴스레터는 1년에 4차례 발간되는 정기간행물이며, 편집장의 임무는 NEA의 사명을 지원하는 데에 있다.

(6) 지명위원회(Nominating Committee)

후보자 지명에서부터 투표결과까지 선거를 위한 전반적인 과정을 담당한다. 지명위원회는 임원단 중 공석이 있는 경우 적합한 후보를 결정한다. 선거에 있어서 오직 회비를 납부한 회원만이 후보에 오를 수 있다.

(7) 복지위원회(Outreach Committee)

복지위원회는 기록 및 기록전문성에 대한 대중인식 및 이해를 높이는 데 기여한다. 복지위원회는 일차자료, 자료들이 어떻게 어디서 유지되는지, 그리고 자료들을 유지하는 전문가들의 업무에 대한 대중인식을 높일 수 있는 이벤트를 마련한다. 프로그램, 강의, 워크숍 등의 후원이나 지원을 통한 사업을 한다.

(8) 프로그램위원회(Program Committee)

가을과 봄에 개최되는 정기회의를 위한 프로그램의 구성 및 실행을 담당한다.

(9) 지역준비위원회(Local Arrangements)

가을과 봄에 개최되는 정기회의를 위한 지역준비를 담당한다.

(10) 웹위원회(Web Committee)

NEA의 홈페이지 유지를 관리하고, NEA의 사명을 기본으로 홈페이지에 뉴스레터 등의 내용을 제공하는 것을 담당한다.

(11) 홍보위원회(Public Relations Committee)

홍보위원회는 회의, 워크숍, 시상식, 다른 주요활동을 포함한 모든 NEA의 이벤트에 대한 광고(publicity)를 담당한다. 전문기구, 전자리스트서브, 지역미디어 등에 보도자료를 제공한다.

6) 회원

회원자격은 수납도서, 행정, 조직, 보존 또는 기록과 메뉴스크립트 자료 사용에 관심이 있으며 회비를 납부하는 모든 개인이나 기관에 주어진다. 일반적으로 일반회원과 기관회원이 있다.

7) 주요사업

- NEA는 연간정기회의를 주최한다.
- 다양한 이벤트를 개최해 회원들에게 정보를 제공한다.

② 정보원

1) 정보원배포정책

본 기구는 'Internet Resources'란에서 관련 사이트의 링크를 연계시켜 주고 있다. 그 외 'Newsletter'란에서는 NEA의 정기간행물인 뉴스레터를 탑재하여 놓아 무료 열람을 제공하고 있다.

2) 인터넷 자원(Internet Resources)

- 뉴잉글랜드기록관(Archives in New England)
- 기록자원디렉터리(Directories of Archival Resources)
- 전문협회(Other Professional Associations)
- 기금(Funding Opportunities)
- 기록관및도서관기술(Archives and Library Technology)
- 오하이오 마이애미대학(Archives of Archives@listserv.muohio.edu)
- 특별 컬렉션웹자원(Special Collections Web Resources)

(3) 뉴스레터(Newsletter)

이는 계간으로 발행되며, 현재 2000년 1월호(29권 1호)에서부터 2007년 6월호(34권 3호)까지의 전문을 홈페이지에 제공하고 있다.

NEARI
New England Archivists of Religious Institutions
뉴잉글랜드종교기관기록전문가협회

① 기구

1) 소재사항

소재국가 미국

주   소 Boston CSJ Archives, 637 Cambridge Street, Brighton, MA 02135
USA

전자우편 archives@csjboston.org

홈페이지 http://www.csjboston.org/neari.htm

2) 성격

뉴잉글랜드종교기관기록전문가협회(NEARI)는 공통의 관심사를 공유하고 전문적 교육을 받을 수 있는 종교컬렉션에 책임이 있는 기록전문가를 위한 전문기구이다. NEARI의 회원들은 다양한 종교기관을 대표하는 기록전문가로서 그들의 소중한 전통을 인식하고 커뮤니티에서 현재의 삶을 문서화하는 책임을 지고 있다.

3) 설립연혁

NEARI는 종이기록, 시각기록, 구술기록 등 형태에 상관없이 모든 기록은 미국의 다양한 종교유산을 표현하며 미래의 학자들에게 종교와 문화 사이의 활발한 이해를 제공한다는 믿음을 바탕으로 1989년에 설립되었다.

4) 회원

- NEARI의 회원자격은 종교문서 보존에 관심이 있는 개인, 기관, 또는 정부기관(agency)에 열려 있다.
- 대부분의 문서는 역사가, 연구자, 계보학자에게 열람 가능하도록 되어 있다.
- NEARI 각각의 회원은 연간 디렉터리를 받게 되며, 디렉터리를 바탕으로 다른 회원들과 연락이 가능하다.
- NEARI는 업무위원회(working committees)를 통해 회원들이 프로그램에 참여하거나 뉴스레터에 내용을 제공하도록 장려한다.

5) 주요사업

- NEARI 회원들에게 지속적인 교육의 기회와 봄 정기회의를 통한 협회후원을 할 수 있는 기회를 제공한다.
- 초보자와 베테랑 회원 모두에게 기록관 지식 및 기술을 향상시킬 수 있는 기회도 제공한다.
- 다양한 장소에서 열리는 회의에 참석하도록 함으로써 회원들이 뉴잉글랜드 지역의 많은 기록관의 참관 기회를 가질 수 있도록 한다.

② 정보원

1) 정보원배포정책

NEARI는 공식적인 협회관련 출판물은 'Newsletter'란을 통해서 제공하고 있다.

2) 뉴스레터(Newsletter)

NEARI의 뉴스레터(Newsletter)는 협회의 공식적인 출판물이다. 뉴스레터는 회원들이 전문 기사내용을 제출하도록 장려하고, 회의의 보고서를 회람할 수 있도록 하며, 앞으로 열릴 이벤트에 대한 내용을 제공한다. 뉴스레터는 뉴잉글랜드의 기록관 활동에 대한 각종 정보를 제공하고 있다.

NEHGS
New England Historic Genealogical Society
뉴잉글랜드역사계보협회

① 기구

1) 소재사항

소재국가 미국

주   소 101 Newbury Street, Boston, Massachusetts 02116 USA

전   화 +1 617 536 5740

팩   스　+1 617 536 7307

전자우편　mdaly@nehgs.org

홈페이지　http://www.NewEnglandAncestors.org

2) 성격

뉴잉글랜드역사계보협회(NEHGS)는 미국의 가장 오래된 역사계보 관련 전문 기구이다.

3) 설립연혁

- NEHGS는 1845년에 5인의 상인과 서적상이 모여 설립하였다. 그들은 당시 뉴잉글랜드 가족들의 계보와 역사에 관한 내용을 수집, 보존, 출판하는 데 기여하기 위해 이 모임을 시작하였다.
- 1847년 NEHGS는 '뉴잉글랜드 역사 및 계보명부(*New England Historical and Genealogical Register*)'라는 정기간행물을 편찬하기 시작하였다. 이 명부는 미국 내에서 계보학 저널 중 가장 오래되었으며 최초의 출간 이래 150년 동안 지속적으로 출판되어 왔다는 점에서 매우 의미가 있다. 초창기 출판물은 유명한 개인의 전기회고록, 역사논문, 오래된 문서의 사본(transcription), 비명체의 비문(epitaph inscriptions), 짧은 계보, 사망기사 통지, 서적 서평 등의 내용을 담고 있다.
- 1858년 몇몇의 NEHGS 회원들이 일차자료를 출판하는 목적의 '공동출판을 위한 협회(Prince Society for Mutual Publication)'라는 보조기구를 결성하였다. 이를 계기로 NEHGS는 오늘날까지 활발한 출판활동을 해오고 있다.
- 1898년 NEHGS가 여성회원에게도 개방이 되면서 이 단체의 성격은 변화를 맞이했다. 첫해에 29명의 여성이 회원이 되었고, 1899년에서 1908년 사이에 157명의 여성이 회원으로 영입되었다. 그 후 여성회원수는 지속적으로 증가

하여 현재 약 65% 이상이 여성회원이다.

- NEHGS의 가장 현저한 공헌 중 하나는 계보영역을 매사추세츠 타운 출판의 중요한 기록의 하나로 만들었다는 것이다. 이러한 노력은 1902년에 처음 시도되었고, 새로운 10개의 출판물이 그 후 40년 동안 지속적으로 제작되었다. 이 프로젝트는 매사추세츠 중요 기록이 연구자들에게 연구가능토록 제공하였을 뿐 아니라 파괴되어 가는 좋은 많은 기록들을 살렸다는 데에서 그 의미를 찾을 수 있다.

4) 사명

NEHGS의 사명은 미국 가족의 역사들을 접근 가능한 자료로 문서화하기 위한 자료를 수집, 보존, 해석하는 것이다.

5) 회원

NEHGS 회원들에게는 다음과 같은 혜택이 주어진다.
- 미국 내에서 가장 좋은 계보학 도서관을 지속적으로 이용
- 메뉴스크립트 컬렉션 중 원본문서의 열람 기회
- 뉴잉글랜드 역사 및 계보명부의 구독

② 정보원

1) 정보원배포정책

본 기구는 'Research'란에서 필요한 자료를 쉽게 찾아볼 수 있도록 키워드 검색을 포함한 여러 가지 검색방법을 제공하고 있으며, 데이터베이스의 경우 PDF로 원문 열람이 가능하다. 'Library'란에서는 홈페이지에서 전자인덱스 서

비스를 제공하여 NEHGS 도서관의 목록을 쉽게 검색할 수 있도록 하고 있다. 'Publications'란에서는 뉴잉글랜드 가족사와 관련한 프로젝트 결과보고서, 계보학안내서, 정보기록, 고전 복본 등을 열람할 수 있다.

2) 정보검색(Research)

키워드 검색을 통해서 원하는 정보를 찾는 것이 기본 검색방법이다. 다음과 같은 분류를 통해서 좀더 편리하게 정보를 검색할 수 있다.

(1) 참고정보실(Reference Room)

'Reference Materials'와 'New England Town Guides'로 분류되어 있다.

① 참고정보원(Reference Materials)

다음의 링크를 통해 지도, 지도책, 지명색인, 안내서 등의 자료를 검색할 수 있다.

- *John Hayward's Gazetteer of the United States of America*
- *An Hibernian Atlas; or General Description of the Kingdom of Ireland—1798*
- *National Center for Health Statistics*
- *The U.S. Census Bureau Gazetteer*

② 뉴일글랜드 도시안내(New England Town Guides)

코네티컷, 뉴햄프셔, 메인, 로드아일랜드, 매사추세츠, 버몬트를 포함한 뉴잉글랜드의 지역에 관한 연구조사 전략을 세우는 데 필요한 내용을 검색할 수 있다. 도시(town)명 변경이나 도시형성 날짜 등에 관한 정보를 제공하고 있다.

(2) 최근 데이터베이스(Latest Database)

대부분의 자료가 PDF로 무료열람이 가능하며, 다음과 같이 정보를 분류하여 각각의 다른 홈페이지로 관리하고 있다. 특히 'Master Search'란은 각 홈페이지로 링크되어 관련 정보검색을 하도록 되어 있다. 그 밖에 기록형태나 장소에 의한 검색과 알파벳 순서에 따른 목록을 통한 검색이 가능하다.

- ***The New England Historical and Genealogical Register***
- ***The Settlers of the Beekman Patent.***
- ***Worcester Births, Marriages and Deaths***
- ***Vital Records of New Haven, 1649−1850***
- ***Vital Records of Franklin, MA, 1778−1872***
- ***The Essex Antiquarian.*** Vol.7(1903)
- ***New York Wills, 1626−1836***

(3) 회원용 데이터베이스(Premium Database)

개인회원에게만 열람이 가능하도록 되어 있는 부분으로 기관회원들이나 비회원은 열람이 제한되어 있다. 다음과 같이 두 가지로 분류하여 정보를 제공한다.

- 19th Century U.S. Newspapers Database
- Early American Newspapers Series I, 1690−1876

3) 도서관(Library)

이는 'Research Library'와 'Manuscripts'란으로 분류되어 있다.

(1) 연구도서관(Research Library)

2십만 종 이상의 서적, 정기간행물, 마이크로 자료를 포함한 많은 정보와 1만 종 이상의 메뉴스크립트 컬렉션을 소장하고 있다. 키워드 검색을 통해 원하는 자료를 찾아볼 수 있으나, 모든 자료를 열람할 수 있는 것은 아니다. 대부분의 자료는 실제 도서관을 방문하여 열람해야 한다.

(2) 원고본(Manuscripts)

13세기부터 현재까지의 뉴잉글랜드 및 다른 지역의 메뉴스크립트 컬렉션을 찾아볼 수 있다. 다만 온라인상으로 볼 수 있는 자료들은 제한되어 있다.

4) 출판물(Publications)

출판물의 열람은 직접 구입을 통해서만 가능하다. 다음은 NEHGS 출판물의 대표적인 목록이다.

- Roberts, Gary Boyd. *The Best Genealogical Sources in Print: Essays.*
- Crandall, Ralph J. *Shaking Your Family Tree: A Basic Guide to Tracing Your Family's Genealogy*. Second Edition.
- Lainhart, Ann Smith. *Digging for Genealogical Treasure in New England Town Records.*
- Rising, Marsha Hoffman and FASG CG. *Vermont Newspaper Abstracts, 1783 − 1816.*
- Remington, Gordon L. and FASG. *New York State Towns, Villages, and Cities: A Guide to Genealogical Sources.*
- Remington, Gordon L. and FASG. *New York State Probate Records: A Genealogist's Guide to Testate and Intestate Records.*

- Hoff, Henry B. and FASG CG. ***Genealogical Writing in the 21st Century: A Guide to Register Style and More.***
- Salls, Timothy. ***Guide to the Manuscript Collections of the New England Historic Genealogical Society.*** First Edition.
- Galvin, William Francis. ***Historical Data Relating to Counties, Cities and Towns in Massachusetts.*** 5th Edition.

Northwest Archivists

NWA
Northwest Archivists
노스웨스트기록전문가기구

① 기구

1) 소재사항

소재국가　미국

주　　소　Terry Baxter, Records Management Analyst, Multnomah County, Records Program 366 Atwater St., Monmouth OR 97361 USA

전　　화: +1 503 988 3741

팩　　스: +1 503 988 3754

전자우편　terry.d.baxter@co.multnomah.or.us

홈페이지　http://www.lib.washington.edu/nwa

2) 성격

노스웨스트기록전문가기구(NWA)는 아이다호(Idaho) 주(州)의 법에 근거하여 설립된 비영리기구이다.

3) 설립연혁

NWA는 알래스카, 아이다호, 몬태나, 오리건, 워싱턴을 포함한 미국의 태평양 노스웨스트 지역의 기록전문가, 기록관 이용자, 그리고 기록자료의 이용과 보존에 관심이 있는 사람들이 모여서 설립된 지역협회이다.

4) 조직

NWA는 다음과 같은 위원회로 구성되어 있다.

(1) 총회(Annual Meeting)

① 지역준비위원회(Local Arrangements Committee)

본 위원회는 기구의 총회를 위한 지역 안배를 계획하고 조정한다.

② 프로그램위원회(Program Committee)

본 위원회는 총회의 각 회기별 주제와 연설자를 조직하고 운영한다. 차기 연도 총회의 프로그램에 대한 아이디어나 제안사항은 위원회의 위원장에게 제출해야 한다.

(2) 지지위원회(Advocacy Committee)

본 위원회는 지역 및 국가단계에서의 기록전문성을 위한 정책의 중요성과 문제점에 관한 방향을 정하고 리더십을 제공한다.

(3) 시상위원회(Awards Committee)

본 위원회는 장학금지원서를 심사한 후 기록 교육 및 전문성 개발을 위한 장학금을 수여한다.

(4) 정관위원회(By-Laws Committee)

본 위원회는 NWA 정관의 개정을 검토하고 제안한다.

(5) 교육위원회(Education Committee)

본 위원회는 노스웨스트 기록전문가를 위한 다양한 분야의 지속적인 교육 계획을 개발한다. 또한 서부지역의 다른 기록관련 기구와 함께 지속적인 교육의 기회를 협의한다.

(6) 뉴스레터위원회(Newsletter Committee)

본 위원회의 구성원은 뉴스레터를 위한 기사내용을 작성하고 수집한다.

(7) 지명위원회(Nominating Committee)

NEA의 임원진 및 이사회 구성원 후보를 선정하고 심사한다.

5) 회원

기록자료의 이용과 보존에 관심이 있고 회비를 납부한 모든 개인에게 회원자격이 주어진다.

6) 주요사업

- 1년에 한 번 총회 주최
- 지역 내 기록전문가들 간의 네트워킹과 전문성 개발 강화를 위한 프로그램 운영

② 정보원

1) 정보원배포정책

본 기구는 *Easy Access*라는 뉴스레터를 통해 미국 노스웨스트 지역의 기록관련 활동정보를 제공하고 있으며, 이는 홈페이지 상에서 PDF 원문 열람이 가능하다.

2) 뉴스레터(Newsletter)

1년에 4회(3월, 6월, 9월, 12월) 출판되는 계간지인 뉴스레터 Easy Access는 지역 내 기록관들의 최근활동이나 앞으로 있을 행사에 대한 내용을 주로 제공하고 있다. 현재 2003년 3월호(제29권 제1호)에서부터 2007년 6월호(제33권 제12호)에 이르기까지 홈페이지에 전문을 제공하고 있다.

NY SHRAB
New York State Historical Records Advisory Board
뉴욕주역사기록자문위원회

① 기구

1) 소재사항

소재국가 미국

주   소 New York State Archives, Cultural Education Center, Albany NY 12230 USA

전   화 +1 518 474 6276
전자우편 nyshrab@mail.nysed.gov
홈페이지 http://www.nyshrab.org

2) 성격

뉴욕주역사기록자문위원회(SHRAB)는 교육국장(Commissioner of Education)에 의한 13인의 시민으로 구성된 뉴욕 주(州)의 독립적인 자문기구이다.

3) 설립연혁

SHRAB은 국가기록관의 기금기구인 국가역사편찬및기록위원회(NHPRC: National Historical Publications and Records Commission)에 의해 뉴욕 주에 대한 연방정부 기금의 감독과 협동계획을 제공하기 위해 설립되었다. SHRAB은 뉴욕의 역사자료를 감정(identification)하고 보존하며 이용토록하기 위한 좋은 프로그램 개발에 관한 조언을 제공한다.

4) 사명

SHRAB은 뉴욕시민, 커뮤니티, 기구, 사업체, 정부의 모든 문서의 감정, 수집, 보존, 관리, 접근, 사용, 기록접근을 위한 보조, 지원, 협력, 지지하기 위해 활농한다.

5) 비전

뉴욕시민의 매우 다양한 뉴욕 주의 역사와 문화에 대한 지식을 증가시키고 그들의 권리를 지키기 위해 뉴욕시민의 역사기록이 뉴욕시민에 의해 감정받고 수집되며 보존되고 유지되며 접근 가능하고 사용 가능하도록 하는 것이 SHRAB의 비전이다.

6) 주요사업

SHRAB은 뉴욕 주 안의 기구들이 NHPRC로 제출한 지원서를 검토하고 추천하는 일을 담당한다.

7) 프로그램

주요 프로그램으로 '뉴욕역사와문화의재발견(RNYH&C: Rediscovering New York History & Culture)'이라는 뉴욕 주 기록관련 프로그램을 통해 다음과 같은 목표를 달성하고자 한다.

① 뉴욕 역사에서의 모든 다양한 커뮤니티, 사람들, 행사에 대한 내용의 완전한 문서화

② 연구자들과 학습자들의 역사자원으로의 용이한 접근 제공

8) 프로젝트

NHPRC가 후원하는 '뉴욕유산문서프로젝트(New York Heritage Documentation Project)'는 정신건강, 환경, 라틴커뮤니티, 뉴욕 주의 문서계획 매뉴얼, 뉴욕문서 재발견 프로젝트와 관련된 영역의 문서들을 재정비하는 프로젝트라 할 수 있다. 이 프로젝트는 뉴욕의 역사에 관한 문서를 주제별로 정리하여 목록을 제작한다. 또한 좀더 포괄적이고 균형 잡힌 기록을 위해 기관이나 사람들을 위한 방법론적 매뉴얼을 제공한다.

② 정보원

1) 정보원배포정책

주요 정보원은 'Virtual Research Collection'으로 이는 뉴욕주기록관(New

York State Archives)의 홈페이지(http://www.archives.nysed.gov/aindex.shtml)
로 링크되어 관련 정보를 제공한다. 한편, 'Research'란을 통하여 기능별과 주
제별로 분류하여 뉴욕기록관의 자료와 뉴욕 주 전체 기록관이나 대학도서관
등에 있는 자료의 목록을 검색할 수 있도록 제공하고 있다.

2) 정기간행물(Magazine)

이는 뉴욕 주의 기록관들 및 기록보존소들에서 행한 연구조사의 결과를 회원
들이 공유할 수 있도록 하기 위해 출판되는 간행물이다. 이 간행물의 열람을
위해서는 주문서를 작성하여 신청해야 한다.

3) 출판물(Publications)

다음과 같은 주제에 따라 출판물을 분류하여 제공하고 있다. 대다수의 자료가
PDF나 온라인상으로 원문열람이 가능하나, 직접 구매하여야 열람이 가능한
자료도 있다.

(1) 역사기록 가이드(Guides to Historical Records)

- ***Preliminary Guide to Historical Records Sources on Latinos In New York State***
- ***A Guide to Records in the New York State Archives***
- ***Guide to the Records of the New York State Legislature***
- ***Guide to Records Relating to Schools and School Districts***
- ***Guide to Records Relating to Native Americans***
- ***Guide to Records Relating to the Revolutionary War***
- ***Guide to the Organization and History of State Government***
- ***Guide to Records of the Governor's Office in the New York State Archives***

164

- *Genealogical Resources in the New York State Archives*
- *Obtaining Records in New York State*
- *Electronic Records Fact Sheet*
- *Naturalization & Related Records*

(2) 정부기록관리(Managing Government Records)

- *Retention and Disposition of Records: How Long to Keep Records and How to Destroy Them*
- *Government Records Services*(Brochure)
- *eGovernment*
- *Managing E −Mail Effectively*
- *Using the State Records Center*
- *Local Government Records Management Improvement Fund Disaster Recovery Guidelines*
- *Local Government Records Management Improvement Fund Reporting Guidelines*
- *Guide to Efficient Filing Systems*
- *Guidelines for the Legal Acceptance of Public Records in an Emerging Electronic Environment*

(3) 역사기록관리(Managing Historical Records)

- *Local Government Records Useful in Family History Research*
- *State, Federal and Private Sources of Funding for Archives, Historical Societies, Libraries and Other Not −for −Profit Organizations*
- *Archives Week Action Guide*

- *Selected Bibliography on Historical Records Administration*
- *Historical Records and the Local Government Historian*
- *Documentary Heritage Program Grant Application and Materials*
- *Guidelines for Arrangement and Description of Archives and Manuscripts: A Manual for Historical Records Programs in New York State*
- *Archives and You: The Benefits of Historical Records*

(4) 역사기록수업(Teaching with Historical Records)

- *Consider the Source: Historical Records in the Classroom*
- *Student Research Award Guidelines and Application*

(5) 뉴욕기록관의 단행본 및 간행물(Books and Magazines From New York's Archives)

- *The Union Preserved*
- *Dalton Trumbo, Hollywood Rebel: A Critical Survey and Filmography*
- *New York Archives Magazine*
- *Suspect Identities: A History of Fingerprinting and Criminal Identification*
- *Erie Canal: New York's Gift To The Nation*
- *State of the Union: New York and the Civil War*

New York Archives Conference

NYAC
New York Archives Conference
뉴욕기록컨퍼런스

① 기구

1) 소재사항

소재국가 미국

주   소 Edward L. Galvin, Director Archives and Records Management, Syracuse University 6th Floor, E. S. Bird Library, Syracuse, NY 13244-2010 USA

전   화 +1 315 443 9760

팩   스 +1 315 443 4053

전자우편 elgalvin@syr.edu

홈페이지 http://www.ithaca.edu/library/archives/loac

2) 성격

뉴욕기록컨퍼런스(NYAC)는 전적으로 교육을 위해 운영되는 비주식 사단법인(nonstock corporation)이다.

3) 설립연혁

이는 원래 1975년에 설립된 레이크온타리오기록컨퍼런스(LOAC: Lake Ontario Archives Conference)이다. 2003년 평의회(Board of Regent)에 의해 지금의

뉴욕기록컨퍼런스(New York Archives Conference)로 명칭을 바꾸게 되었다.

4) 설립목적

기록전문가 회원과 뉴욕 주(州)에 있는 기록관 이용자들 및 지원자들의 교육과
전문성 촉진 및 지원을 목적으로 한다.

5) 조직

다음과 같은 이사회 외에 각종 위원회로 구성되어 있다.

(1) 이사회(Board of Trustees)

본 이사회에서 NYAC의 총책임을 담당하고 있으며, 이는 회원들의 연간회
의에서 선출된 22인의 이사들로 구성된다. 이사회의 모든 구성원은 동시에
프로그램위원회의 구성원으로도 활동한다. 이사회를 통하여 조직의 규율 및
법규, 활동에 필요한 기금 등에 대한 주요사안이 결정된다.

(2) 프로그램위원회(Program Committee)

프로그램위원회는 연간 컨퍼런스의 프로그램, 예산, 그리고 지역준비 등의
사안을 계획하고 조직한다. 또한 회원들을 위한 NYAC의 연간정기회의 및
특별회의를 주최한다. 프로그램위원회 위원장이 부재 시에는 회원들이 위원
장직무대행을 선출하게 된다.

(3) 서기관(Secretary)

서기관은 모든 회의를 담당한다. 서기관이 부재 시에는 프로그램위원회 위
원장이나 직무대행이 회의의 서기담당자를 회원들 중에서 임명해야 한다.

(4) 상임위원회(Standing Committee)

상임위원회는 정관(By-Laws)에 의거하거나 회원들의 연간회의 투표에서 반수 이상의 찬성이 있을 때 개최 가능하다.

(5) 임시위원회(Ad Hoc Committee)

이사회는 임시위원회를 개최할 수 있는데, 기관의 활동에 관련하여 필요할 때 설립된다. 임시위원회는 이사회에서 설립결정을 하더라도 회원들의 연간회의에서 반수 이상의 찬성이 없으면 개최할 수 없다.

6) 회원

회원제도는 컨퍼런스를 위한 지역준비, 재정 및 운영절차, 법규 등의 업무에 있어서 이사회의 부담을 줄이기 위해서 1993년부터 시작되었다. 전통적으로 기존의 레이크온타리오기록컨퍼런스(LOAC)의 회원자격은 연간회의의 참석이 필수조건이다.

2 정보원

1) 정보원배포정책

NYAC는 홈페이지에 1997년 이후의 컨퍼런스에 대한 기본적인 정보 및 프로그램을 PDF로 제공하여 수시로 열람할 수 있다.

2) 기존 컨퍼런스에 대한 정보(Information about Previous Conferences)

해당 연도의 컨퍼런스는 홈페이지 상단 중앙에 PDF로 탑재되어 있어 무료로 열람 가능하다. 기존에 개최된 컨퍼런스에 대한 목록은 다음과 같다.

- *2006 NYAC Program for our Conference at Vassar College*
- *2004 NYAC Annual Conference at St. John Fisher College in Rochester*
- *2003 Conference at Skidmore College in Saratoga Springs*, NY, June 12 – 13.
- *2002 Program from the Ithaca College Meeting*
- *2001 LOAC Meeting at the Buffalo State College*, June 14 – 16.
- *1999 Conference Program for the Conference at Brockport*
- *1998 Conference Jointly with MARAC(Mid – Atlantic Region Archives Conference) at Saratoga Springs,* May 7 – 9.
- *1997 Conference at SUNY Fredonia in Fredonia,* NY, June 13 – 14.
- *1997 Conference Program*

SA

Society of California Archivists

캘리포니아기록선문사협회

① 기구

1) 소재사항

소재국가 미국

주   소 Julie Cooper, Jet Propulsion Laboratory, Souther California USA

전　　화　+1 818 354 1844

전자우편　Julie.A.Cooper@jpl.nasa.gov

홈페이지　http://www.calarchivists.org

2) 성격

캘리포니아기록전문가협회(SA)는 캘리포니아(California) 지역 기록전문가들로
구성된 전문협회이다.

3) 설립연혁

본 협회는 캘리포니아 및 부근지역의 개인과 기관이 문서유산을 수집·관리하
고 접근성을 제공할 수 있도록 지원·개발에 전념토록 하기 위해 1971년에
설립되었다.

4) 설립목적

SA는 캘리포니아 및 그 주변지역에서 문서유산을 수집하고 관리하며 기록유
산으로의 접근성을 제공하는 이들을 위한 교육을 개발하고 지원하기 위해 설
립되었다. SCA는 또한 대중관심을 장려하고 공공 및 개인 기관의 기록 장비
를 지원한다.

5) 조직

SA는 다음과 같은 위원회로 구성되어 있다.

(1) 교육위원회(Education Committee)

교육위원회는 캘리포니아 주(州)의 기록전문가의 기록관련 교육 및 전문성

개발을 증진시키기 위한 조직이다.

(2) 선거위원회(Election Committee)

선거위원회는 매해 열리는 선거를 담당한다.

(3) 정부부처위원회(Government Affairs Committee)

본 위원회는 국가 및 주의 입법, 정치적 관제, 정부기금부처, 기록관련 정치이슈 등을 감독하는 역할을 한다.

(4) 지역준비위원회(AGM: Local Arrangements Committee)

지역준비위원회는 프로그램위원회와의 협조를 바탕으로 활동한다. 총회의 실제적인 준비과정은 본 위원회에서 담당한다.

(5) 회원관리위원회(Membership Committee)

본 위원회는 회원들의 현재의 주요 관심사 및 문제들을 조사하는 역할을 한다. 또한 회원들이 SA의 활동 및 프로그램에 참여하도록 장려하며 새로운 회원들을 위해 상담을 제공한다.

(6) 지명위원회(Nominating Committee)

지명위원회는 운영진 선거를 위한 후보자 선출 관련 업무를 담당한다.

(7) 홍보위원회(Outreach and Publicity Committee)

홍보위원회는 SA 회원들과 그들의 기관들 그리고 기록관의 전문성에 대한 정보를 배포하고, SA 안에서의 다양성을 추구한다. 이 위원회는 또한 홍보

활동과 이벤트를 통해 SA의 기능과 존재에 대한 인식을 증가시키기 위해 활동한다.

(8) 프로그램위원회(Program Committee)

본 위원회는 봄에 있는 총회를 기획하고 주최하며 상술의 지역준비위원회와 함께 협력한다.

(9) 출판위원회(Publications Committee)

출판위원회는 회원명부와 홍보위원회의 홍보관련 활동을 제외한 SA의 모든 출판관련 사업을 감독한다.

(10) 금융 및 투자(Finance and Investment)

이는 상설위원회로서 SA의 자산 관리와 관련한 자문역할을 한다.

(11) 개발위원회(Development Committee)

개발위원회 또한 상설위원회로서 SA의 활동 및 프로그램을 위한 기금 마련 사업을 지원한다.

(12) 특별위원회(Special Committee)

특별위원회는 특별전문위원회 또는 임시위원회로서 운영된다.

(13) 사이트선택위원회(Site Selection Committee)

본 위원회는 총회를 위한 호텔 등의 장소를 물색해 추천하는 역할을 한다.

(14) 홈페이지위원회(Website Committee)

홈페이지위원회는 SA 홈페이지의 디자인, 유지, 업데이트, 보안 등의 홈페이지 관련 모든 전반사항을 담당한다.

6) 회원

SA의 회원들은 기록관리진, 메뉴스크립트 큐레이터, 기록관리자, 보존가, 역사가, 사서, 계보학자, 박물관 큐레이터, 학생, 자원봉사자들을 포함한다. 회원들은 대학기관, 연방정부와 주정부 및 지역정부 기록관과 기록센터, 역사단체, 박물관, 도서관, 기업, 그리고 교육·종교·의료기관 개인수집가들과 연계하여 활동한다.

7) 주요사업

SA는 기록관련 포럼 및 워크숍 등의 프로그램을 제공한다. 또한 시상식 및 장학금 지원을 통한 기록관련 전문성의 증진을 도모하고자 한다.

② 정보원

1) 정보원배포정책

본 협회는 *The Preserving Your History Brochure Series*명으로 협회 공식 출판물들의 내용을 PDF로 제공하고 있으며, 스페인어와 중국어 등과 같은 몇 종의 외국어의 PDF도 제공하고 있다. 다만 PDF의 원문열람을 위해서는 주문·구매하여야 한다. 'WestArchlistserv'와 'Newsletter'란에서 SA의 다양한 출판물을 제공하고 있어 온라인상에서 열람 가능하다. 한편, 'Useful Links'란을 통해 캘리포니아 지역의 SA와 관련이 있는 기관과 정보를 제공하며, 해당 홈페이지로의 링크 또한 제공하고 있다.

2) 출판물(Publications)

공식적인 명칭은 *The Preserving Your History Brochure Series*이며, 현재 주요 출판물의 전문을 각종 언어로 홈페이지에 PDF로 제공하고 있다. 다음과 같으며, 제공 언어는 별기하였다,

- *Doing Oral History*(영어, 스페인어, 중국어)
- *Doing Your Neighborhood History*(영어, 스페인어, 중국어)
- *Family Papers: Preservation and Organization*(영어, 스페인어, 중국어)
- *Preservation Family Photographs*(영어, 스페인어, 중국어)

3) 링크(Useful Links)

(1) 기록관

- California State Archives

  홈페이지: http://www.sos.ca.gov/archives/archives.htm
- National Archives and Records Administration

  홈페이지: http://www.archives.gov/index.html

(2) 전문기구

- Society of American Archivists

  홈페이지: http://www.archivists.org
- Northwest Archivists

  홈페이지: http://www.lib.washington.edu/nwa
- Associated Professional Organizations

  홈페이지: http://bayareaarchivists.pbwiki.com

(3) 보존정보

- California Preservation Program
  홈페이지: http://calpreservation.org

(4) 전문교육

- National Forum on Archival Continuing Education
  홈페이지: http://www.statearchivists.org/reports/index.htm

(5) 구술역사가

- Oral History Links on the Web
  홈페이지: http://bancroft.berkeley.edu/ROHO/resources/ohlinks.html
- Oral History Associations
  홈페이지: www.h−net.org/~oralhist

(6) 역사가

- American Historical Association
  홈페이지: http://www.historians.org/
- American Historical Associations
  홈페이지: http://www.historians.org/resources/links.cfm
- Asian American History WebSites
  홈페이지: http://www.cetel.org/res.html#24

(7) 역사단체

- California Historical Society
  홈페이지: http://www.californiahistoricalsociety.org/

- Chinese Historical Society of Southern California
  홈페이지: http://www.chssc.org/index.shtml

4) 리스트서브(WestArchlistserv)

SA는 본 협회와 회원들이 캘리포니아 기록커뮤니티의 관심사에 대한 정보를 공유하기 위한 공식커뮤니케이션을 위해 리스트서브를 후원한다. 리스트서브의 정보를 열람하기 위해서는 전자우편(majordomo@listlink.berkeley.edu)으로 요청을 해야 한다.

5) 뉴스레터(Newsletter)

이는 1년에 총 4회에 걸쳐 발간되는 계간지 성격의 뉴스레터이다. 구독을 원할 경우 전자우편(jschneid@library.berkeley.edu)으로 요청 가능하다.

SAA
Society of American Archivists
미국기록전문가협회

① 기구

1) 소재사항

소재국가 미국

주   소 527 S. Wells St., 5th Floor, Chicago, IL 60607 USA

전   화 +1 312 922 0140
팩   스 +1 312 347 1452
전자우편 info@archivists.org
홈페이지 http://www.archivists.org

2) 성격

미국기록전문가협회(SAA)는 컬럼비아(Columbia) 지역의 법률에 기초한 기록 및 기록관리 관련 비영리기구이다.

3) 설립연혁

- SAA는 기록 경제의 견고한 원칙을 조성하고 기록전문가와 기록관련 기관들 간의 협력을 조성하기 위해 1936년 12월에 설립되었다. 설립 첫해에 SAA는 총 243인의 기록전문가와 기관들을 회원으로 영입했다. 그 후 SAA는 매해 컨벤션을 주최하는 등의 활동을 전개해 왔다.
- 1993년 SAA는 기구의 방향과 목적 설정을 위한 전략적 계획을 개발했다. 최근 SAA의 정책이사회(Governing Council)는 사회와 전문성의 변화에 맞춰 관련 전략들을 재조명하는 기회를 가졌다. 최근 들어 점차로 공공정책 분야에서의 지지는 SAA의 리더십을 위한 중요한 트렌드가 되고 있다.
- 오늘날 SAA는 데이터로의 좀더 나은 접근성을 제공하고 기록 및 기록전문가의 가치를 증진시키기 위한 정보기술의 발전을 이용하는 노력을 지원한다.

4) 사명

SAA의 사명은 회원들의 교육 및 정보에 관한 요구사항을 제공하고 국가 역사기록의 감정(identification), 보존, 그리고 이용을 도울 수 있는 리더십을 제공하는 데 있다.

5) 설립목적

① 회원 확대 및 증진을 위한 전략개발

② 원격 학습 등을 포함한 평생교육 제공

③ 기구를 지원하는 외부기금 증가

6) 조직

다음과 같은 위원회로 구성되어 있다.

(1) 임명위원회(Appointments Committee)

임명위원회는 위원회, 위원단, 특별위원회, SAA 공식대표단 임명을 위한 잠정적 후보단을 구성하여 회장 및 부회장 선출을 지원한다. 임명위원회는 또한 현재 지명자와 유력한 지명자의 전체 리스트를 조사하여 공정하고 다양한 임명이 될 수 있도록 한다. 한편, 새로운 인물이나 인턴 프로그램을 통해 새로운 지명자를 선출하는 것에 소홀하지 않도록 한다.

(2) 시상위원회(Awards Committee)

시상위원회는 다음의 다섯 가지 목적을 가지고 운영된다.

① SAA에 의해 제공된 시상에 대한 공표

② SAA에 의해 제공된 시상을 위한 후보자 선정

③ 각각의 시상을 위한 후보자 심사 및 시상자 선정

④ 매해 SAA 총회 기간 중 시상식 계획 및 주최

⑤ 새로운 시상을 위한 제안 검토, 범위 및 가이드라인 개발, 그리고 SAA 협의회에 제안

(3) **교육위원회**(Committee on Education)

교육위원회는 다음의 세 가지 목적을 가지고 있다.
① 전문성에 대한 교육적 요구사항 평가
② 평생교육과 교육 프로그램 및 대학원의 기록관 교육 프로그램을 위한 기준 증진 및 준비
③ SAA 교육사무소에 조언 제공

(4) **윤리 및 직업상 행위에 대한 위원회**(Committee on Ethics and Professional Conduct)

본 위원회는 기록관 전문성의 윤리 및 직업상 행위에 대한 업무를 수행한다.

(5) **SAA 연구원 선정위원회**(Committee on the Selection of SAA Fellows)

SAA의 연구원 선정위원회는 위원회에 의해 설립되고 승인된 기준 및 과정에 적합한 연구원을 선출한다.

(6) **다양성위원회**(Diversity Committee)

본 위원회는 좀더 다양함을 추구하자는 SAA의 목적과 전문적인 기록 커뮤니티를 지원하는 서비스, 활동, 정책, 커뮤니케이션, 제작 능에 관련한 업무를 수행한다.

(7) **연구원운영위원회**(Fellows' Steering Committee)

연구원운영위원회는 SAA 연구원의 프로그램 활동을 감독한다.

(8) **회의개최위원회**(Host Committee)

SAA의 집행위원장과의 긴밀한 협조를 바탕으로 총회를 위한 지역준비관련

업무를 담당하고 있다.

(9) 회원관리위원회(Membership Committee)

본 위원회는 SAA가 회원 기록관과 기록전문가를 위한 최상의 서비스를 제공할 수 있도록 활동한다.

(10) 지명위원회(Nominating Committee)

지명위원회는 회원투표를 위한 후보자를 선출하고, 뉴스레터에 후보자에 대한 정보를 제공하며, 후보자 연설을 위한 질문의 초안을 제작하며, 최종보고서 및 선거결과를 총회에서 발표하는 역할을 수행한다.

(11) 프로그램위원회(Program Committee)

프로그램위원회는 총회의 프로그램 회기에 대한 개발, 준비, 실행, 보고서 작성 등의 활동을 한다.

(12) 표준위원회(Standards Committee)

표준위원회는 기록실행과 기록 전문성에 대한 기준의 개발과 실행 및 검토의 과정을 감독하며, 다른 기관의 기준개발에 대해 효과적인 교류를 제공한다.

(13) 미국기록전문가편집자위원단(American Archivist Editorial Board)

본 위원단은 SAA의 편집을 지원하고 조언한다. 또한 정기간행물에 대한 평가를 지원하기도 한다. 편집의 독립성을 유지하기 위해서 편집장이 메뉴스크립트 검토 과정을 관리하고 편찬을 위한 최종결정을 한다.

(14) 출판위원단(Publications Board)

본 위원단의 목적은 SAA의 편찬물이 회원의 요구사항을 반영하도록 하는 것이다. 또한 정책방향설정, 목표설정 등의 과정을 통해 편집, 출판, 전자 출판을 지원하기도 한다. 협의회, 운영진, 집행위원 등에 의해 요구된 편집장에 대한 평가를 지원하기도 한다.

7) 회원

현재 SAA는 약 3,100명의 개인회원과 오백 개의 기관회원을 두고 있다. SAA의 회원들은 대학, 기업, 역사단체, 박물관, 도서관, 종교기구, 정부기구 등의 다양한 기록보존소에서 활동한다.

8) 관련 단체

미국 내 다음과 같은 기록 및 기록관리 관련 기구 및 단체와 협력하고 있다.

- College and University Archives Section
  홈페이지: http://library.wustl.edu/~prietto/cusection
- Records Management Roundtable
  홈페이지: http://archives.syr.edu/saarmrt
- UCLA Student Chapter
  홈페이지: http://skipper.gseis.ucla.edu/orgs/saa/HTML/saa.html
- UT Austin Student Chapter at University of Texas at Austin
  홈페이지: http://www.gslis.utexas.edu/~epcsaa/index.html
- University at Albany Student Chapter
  홈페이지: http://www.albany.edu/sisp/people/students/saa
- University of Maryland's Student Chapter of the Society of American Archivists

홈페이지: http://www.inform.umd.edu/Student/Campus_Activities/Student Org/sam
- University of North Carolina's Student Chapter of the Society of American Archivists

  홈페이지: http://www.ils.unc.edu/saa
- University of Pittsburgh's Student Chapter of the Society of American Archivists

  홈페이지: http://www.sis.pitt.edu/~saa
- University of Wisconsin: Milwaukee Society of American Archivists Student Chapter

  홈페이지: http://www.uwm.edu/StudentOrg/SAA
- Western Washington University SAA Student Chapter

  홈페이지: http://www.ac.wwu.edu/~saawwu
- Women Archivists Roundtable

  홈페이지: http://www.geocities.com/saawar/index.html

9) 주요사업

① 고용의 기회 및 경력 개발, 연봉 등의 조사를 통한 기록전문가의 업무 환경과 조건 향상 지원

② 네트워킹 전략과 회원 명부 개발

③ 출판과 교육 매뉴얼을 통한 진행 중인 교육적 지원 제공

④ 평생교육 워크숍과 멘토 프로그램

⑤ 정부 및 대중 의견을 공유할 수 있는 포럼 개최

2 정보원

1) 정보원배포정책

본 기구는 'Resources'란에서 출판물 리스트, 저널, 뉴스레터 등의 열람을 제공하고 있다. 그중 출판물과 정기간행물의 경우 목록 검색은 가능하나 실제 열람은 구매를 통해야만 한다.

2) 출판물(Publications)

열람을 위해서는 직접 구매를 해야만 한다. 목록은 키워드 검색이 가능하며 키워드, 주제, 저자별로 브라우징도 가능하다. SAA 회원에게는 할인가격으로 출판물을 제공한다. 현재 홈페이지에서 구매 가능한 목록이 제공되고 있으며, 그중 일부는 다음과 같다.

- *A Glossary Of Archival and Records Terminology(Archival Fundamentals Series II)*
- *Advocating Archives: An Introduction to Public Relations for Archivists*
- *American Archival Studies: Readings in Theory and Practice*
- *Ancient Archives and Archival Traditions: Concepts of Record‒keeping in the Ancient World*
- *Appraising Moving Images: Assessing the Archival and Monetary Value of Film and Video Records*
- *Appraising the Records of Modern Science and Technology: A Guide*
- *Architectural Records: Managing Design and Construction Records*
- *Archival Appraisal: Theory and Practice*
- *Archival Information: How to Find It, How to Use It*

3) 정기간행물(Journal)

2007년 8월 현재 총 70종의 정기간행물이 발간되었다. 열람은 온라인 주문을 통한 직접 구매에 의해 가능하다. 홈페이지에 정기간행물의 색인이 제공되고 있어 수시로 기사 검색이 가능하다.

4) 뉴스레터(Newsletter)

이는 1년에 6번 간행되는 격월간으로 2004년 6월/9월호부터 2007년 7월/8월호에 이르기까지 홈페이지에 원문을 제공하고 있다. 특히 2005년과 2006년 9월/10월호에는 각각 당해 연도의 연간보고서(Annual Report)가 함께 실려 있다.

SALA
Society of Alabama Archivists
앨라배마기록전문가협회

☐ 기구

1) 소재사항

소재국가　미국

주　　　소　Carol Ellis, University of South Alabama Archives 307 N. University Blvd., Mobile, AL 36688 USA

전　　　화　+1 251 434 3800

전자우편　cellis@jaguar1.usouthal.edu

홈페이지 http://www.alarchivists.org

2) 성격

앨라배마기록전문가협회(SALA)는 앨라배마 주(州)의 기록과 메뉴스크립트에 관심이 있는 기록전문가와 개인 및 기관을 위한 전문기구이다. 특히 앨라배마 기록에 관심이 있는 다른 주(州)의 사람들과 앨라배마 전역의 기록전문가로 구성되어 있다.

3) 설립목적

① 앨라배마 주의 기록과 메뉴스크립트에 관심이 있는 개인 및 기관에 기록 및 메뉴스크립트 자원의 이해 및 보존을 촉진하기 위해 함께 활동할 수 있는 수단 제공
② 검색방법(finding aids)에 대한 출판을 지원 및 장려하여 좀더 일반적으로 유용한 컬렉션 조성
③ 앨라배마의 기록보존소들의 전문경쟁의 기준 향상
④ 규율과 관련하여 전문가들 및 비전문가들과의 유익한 협력 추구
⑤ 컬렉션에 관한 정보교환을 통한 앨라배마 주의 실제 활동 조정

4) 조직

(1) 운영진(Officers)

SALA의 운영진은 회장, 부회장, 서기관, 재무관으로 구성된다. 운영진은 2년에 한 번 반년마다 열리는 회의의 두 번째 회기에서 선출되고 1년의 임기를 갖는다. 회장이 공석일 경우에는 부회장이 회장의 역할을 대행한다.

(2) 집행위원회(Executive Board)

SALA의 모든 기록전문가는 집행위원회에 의해 임명된다. 4인의 운영진과 3인의 감독관으로 이루어진 집행위원회는 2년에 한 번 반년마다 열리는 회의의 두 번째 회기에서 회원들에 의해 선출된다. 집행위원회는 또한 SALA의 기금 마련의 책임을 지며, 기금에 대한 감사나 회계 과정을 결정한다.

(3) 회의(Meetings)

SALA의 정기회의는 적어도 1년에 1회 이상 개최된다. 서기관이 회원들에게 회의 일정에 대한 사항을 우편으로 전달한다.

5) 회원

SALA의 회원은 앨라배마기록관및역사국(Alabama Department of Archives and History), 대학, 군기관, 그리고 많은 특별주제 기록관 등의 기록전문가들로 구성된다. SALA의 회원자격은 기록, 메뉴스크립트, 그리고 특별도서관 등에 관심이 있는 개인이나 기관에 열려 있다. 일반적으로 회원자격은 집행위원회에 의해 결정된다.

② 정보원

1) 정보원배포정책

주요 정보원으로 'Publications'란에서 SALA에서 발간한 비공식 출판물을 제공한다. 다만 열람을 위해서는 직접 전자우편(cellis@jaguar1.usouthal.edu)으로 요청을 해야 한다. 'Links'란을 통해 앨라배마 지역의 기록관련 기구 홈페이지로의 링크가 제공되고 있다.

2) 링크(Links)

(1) 기록보존소 및 컬렉션 명부(Directories of Repositories & Collections)

- List of Repositories in Alabama
  홈페이지: http://www.bplonline.org/Archives/alabamaarchives.asp
- Directory of Regional, State, and Local Archival Organizations
  홈페이지: http://sophia.smith.edu/~pnelson/regionals
- National Union Catalog of Manuscript Collections
  홈페이지: http://www.loc.gov/coll/nucmc

(2) 지역기구 및 협회(Regional Organizations & Societies)

- Society of Georgia Archivists
  홈페이지: http://www.soga.org
- Society of Tennessee Archivists
  홈페이지: http://www.geocities.com/tennarchivists
- LAMA(Louisiana Archives and Manuscripts Association)
  홈페이지: http://nutrias.org/lama/lama.htm
- Society of Southwest Archivists
  홈페이지:http://southwestarchivists.org
- Directory of Regional, State, and Local Archival Organizations
  홈페이지:http://sophia.smith.edu/~pnelson/regionals

(3) 국가기구 및 협회(National Organizations & Societies)

- ACA(Academy of Certified Archivists)
  홈페이지: http://www.certifiedarchivists.org
- HBCU Library Alliance

홈페이지: http://www.hbculibraries.org/default.htm

- National Association of Government Archives and Records Administrators

  홈페이지: http://www.nagara.org

- HBCU Library Alliance

  홈페이지: http://www.hbculibraries.org/default.h

- Society of American Archivists

  홈페이지: http://www.archivists.org

(4) 평생교육(Continuing Education)

- SOLINET

  홈페이지: http://www.solinet.net

- Society of American Archivists Education Calendar

  홈페이지: http://www.archivists.org/prof−education/seasonal_schedule.asp

- Society Of Georgia Archivists Continuing Education

  홈페이지: http://www.soga.org/ce/ce.html

(5) 보존(Preservation)

- CoOL(Conservation OnLine)

  홈페이지: http://palimpsest.stanford.edu

- Northeast Document Conservation Center

  홈페이지: http://www.nedcc.org

- SOLINET Preservation Services

  홈페이지: http://www.solinet.net/preservation/preservation_home.cfm

(6) 기록관리(Records Management)

- Alabama State Records Commission

  홈페이지: http://www.archives.state.al.us/officials/state1.html

- ARMA

  홈페이지: http://www.arma.org

(7) 구인정보(Employment Resources)

- ALA Hot Jobs Online

  홈페이지: http://www.ala.org/ala/education/empopps/careerleadsb/hotjobsonline/
  hotjobsonline.htm

- ARL Career Resources

  홈페이지: http://db.arl.org/careers

- Library Job Postings

  홈페이지: http://www.libraryjobpostings.org/libraryjobs.htm

- Society of American Archivists Employment Bulletin

  홈페이지: http://www.archivists.org/employment/index.asp

- Florida Library Jobs

  홈페이지: http://floridalibraryjobs.org

- LIS Jobs

  홈페이지: http://www.lisjobs.com/jobs/index.asp

- Pacific Northwest Library Association Jobsite

  홈페이지: http://www.pnla.org/jobs

(8) 장학금정보(Grant Information)

- Institute of Museum & Library Services

홈페이지: http://www.imls.gov
- National Endowment for the Humanities
홈페이지: http://www.neh.gov

(9) 기록관에 관한 블로그 및 위키(Blogs & Wikis About Archives)

- Alone in the Archives
홈페이지: http://lcb48.wordpress.com
- Archival Blogs @ WikiSpaces
홈페이지: http://archivalblogs.wikispaces.com
- ArchivesBlogs
홈페이지: http://archivesblogs.com/category/language/eng
- Foldering
홈페이지: http://www.foldering.com
- Hanging Together
홈페이지: http://hangingtogether.org
- Spellbound Blog
홈페이지: http://www.spellboundblog.com

(10) 기타 자원(Other Resources)

- A*Census Survey Results
홈페이지: http://www.archivists.org/a－census/index.asp
- Archivists Day Book
홈페이지: http://www.southwestarchivists.org/HTML/Daybook.htm
- Ready, Net Go: Archival Internet Resources
홈페이지: http://www.tulane.edu/~lmiller/ArchivesResources.html

SCAA

SCAA
South Carolina Archival Association
사우스캐롤라이나기록협회

① 기구

1) 소재사항

소재국가   미국

주   소   PRESIDENT, Elizabeth Cassidy West, University of South Carolina
Archives, USA

전   화   +1 803 777 5158

팩   스   +1 803 777 5747

전자우편   westec@gwm.sc.edu

홈페이지   http://www.state.sc.us/scdah/scaa.htm

2) 성격

사우스캐롤라이나기록협회(SCAA)는 사우스캐롤라이나 관련 역사기록으로의
접근, 보존, 관리에 관심이 있는 개인들이 모여 설립한 사우스캐롤라이나 주
전체(statewide) 대상의 협회이다.

3) 설립연혁

SCAA는 사우스캐롤라이나주역사기록자문위원회(SC SHRAB: State Historical

Records Advisory Board)의 지원을 바탕으로 하여 1999년에 설립되었다.

4) 설립목적

① 기록 및 관련 활동에 관심이 있는 개인 및 기관들 간의 협력과 정보교환 촉진
② 사우스캐롤라이나 주(州)의 메뉴스크립트 및 기록자료의 보존과 이용 촉진
③ 기록 이론 및 실제에 관한 정보 공유
④ 기록직업과 관련된 토론을 위한 포럼 개최
⑤ 관련 분야의 기구 및 직업인들과의 협력

5) 조직

(1) 상임위원회(Standing Committee)

집행위원회(Executive Board)의 투표에 의해 설립되거나 폐지되기도 한다. 협회장은 상임위원회의 구성원을 지명해야 할 의무가 있으며, 지명된 구성원들은 집행위원회의 반수 이상의 찬성이 있어야 한다. 상임위원회는 연간 보고서를 작성해야 한다.

(2) 지명위원회(Nominating Committee)

지명위원회는 적어도 3인의 구성원으로 이루어져야 하며, 매년 집행위원회에 의해서 그 구성원이 정해진다. 이 위원회의 위원장은 전임 협회장이 맡는다.

(3) 편집장(Editor)

집행위원회는 1년에 두 번 발간되는 뉴스레터의 편집장을 지명해야만 한다. 이때 지명된 편집장의 임기는 적어도 2년 동안 지속된다. 편집장은 집행위

원회의 구성원이나 투표권이 없다. 편집장은 편집위원들을 지명할 수 있으며, 협회의 뉴스레터의 발간 제작을 책임진다.

6) 회원

SCAA의 회원은 역사단체, 박물관, 대학, 교회에서 주정부에 이르기까지 다양한 직업에 종사하는 전문 메뉴스크립트 큐레이터나 기록전문가 등을 포함한다.

② 정보원

1) 정보원배포정책

본 협회의 공식 출판물인 뉴스레터를 'Newsletrter'란에서 무료로 제공하고 있어 상시 열람할 수 있다.

2) 뉴스레터(Newsletter)

SCAA 관련 뉴스레터는 1년에 두 차례 발행되는 반년간의 *SCAAzette Newsletter*로서 2007년 말 현재 2005년 봄호와 가을호, 2006년 봄호 그리고 2007년 봄호가 홈페이지에 제공되고 있다.

SFA
Society of Florida Archivists
플로리다기록전문가협회

① 기구

1) 소재사항

소재국가   미국

주   소   President, Burt Altman, C.A. Librarian/Archivist, Special Collections, Florida State University Libraries, 105 Dogwood Way, Tallahassee, FL 32306 − 2047 USA

전   화   +1 850 645 7962

팩   스   +1 850 644 1221

전자우편   baltman@mailer.fsu.edu

홈페이지   http://www.florida − archivists.org

2) 성격

플로리다기록전문가협회(SFA)는 기록의 역사적 가치의 검증, 보존, 이용에 관한 관심을 공유하기 위한 개인 및 기관들이 모여서 이루어진 기구이다.

3) 설립목적

- SFA는 기록 및 기록방법 등에 관한 정보를 배포하는 데 기여한다.
- SFA은 회의, 워크숍, 출판, 그리고 교육을 추구한다.

4) 회원

SFA의 회원들은 대학, 주 및 지역정부, 도서관, 종교기관, 박물관, 역사협회 등에서 활동하고 있다.

5) 주요사업

- SFA는 총회를 통해 회원들이 함께 모여 정보를 교환하고, 기록 및 기록관리 관련 직업 변화에 관련한 최신정보를 배우며 지역 기록보존소를 방문할 수 있도록 한다.
- 워크숍을 주최하여 기록의 실제와 기술 등에 대해 배울 수 있는 기회를 제공한다.
- SFA는 그 밖에 출판사업을 통해 SFA의 활동에 관한 주요 이슈나 새로운 사항, 기록이나 논문 등의 정보를 제공한다.

② 정보원

1) 정보원배포정책

공식적인 출판물로 'Newsletter'란을 통해 본 기구의 보도내용 등에 관한 자료를 제공하고 있으며, 'Links'란을 통해서 유용한 관련 정보 및 홈페이지로의 링크가 제공되고 있다.

2) 뉴스레터(Newsletter)

1년에 네 차례 발간되는 계간지 성격의 뉴스레터를 통하여 보도자료, 컨퍼런스, 워크숍 등에 관한 정보 및 기록관련 논문을 제공하고 있다. 다만 홈페이지에서의 열람은 가장 최근의 뉴스레터만 가능하다.

3) 링크(Links)

- Free Archival Resources

  홈페이지: http://www.archivists.org/publications/free.asp
- Professional Organizations and Associations

  홈페이지: http://www.archivists.org/assoc‒orgs/index.asp
- Archivist's Daybook

  홈페이지: http://southwestarchivists.org/HTML/Daybook.htm
- SAA Education Calendar

  홈페이지: http://www.archivists.org/prof‒education/seasonal_schedule.asp
- Records Management, Archives, and Genealogy Links

  홈페이지: http://dlis.dos.state.fl.us/barm/LinksPage.html
- Hurricane Preparedness/Recovery Information

  홈페이지: http://www.florida‒archivists.org/hurricane.htm
- Archival Census and Education Needs Survey(A*CENSUS)

  홈페이지: http://www.archivists.org/a‒census/index.asp

Society of Indiana Archivists

SIA
Society of Indiana Archivists
인디애나기록전문가협회

① 기구

1) 소재사항

소재국가 미국

주   소 President, Thomas D. Hamm, Earlham College, Friends Collection & College Archives, Richmond, IN 47374 USA

전   화 +1 765 983 1525/1511

전자우편 tomh@earlham.edu

홈페이지 http://www.inarchivists.org

2) 설립연혁

인디애나기록전문가협회(SIA)는 1971년 샌프란시스코에서 열린 미국기록전문가협회에 참석한 인디애나 주(州)의 기록전문가들이 지역에서의 기록 문제를 위한 기구와 정보센터(clearing house)의 필요성을 제기한 것이 계기가 되었다. 이후 1972년에 6인의 설립인원을 시작으로 설립되었다.

3) 설립목적

① 인디애나의 기록 및 메뉴스크립트 프로그램에 관련된 개인들이 기록보존소

의 설립 및 기록의 이용에 관한 이해를 촉진할 수 있도록 함께 활동할 수 있는 방법 제공

② 다양한 개념, 기술, 가이드라인의 공유를 통한 인디애나 주의 기록 및 메뉴스크립트 방법론 개발

③ 기록 및 메뉴스크립트 보존소 간의 경쟁 기준 육성

④ SIA 전반에 걸친 전문성 증진을 위한 윤리강령 설립

⑤ 기록 큐레이터 및 역사가와 사서와 같은 직업의 다양한 협조 추구

⑥ 출판 프로그램을 통한 정보의 교환 지원

⑦ 기록 문제를 가지고 있는 인디애나 주의 개인과 지역 및 국가 기록, 메뉴스크립트, 역사, 기록관리 기구 간의 연계기구로서 활동

4) 조직

(1) 이사회(Board of Directors)

SIA는 회원에 의해 선출된 회장, 부회장, 서기관, 재무관, 전임회장, 그리고 4인의 임원진으로 구성된 이사회(Board of Directors)에 의해서 운영된다. 이사회는 상임위원회를 비롯한 특별위원회를 창설할 수 있는 권한이 있다.

(2) 총회

SIA의 총회는 1년에 한 번 가을에 개최된다. 이때 회원들은 워크숍이나 패널토론 그리고 발표 등을 통해서 서로의 관심사를 공유하게 된다. SIA는 또한 봄 워크숍을 열어 회원들이 인디애나 주의 기록자원에 대해 더 잘 알 수 있도록 기회를 제공한다.

5) 회원

- SIA는 전문 기록전문가뿐만 아니라 사서, 메뉴스크립트 큐레이터, 대학의 직원, 지역 역사 단체 회원들, 그리고 인디애나 주의 역사 문서 보존에 관

심이 있는 이들로 구성된다.
- SIA 회원에게 제공되는 혜택은 다음과 같다.
  ① SIA 뉴스레터의 연간구독 신청
  ② 비정기 출판물 구독
  ③ 투표 자격 혜택
  ④ 네트워크를 위한 총회 참여

2 정보원

1) 정보원배포정책

본 협회는 'Publications'란을 통해 SIA의 뉴스레터 및 출판물을 제공하고 있다. 다만 출판물의 열람은 직접 전자우편으로 문의해야 하며, 홈페이지에서는 SIA의 브로슈어의 내용만을 열람할 수 있다. 출판물 외에 관련 사이트의 링크도 제공한다.

2) 뉴스레터(Newsletter)

- ***SIA Fall 2004 Newsletter***
- ***SIA Fall 2003 Newsletter***

3) 링크(Links)

(1) 기록관련 기구

- Midwest Archives Conference
  홈페이지: http://www.midwestarchives.org
- Society of American Archivists

홈페이지: http://www.archivists.org

(2) 리스트서브(Listservs)

- Conservation Online(CoOL)

  홈페이지: http://www.conserveonline.org
- The Archivist's Toolkit(Archives Association of British Columbia)

  홈페이지: http://www.archiviststoolkit.org
- NMEDCC(Northeast Document Conservation Center)

  홈페이지: http://www.nedcc.org

SMA
Society of Mississippi Archivists
미시시피기록전문가협회

1 기구

1) 소재사항

소재국가   미국

주   소   Society of Mississippi Archivists P.O. Box 1151 Jackson, MS 39-215−1151 USA

전자우편   info@msarchivists.org

홈페이지   http://www.msarchivists.org

2) 성격

미시시피기록전문가협회(SMA)는 미시시피(Mississippi) 주(州)의 법률에 근거한 비영리기구이다.

3) 설립연혁

SMA는 1977년 비영리 교육기관의 하나로 조직되었다.

4) 설립목적

① 인간역사의 문서에 관심이 있는 개인 및 기관들 사이의 효과적인 커뮤니케이션 제공
② 미시시피 주의 기록자료 인식 및 보존 촉진
③ 기록 행정 및 보존에 관여하는 모든 공공 및 개인기관에 의한 견고한 원칙 및 기준의 채택 촉진
④ 출판 및 연구 촉진
⑤ 기록유산의 이용 및 보존에 관한 공동의 관심사를 갖고 있는 시민, 전문기구, 문화 및 교육기관과의 협동

5) 사명

① 전문 기록전문가와 기록보존 관련 직업에 관심이 있는 이들 상호간의 효과적인 커뮤니케이션을 촉진
② 미시시피 주의 기록 및 메뉴스크립트 보존 장려
③ 기록 및 메뉴스크립트 자료를 보존하기 위해 책임을 가진 이들을 위한 교육의 기회 제공
④ 기록 행정 및 보존에 관여하는 이들을 위한 교육의 기회 제공
⑤ 기록 및 메뉴스크립트 자원의 사용 장려

⑥ 현존하는 기록관리 연구 결과 공유
⑦ 기록전문가를 위한 전문적이고 윤리적인 행동강령 개발

6) 조직

SMA의 상임위원회(Standing Committee)는 위원장을 포함하여 적어도 3인 이상으로 구성된다. 상임위원회는 다음의 6개 위원회를 포함한다.

(1) 교육위원회(Education Committee)

SMA의 교육 프로그램 및 총회를 기획하고 실행하는 역할을 한다. SMA의 부회장이 교육위원회의 위원장을 맡는다.

(2) 회원관리위원회(Membership Committee)

회원의 기록, 새로운 회원 영입, 회원권 재계약 과정 관리, 회원 명부 준비 등의 업무를 담당한다.

(3) 지명위원회(Nominating Committee)

사업회의에서 회원들의 투표에 의해 선정된 임원진을 선출하고 추천하는 역할을 한다.

(4) 출판위원회(Publications Committee)

SMA의 출판물을 출판하고 개발하는 업무를 수행한다.

(5) 재정위원회(Finance Committee)

예산을 책정하고 기금 마련 활동을 담당한다.

(6) 웹위원회(Web Committee)

SMA의 홈페이지 관리를 담당한다.

7) 회원

SMA의 회원자격은 SMA의 목적을 지지하거나 관심이 있는 모든 이들에게 열려 있다.

② 정보원

1) 정보원배포정책

본 협회는 'News'란을 통해 SMA의 회의 및 이벤트, 워크숍 등의 일정에 대해 재공하고 있으며, 'Publications'란에서는 SMA의 뉴스레터를 비롯한 일부 출판물을 제공하고 있다. 다만 출판물 대부분은 회원에게 제한적으로 제공하고 있다. 그 외 'Links'를 통해서 SMA 관련 기구 등의 홈페이지 링크를 제공하고 있다.

2) 링크(Links)

(1) 국가기구(Societies and Organizations, National)

- SAA(Society of American Archivists)
  홈페이지: http://www.archivists.org
- ACA(Academy of Certified Archivists)
  홈페이지: http://www.certifiedarchivists.org
- NAGARA(National Association of Government Archives and Records

Administrators)

홈페이지: http://www.nagara.org

(2) 지역기구(Societies and Organizations, Regional)

- Society of Alabama Archivists

  홈페이지: http://www.auburn.edu/academic/societies/soc_ala_archivists

- Society of Tennessee Archivists

  홈페이지: http://www.geocities.com/tennarchivists

- LAMA(Louisiana Archives and Manuscripts Association)

  홈페이지: http://nutrias.org/lama/lama.htm

- Society of Southwest Archivists

  홈페이지: http://southwestarchivists.org

(3) 미시시피 기록보존소(Repositories in Mississippi)

- Delta State University Archives

  홈페이지: http://library.deltastate.edu/aboutlib/departments/archivesinfo.html

- Mississippi Department of Archives and History

  홈페이지: http://www.mdah.state.ms.us/index.html

- University of Southern Mississippi Archives

  홈페이지: http://www.lib.usm.edu/~archives/index.php

- Mississippi State University Archives

  홈페이지: http://nt.library.msstate.edu/spcohome.htm

- University of Mississippi Archives

  홈페이지: http://www.olemiss.edu/depts/general_library/files/archives/index.html

(4) 보존(Preservation)

- CoOL(Conservation Online)

  홈페이지: http://palimpsest.stanford.edu

- Northeast Document Conservation Center

  홈페이지: http://www.nedcc.org

- Solinet Preservation Services

  홈페이지: http://www.solinet.net/preservation/preservation_home.cfm

- ALA Rare Books And Manuscript Section

  홈페이지: http://www.rbms.nd.edu

(5) 디지털정보의 이미지화, 디지털화, 그리고 보존(Imaging, Digitization, and Preservation of Digital Information)

- Archive Builders: Specializing in Manual and Digital Corporate Archives and Records Management

  홈페이지: http://www.archivebuilders.com/home.html

- The National Library of Australia's Preserving Access to Digital Information(PADI) Initiative

  홈페이지: http://www.nla.gov.au/padi

- Digitization Resources Online

  홈페이지: http://www.lib.usm.edu/~spcol/digi/online.php

(6) 통합사이트(Comprehensive Sites)

- National Archives and Records Administration

  홈페이지: http://www.archives.gov/index.html

- Library of Congress

홈페이지: http://www.loc.gov

(7) 기타 사이트(For More Listings of Sites)

- Repositories of Primary Sources

  홈페이지: http://www.uidaho.edu/special－collections/Other.Repositories.html
- Directory of Regional, State and Local Archival Organizations in the United States

  홈페이지: http://sophia.smith.edu/~pnelson/regionals

(8) 리스트서브 및 뉴스그룹(Listservs and Newsgroups)

- Archives@listserv.muohio.edu

  홈페이지: http://listserv.muohio.edu/scripts/wa.exe
- Conservation DistList

  홈페이지: http://palimpsest.stanford.edu/byform/mailing－lists/cdl
- CataList

  홈페이지: http://www.lsoft.com/catalist.html

3) 출판물(Publications)

출판물은 회원들에게만 공개되며, 출판물의 열람을 원하는 회원은 구독신청을 해야 한다. 현재 홈페이지에서 '2004년 11월 24일'과 '2007년 3월 7일'의 뉴스레터를 무료로 열람할 수 있다.

SNCA
Society of North Carolina Archivists
노스캐롤라이나기록전문가협회

1 기구

1) 소재사항

소재국가 미국

주   소 Society of North Carolina Archivists P.O. Box 20448, Raleigh, NC
27619 USA

전자우편 snca@rtpnet.org

홈페이지 http://www.rtpnet.org/~snca

2) 성격

노스캐롤라이나기록전문가협회(SNCA)는 노스캐롤라이나 주(州)의 기록진문가
와 메뉴스크립트 큐레이터로 구성된 비영리기구이다.

3) 설립연혁

SNCA는 1983년 노스캐롤라이나역사기록자문위원회(NCHRAC: North Caroli-
na Historical Records Advisory Committee)가 제작한 보고서의 권고내용에
입각하여 30인의 기록전문가와 메뉴스크립트 큐레이터가 모여 설립하였다. 참
고로 보고서를 통하여 메뉴스크립트 관련자들과 역사기록에 책임이 있는 전문

사서와 기록전문가의 아이디어를 교환할 수 있는 기구의 필요성을 기술하고 있다.

4) 회의

- SNCA는 한 해에 두 번 강연, 세미나, 워크숍 등을 위한 회의를 개최한다.
- 봄 정기회의는 노스캐롤라이나 주의 중앙 부분에서 열리며 워크숍은 주로 가을회의 때 열린다.
- SNCA는 또한 노스캐롤라이나도서관연합의특수장서에관한원탁회의(NC Library Association's Round Table on Special Collections), 남동기록관및기록컨퍼런스(Southeastern Archives and Records Conference), 노스캐롤라이나역사단체동맹(Federation of NC Historical Societies), 그리고 노스캐롤라이나보존컨소시엄(NC Preservation Consortium)과의 연합회의를 개최하기도 한다.

5) 회원

SNCA의 회원자격은 기록관련 문제에 관심이 있는 모든 개인 및 기관에 열려 있다. 현재 SNCA의 회원들은 대학생, 교수, 직장인, 자원봉사자, 대학관련자, 대학기록관 및 특별소장품 연맹, 주 및 지역 기록관 및 기록센터, 주 및 지역 역사단체, 박물관, 도서관, 기업 및 종교 그리고 의학 기록관 등으로 구성되어 있다.

6) 주요사업

- SNCA는 노스캐롤라이나의 기록 및 메뉴스크립트 자원의 이용 및 보존에 관심이 있는 개인 및 기관들 간의 정보의 교환과 협력을 촉진한다.
- 기록방법론에 관한 정보를 공유하고 연구자료를 공유한다.
- SNCA는 노스캐롤라이나에서의 기록관련 직업에 대한 공통의 관심사에 대

하여 토론할 수 있는 포럼을 주최한다.
- SNCA는 관련된 전문가들과 기구들 상호간의 협력을 도모한다.

② 정보원

1) 정보원배포정책

공식 출판물인 SNCA의 정기간행물을 홈페이지에 제공하고 있으며, 지역 기록자료인 레코드(record) 등의 출판물의 경우 유료로 구매하여야 한다. 'Links' 란에서 각종 레코드(record type), 온라인 프로젝트(Online Projects), MARS 목록(MARS Catalog), 노스캐롤라이나의 주 및 지방 사무소 정보(Information for State and Local Officials, http://www.ah.dcr.state.nc.us/records/default.htm) 등의 정보를 연계하여 제공하고 있다. 그 외 'Archives'란에서는 노스캐롤라이나 기록관 공식 홈페이지(http://www.ah.dcr.state.nc.us/archives)로 링크되어 원하는 자료를 검색할 수 있도록 제공하고 있다.

2) 정기간행물(Journal)

노스캐롤라이나기록전문가협회를 위한 대표적인 정기간행물은 *Journal for the Society of North Carolina Archivists*로서 현재 홈페이지를 통하여 2002년 여름 창간호부터 2005년 여름호(제4권 제1호)까지 제공하고 있다.

3) 레코드(Records)

(1) 지역레코드(County Records)

노스캐롤라이나 지역의 기록자료인 레코드류는 *MARS Online Catalog*로 검색 가능하며, 그 안내서는 다음과 같다.

- ***Guide to Research Materials in the North Carolina State Archives: County Records***(일명 County Records Guide)

그 외 기타 지역레코드자원(Other County Record Resources)은 다음과 같다.

- ***Container Lists of Selected County Records***

  홈페이지: http://www.ah.dcr.state.nc.us/archives/records_county.htm#lists

- ***Definitions of Types of County Records in the State Archives***

  홈페이지: http://www.ah.dcr.state.nc.us/archives/county_definitions.htm

(2) 주정부기관레코드(State Agency Records)

주정부의 기록자료인 레코드류 역시 *MARS Online Catalog*로 검색가능하다.

- ***State Agency Records for Genealogical and Historic Research***

  홈페이지: http://www.ah.dcr.state.nc.us/archives/records_state.htm

그 외 기타 주정부기관레코드자원은 다음과 같다.

- ***Government Records Branch of North Carolina***

  홈페이지: http://www.ah.dcr.state.nc.us/records/default.htm

(3) 재향군인레코드(Veteran's Records)

구축 예정에 있다.

(4) 비정부레코드(Non‒Governmental Records)

홈페이지: http://www.ah.dcr.state.nc.us/archives/records_private.htm

SOA
Society of Ohio Archivists
오하이오기록전문가협회

1 기구

1) 소재사항

소재국가 미국

전자우편 jane.wildermuth@wright.edu

홈페이지 http://www.ohiohistory.org/soa

2) 성격

오하이오기록전문가협회(SOA)는 오하이오 주(州)의 기록 및 기록관리 관련 개인 및 단체로 구성된 오하이오(Ohio) 주(州)의 법률에 의거한 비영리기구이다.

3) 설립연혁

SOA는 1968년에 설립되었다.

4) 설립목적

① 오하이오 주의 기록관 및 메뉴스크립트 보존소에 고용된 개인들에게 방법 제공

② 출판을 장려하고 검색도구를 지원하여 기록물들의 좀더 일반적인 이용이

가능하도록 촉진

③ 역사가나 사서와 같은 관련 분야 전문가들과의 다양한 협력 추구

④ 수집관련 분야의 상담 등을 통하여 정보를 교환하여 관련 영역에서의 활동 조정

5) 사명

SOA의 사명은 정보교환, 기구의 활동 조정, 오하이오의 기록관 및 메뉴스크립트 보존소 간의 전문적인 경쟁 고취에 있다.

6) 회원

SOA의 회원자격은 기록관 및 메뉴스크립트에 관심이 있는 모든 대중에게 열려 있다.

7) 주요사업

SOA는 총회 및 워크숍을 주최하며, 그 밖에 다음과 같은 사업을 실시하고 있다.

(1) 기록주간(Archives Week)

SOA는 뉴욕(New York) 주(州)의 선례를 본받아 1993년에 '오하이오 기록주간(Archives Week in Ohio)'를 시작하였다. 이 행사는 매해 특정 주제를 선정하여 개최되며, 기록자료 및 기록센터에 대한 일반 대중인식 고취 등 목적을 위해 시작되었다.

(2) 오하이오 역사의 날 시상식(Ohio Historical Day Awards)

SOA는 오하이오 역사의 날 프로젝트를 널리 알리기 위하여 관련 시상식을

주최하고 있다.

(3) 인턴십(Internship)

SOA와 관련한 단체에서 인턴십이 가능한 곳에 대한 정보를 제공하고 있다.

(4) 멘토십 프로그램(Mentorship Matching Program)

기록관련 단체 및 기구에서 멘토의 역할을 해주는 개인을 선정하여 정보를 제공한다.

② 정보원

1) 정보원배포정책

협회의 공식 출판물인 뉴스레터는 'Newsletter'란을 통하여 홈페이지에서 무료로 제공하고 있다. 오하이오공공도서관정보네트워크(OPLIN: Ohio Public Library Information Network)가 제공하는 '리스트서브'에서도 관련 정보의 검색이 가능하다. 한편, 'Related Links'란을 통해서 유용한 오하이오 지역 관련 기관의 홈페이지로의 링크 또한 제공하고 있다.

2) 뉴스레터(Newsletter)

SOA의 뉴스레터(*Newsletter*)는 2001년부터 반년간으로 발간되고 있으며, 홈페이지에서만 열람이 가능하도록 되어 있다. 현재 2001년 가을호부터 2006년 가을호까지 홈페이지에 원문이 제공되고 있다.

3) 링크(Links)

(1) 오하이오 기록관련 기구

- American Jewish Archives
  홈페이지: http://www.americanjewisharchives.org
- Archives and Archivists Listserv Archives
  홈페이지: http://listserv.muohio.edu/archives/archives.html
- Ashland University Archives
  홈페이지: http://archives.ashland.edu
- Bowling Green State University Center for Archival Collections
  홈페이지: http://www.bgsu.edu/colleges/library/cac/index.html
- Ohio Historical Society Archives/Library
  홈페이지: http://www.ohiohistory.org/resource/archlib
- Ohio Memory Project
  홈페이지: http://www.ohiomemory.org

(2) 국가기구

- National Historical Publications and Records Commission
  홈페이지: http://www.archives.gov/nhprc

(3) 기록주간(Archives Week) 관련 기구

- Archives Association of British Columbia
  홈페이지: http://aabc.bc.ca/aabc
- COSHRC Archives Resource Center
  홈페이지: http://coshrc.org/arc/archweek.htm
- New York Archivists Round Table

홈페이지: http://www.nycarchivists.org/aweek.html

4) 리스트서브(Listservs)

이는 관련 홈페이지(http://mail.oplin.org/mailman/listinfo/ohioarchivists)를 통하여 신청하여야 한다.

SOGA
Society of Georgia Archivists
조지아기록전문가협회

1 기구

1) 소재사항

소재국가   미국

주   소   President, Jill Severn, Richard B. Russell Library, Main Library,
University of Georgia, Athens, GA 30602 USA

전   화   +1 706 542 5766

팩   스   +1 706 542 4144

전자우편   president@soga.org

홈페이지   http://www.soga.org

2) 성격

조지아기록전문가협회(SOGA)는 역사기록을 관리하는 이백 명에 달하는 개인 및 기록보존소를 대표하는 전문협회다.

3) 설립연혁

SOGA는 기록전문가, 사서, 기록관리자, 박물관 및 역사기관 직원 및 큐레이터와 함께 미래를 위한 과거와 현재를 보존하기 위해 1969년에 설립되었다.

4) 설립목적

① 기록관 및 메뉴스크립트 보존소에 고용된 개인들 간의 커뮤니케이션과 협동의 효과적인 방법 제공
② 기록 이론 및 실제에 관한 지식 증가
③ 메뉴스크립트와 기록자원의 사용 및 보존 촉진

5) 조직

이사회(Board of Directors)는 SOGA의 자산 및 재산 그리고 행정과 관련한 일반적인 책임을 지고 있다. 이사회는 SOGA의 목적을 기본으로 하는 기능을 수행해야 하며, 내부규약에 근거한 권한을 수행할 권리를 갖고 있다.

6) 회원

SOGA의 회원은 개인회원과 기부회원으로 구분된다.
- 개인회원의 자격은 기록관, 메뉴스크립트, 특별도서관 등의 분야에 관심이 있는 모든 개인에게 열려 있다.
- 기부회원의 자격은 회비를 납부한 기관이나 협회에 열려 있다.

7) 주요사업

- 정기적으로 *Provenance*라는 정기간행물과 뉴스레터 출간
- 워크숍 및 총회 주최
- 장학금 제공

② 정보원

1) 정보원배포정책

공식적인 출판물인 SOGA의 정기간행물 및 뉴스레터는 'Publications'란을 통해 제공하여 온라인에서 열람할 수 있다.

2) 정기간행물(Journal)

SOGA가 1년에 한 번 발간하는 연간의 정기간행물로서, *Provenance*라는 표제로 1972년부터 발행되어 왔다. 이는 주로 기록 이론 및 기록관 경영의 실제에 대한 내용을 담고 있으며, 열람을 위해서는 온라인 구매신청서를 작성하여야 한다. 현재 홈페이지에 1984년 가을호(제2권)부터 2005년 제13권까지의 구매 가능 목록이 제공되고 있다. 특히 1989년 특별호는 SGA 20주년(1969~1989) 기념호이다. 그 외에 다음과 같은 색인자료도 있다.

- ***Index to Georgia Archive(Volumes 1−10) and Provenance(Volumes 1−13)***

3) 뉴스레터(Newsletter)

현재 제34권(2002/2003)에서부터 제39권(2007/2008) 봄호와 여름호의 *Newsletter*가 홈페이지에서 제공되고 있다.

SRMA

Society of Rocky Mountain Archivists

로키산맥기록전문가협회

① 기구

1) 소재사항

소재국가 미국

주   소   Society of Rocky Mountain Archivists, Shaun Boyd, Membershi Coordinator, Douglas County History Research Center, Philip S. Miller, Library 100 South Wilcox, Castle Rock, CO 80104-1911 USA

전   화   +1 303 688 7730

팩   스   +1 303 688 7715

전자우편   sboyd@dclibraries.org

홈페이지   http://www.srmarchivists.org

2) 성격

로키산맥기록전문가협회(SRMA)는 회원제로 운영되는 로키산맥 지역의 기록 관련 개인과 기관을 위한 전문협회이다.

3) 설립연혁

- SRMA는 덴버 지역의 기록전문가들이 콜로라도기록전문가협회를 설립한 1979년에 설립되었다.
- 1992년 와이오밍 주(州)의 기록전문가들이 SRMA 내의 회원제를 요구하였고, 그때부터 이 기구의 이름도 로키산맥 지역을 포함하는 현재의 명칭으로 변경되었다.
- 2004년 SRMA는 공통의 관심사를 갖고 있는 콜로라도보존연합(Colorado Preservation Alliance)과 합병하였다.

4) 조직

SRMA의 운영조직은 회장, 부회장, 서기관, 재무관으로 구성된 협의회이다. 협의회는 뉴스레터, 편집장, 회원의장, 기록관, 코디네이터, 웹관리자 등을 지명할 권리를 갖고 있다.

5) 회원

SRMA의 회원자격은 로키산맥 지역의 기록관련 활동에 관심이 있는 모든 개인 및 기관에 열려 있다. 회원들의 공통점은 발전하는 역사기록의 보존과 접근성에 관심이 있다는 점이다.

6) 주요사업

- 1년 4회 발간의 계간지 뉴스레터(Newsletter)를 간행한다.
- 기록관련 문제를 인식하고 교육을 장려하기 위해 1년에 두 차례 회의를 개최한다. 회의나 컨퍼런스는 보통 늦은 봄과 가을에 개최하며 공식회의, 패널토론, 보존관 견학 등을 포함한다.

- 다양한 기구와 함께 워크숍을 후원한다.
- 산맥간기록전문가컨퍼런스(Conference of Inter‒Mountain Archivists)와 같은 기관과 기록관리자 등의 직업을 가진 이들과의 연합컨퍼런스를 주최하기도 한다.

② 정보원

1) 정보원배포정책

협회의 회의보고서는 'Documentation'란을 통해 제공하고 있다. 'Publications'란에서는 SRMA의 정기간행물 등의 출판물을 제공하고 있으며, 이는 홈페이지에서 열람할 수 있다.

2) 회의보고서(Documentation)

현재 2001년 4월부터 2007년 3월까지의 회의보고서의 원문이 홈페이지에 제공되고 있다. 특히 2003년 3월, 2004년 6월, 2005년 7월, 2006년 7월의 경우 'Business Meeting'으로 제공되고 있다.

3) 출판물(Publications)

(1) 일반(General)

- *On the Road to Preservation*
- *The $103 Preservation Library*
- *AIC Definitions of Conservation Terminology*

(2) 논문(Paper)

- *Preserving Your Scrapbook of Memorabilia*
- *Storage Solutions for Oversized Paper Artifacts*
- *How to Flatten Folded or Rolled Paper Documents*
- *Surface Cleaning Paper*
- *Simple Paper Repair*
- *Encapsulation*
- *How to Do Your Own Matting and Hinging*

(3) 단행본(Books)

- *Considerations in Maintaining the Library of the Past*
- *Shelving Books and Use of Book Trucks*
- *Is Your Collection Dying on the Shelf?*
- *Leather Dressing: "To Dress or Not to Dress"*
- *Book Bugs in Colorado*
- *Cleaning Library Materials and the Stacks*
- *So You Wanna Make a Box?*
- *Polyester Film Book Jacket*
- *Spiral Bindings in a Hard Cover: An Alternative to Rebinding*

(4) 시청각 기록

- *Optical Imaging: Systems and Planning*
- *Care of Archival Compact Discs*
- *The Proper Care and Feeding of Videotape*
- *Caring for Photographs*

(5) 재난복구(Disaster Recovery) 관련 출판물

- *Collection Evaluation for Disaster Planning*
- *Tips for Water Damage to Family Heirlooms and Other Valuables*
- *Drying Wet Books and Records*
- *Basic Instructions for Drying Books*
- *Contingency Planning Worksheet*
- *Health Concerns for Flood Recovery*
- *Disaster Recovery Plan*

STA
Society of Tennessee Archivists
테네시기록전문가협회

① 기구

1) 소재사항

소재국가　미국

주　　소　Jami Awalt, Tennessee State Library & Archives 403 Seventh Avenue North, Nashville, TN　37243－0312 USA

전　　화　+1 615 253 3470

팩　　스　+1 615 532 5315

전자우편　jami.awalt@state.tn.us

홈페이지   http://www.geocities.com/tennarchivists

2) 성격

테네시기록전문가협회(STA)는 앨라배마, 루이지애나, 미시시피 주(州)의 기록 및 기록관리 관련 기구들과 더불어 남부기록관컨퍼런스(SAC: Southern Archives Conference)의 회원기구이다.

3) 설립연혁

STA는 1977년에 기록관, 특별소장품, 기록관리, 그리고 관련 분야에 관심이 있거나 해당 분야에서 활동 중인 이들의 교육개발 및 전문적 위치를 강화시키기 위해 설립되었다.

4) 설립목적

STA는 테네시(Tennessee) 주(州)의 기록 및 역사자료에 관심이 있는 모든 이들을 위하여 존재하는 협회로서 회원들을 위하여 1년에 한 차례 회의를 주최한다. 또한 1년에 네 차례에 걸쳐 뉴스레터를 발간함에 있어 회원 및 비회원들의 참여를 장려한다.

5) 회원

STA의 회원은 다음과 같이 3개의 분류로 구성된다.

(1) 정회원

기록관, 메뉴스크립트, 기록관리 분야에 종사하는 관련 전문가의 경우 정회원으로 가입 가능하다.

(2) 준회원

관련 분야에 관심이 있거나 학생의 경우 준회원으로 가입 가능하다.

(3) 기관회원

기록관, 도서관, 기업, 정부부처, 또한 다른 기구의 경우 기관회원으로 가입 가능하다.

② 정보원

1) 정보원배포정책

STA의 정기간행물인 뉴스레터는 'Newsletter'란에서 제공하고 있다. 그 외 미국기록전문가학회(SAA)와 공인기록전문가아카데미(ACA)와 링크하여 관련 정보를 제공하고 있다.

2) 뉴스레터(Newsletter)

현재 2005년(여름호, 가을호, 겨울호), 2006년(봄호, 여름호), 그리고 2007년(겨울호)의 STA 관련 뉴스레터가 홈페이지에 탑재되어 무료로 열람 가능하다.

3) 링크(Links)

- 미국기록전문가학회(SAA)
  홈페이지: http://www.archivists.org
- 공인기록전문가아카데미(ACA)
  홈페이지: http://www.certifiedarchivists.org

1.2 캐나다

AABC
Archives Association of British Columbia
브리티시컬럼비아기록협회

① 기구

1) 소재사항

소재국가 캐나다

주   소 Archives Association of British Columbia 34A－2755 Lougheed
Highway Suite #249, Port Coquitlam, B.C. V3B 5Y9 Canada

전자우편 aabc@aabc.bc.ca

홈페이지 http://aabc.bc.ca/aabc

2) 성격

브리티시컬럼비아기록협회(AABC)는 캐나다아카이브스협의회(CCA: Canadian
Council of Archives)의 회원으로서 브리티시컬럼비아 지역을 대표하는 기록
관련 협회이다.

3) 설립연혁

AABC는 1990년 브리티시컬러비아기록전문가협회(Association of British Columbia Archivists)와 브리티시컬럼비아아카이브스협의회(BC Archives Council)의 합병을 통해 태어났다. 이 두 기관의 합병은 AABC가 해당 지역 전체의 기록전문가 및 기록관을 대신하여 목소리를 낼 수 있도록 하였다.

4) 설립목적

① 지역 내 브리티시컬럼비아 기록유산으로의 접근 제공 및 보존을 위한 기록관 능력함양 관련 서비스 제공
② 국가 카탈로그 지원의 의미에서 지역 카탈로그 제작 및 유지
③ AABC의 사명을 지원하기 위한 최고의 이용을 위해 국가기록개발프로그램(National Archival Development Program)과 다른 기금 할당
④ 회원들의 네트워킹 기회 지원을 위한 인프라스트럭처 제공

5) 사명

AABC는 브리티시컬럼비아 기록유산으로의 보다 더 향상된 보존과 접근성 촉진을 위한 지역 기록 커뮤니티의 개발을 장려하기 위해 설립되었다.

6) 조직

- AABC의 운영위원회(Executive Committee)는 특정업무와 관련하여 관련 위원회를 설립할 수 있다. 단, 상임위원회(Standing Committee)는 제외이다.
- 각 위원회의 위원장은 운영위원회에 의해서 임명된다.
- 상임위원회는 AABC의 사업을 감독하고 정책관련 문제에 관해 운영위원회에 조언을 제공하기 위해 설립된다. 각 상임위원회의 위원장은 운영위원회에 의해 임명되며 1년간의 임기를 갖는다.
- AABC는 다음과 같은 상임위원회를 운영한다.
  ① 지명위원회(Nominations Committee)

연간총회의 발표를 위한 후보자 유지
② 회원관리위원회(Membership Committee)
새로운 회원을 관리하고 회원명부의 업데이트 유지
③ 교육위원회(Education Committee)
회원을 위한 모든 단계의 평생교육 및 교육 프로그램 개발 및 운영
④ 규약및정관위원회(Constitution and By-laws)
필요에 의해 규약 및 정관을 유지 및 개정하고, 모든 운영위원회 구성원
과 상임위원회 위원장의 업무에 관한 설명 초안 작성 및 유지

7) 회원

AABC는 명예회원(honorary life members), 개인회원, 기관회원, 협회기관 등
의 회원으로 분류된다.

8) 주요사업

AABC는 다음과 같은 프로그램 및 서비스를 제공한다.
① 브리티시컬럼비아 기록관련 교육 및 자문서비스(BC Archival Education
and Advisory Service)
② 브리티시컬럼비아 기록보존서비스(BC Archival Preservation Service)
③ 브리티시컬럼비아 기록네트워크서비스(BC Archival Network Service)
④ 출판사업(Publications)

② 정보원

1) 정보원배포정책

본 기구는 'Publications'란에서 AABC의 공식 출판물의 일부를 무료로 제공하고 있다. 'Newsletter'란을 통해서 AABC의 뉴스레터를 제공하고 있으며, 관련 기관과 해당 기관의 뉴스레터 열람 가능 홈페이지로의 링크도 제공하고 있다.

2) 출판물(Publications)

- ***A Manual for Small Archives***
- ***British Columbia Thesaurus and Addendum***
- ***Guide to Archival Repositories in British Columbia***

3) 뉴스레터(Newsletter)

현재 1999년 여름호부터 2007년 여름호까지의 AABC의 Newsletter가 홈페이지에 제공되어 있어 무료로 열람 가능하다.

4) 관련 기관의 링크(Links) 및 뉴스레터(Newsletter)

- City of Richmond Archives
  홈페이지: http://www.richmond.ca
- ***Archives News***
  홈페이지: http://www.richmond.ca/archives
- Archives Society of Alberta
  홈페이지: http://www.albertaheritage.net/directory/archives_society.html
- Yukon Council of Archives

홈페이지: http://www.yukoncouncilofarchives.ca

- *Newsletter*

  홈페이지: http://www.yukoncouncilofarchives.ca/sections/newsletter/pdfs/sep2005.pdf

- Council of Nova Scotia Archives

  홈페이지: http://www.councilofnsarchives.ca

- Association for Manitoba Archives

  홈페이지: http://www.mbarchives.mb.ca

ACA
Association of Canadian Archivists
캐나다기록전문가협회

① 기구

1) 소재사항

소재국가   캐나다

전자우편   aca@archivists.ca

홈페이지   http://archivists.ca

2) 설립연혁

캐나다기록전문가협회(ACA)는 1975년에 설립되고 1978년에 사단법인이 되었
다. ACA는 캐나다역사협회기록관부문(CHA: Archives Section of the Canadian

Historical Association)에서 시작되어 오늘날 전세계에 걸쳐 수백 명의 회원을 두고 있다.

3) 설립목적

ACA는 다음과 같은 네 가지 사항에 중점을 둔다.
① 캐나다 문서유산의 보존에 관여하고 있는 모든 이들에게 리더십 제공
② 현대사회 기록관의 기록 활동과 개발 그리고 중요성에 대한 인식 장려
③ 정부기관 및 다른 규제기관보다는 전문 기록전문가들의 관심사나 요구사항 지지
④ 캐나다 기록관 시스템 및 직업에 기초한 정보와 문화에 관한 회원들의 이해 및 협력을 위한 의사소통

4) 사명

ACA는 다양한 전문적인 리더십을 제공하고 캐나다 기록 커뮤니티를 지원하기 위해 활동한다. 특히 다음과 같은 점들이 강조되고 있다.
① 개방성과 투명성
② 회원참여
③ 국가 및 국제협력
④ 지속 가능하며 믿을 수 있는 프로그램 및 활동

5) 조직

다음과 같은 위원회로 구성되어 있다.

(1) 상임위원회(Standing Committee)

ACA의 상임위원회는 특별사안에 대한 정책에 관하여 위원회(board)에 자

문을 제공하는 역할을 한다. 상임위원회는 위헌심사(Constitutional Review), 교육, 윤리, 재정, 회원관리, 지명과 선거 및 시상, 대중인식, 출판의 여덟 개 부문으로 구성된다.

(2) 특별위원회(Select Committee)

특별위원회는 위원회(board)에 의해 1년, 2년 혹은 3년의 임기를 기본으로 설립된다. 이 위원회는 특정 영역이나 주제에 관한 조언을 제공한다. 예를 들어, 2002년에서 2003년에는 홈페이지 재설계에 관한 특별위원회를 설치하였다.

(3) 합동위원회(Joint Committee)

합동위원회는 ACA와 다른 기구들 사이에서 설립되는 위원회이다. 이 위원회는 ACA의 목적을 기본으로 정기적 협의 및 협력을 추구한다.

6) 회원

ACA의 회원들은 본 협회의 공식 출판물인 *ACA Bulletin*과 *Archivaria*를 구독하게 되며, 해마다 열리는 컨퍼런스를 할인가격으로 참여할 수 있는 등의 혜택이 제공된다.

7) 주요사업

현재 진행 중인 주요사업으로는 한 달에 두 번 발간되는 격주간의 뉴스레터인 *ACA Bulletin* 출판, 학술저널인 *Archivaria* 출판, 그 외의 논문 출판 프로그램, 기록교육 프로그램, 연간 컨퍼런스와 회의 및 워크숍 개최 등이 있다.

2 정보원

1) 정보원배포정책

협회의 관련 보도자료는 'News & Events'란을 통해서 원문이 제공되고 있다. 공식 출판물인 'Publications'란에서 ACA의 기간지와 정기간행물 및 논문 등을 제공하고 있다. 다만 출판물의 경우 구매를 통하여 열람 가능하다.

2) 정기간행물

ACA의 정기간행물인 *Archavaria*의 경우 열람을 위해서는 직접 구매신청을 해야 한다. 다만 일부 목록의 경우 'e-Archavaria'를 통해서 온라인상에서 PDF로 열람이 가능하도록 제공하고 있다. 온라인 열람이 가능한 대표적인 목록은 다음과 같다.

- *Appraisal of Collections and Individual Documents*
- *Architectural Records and Archives*
- *Archives and Records Association of New Zealand*
- *Photographs and Archives and the Landon Project*
- *Photographs and Archives Association of British Columbia Archivists*
- *Photographs and Archives Film Archives in Scotland*
- *Freedom of Information in Municipalities*
- *International Congress on Archives*
- *Archives and Social History Prospects for a History of the Canadian Broadcasting Corporation*
- *Records Management and Archives in Mexico*
- *The Historical Photograph*

3) 뉴스레터(Newsletter)

ACA *Bulletin*은 ACA의 뉴스레터로서 회원들만이 온라인 로그인을 통해 정보를 열람할 수 있고, 비회원은 열람이 제한되어 있다.

4) 출판물

다음과 같은 출판물이 있으며, 열람을 위해서는 직접 구매신청을 해야 한다.
- *Canadian Archival Studies and the Rediscovery of Provenance*
- *The Monetary Appraisal of Archival Documents in Canada*
- *Archivaria, the Journal of the Association of Canadian Archivists*

ACPEI
Archives Council of Prince Edwards Island
프린스에드워드섬아카이브스협의회

① 기구

1) 소재사항

소재국가　캐나다
주　　　소　PO Box 1000 Charlottetown PE C1A 7M4 Canada
전자우편　acpei@gov.pe.ca
홈페이지　http://www.archives.pe.ca

2) 성격

프린스에드워드섬아카이브스협의회(ACPEI)는 해당 지역의 기록관련 개인과 기관의 상호 협력을 촉진하기 위한 전문 협의회이다.

3) 설립연혁

프린스에드워드섬아카이브스협의회(ACPEI)는 1987년 1월에 설립되었다.

4) 설립목적

① 지역 전체에 걸친 기록관련 협력을 위한 네트워크 촉진
② 기금 획득
③ 공동의 관심사를 위한 프로젝트 제공, 개발, 추진, 실행
④ 국가 네트워크 안에서의 지역 기록커뮤니티 대표
⑤ 프린스에드워드 섬의 기록 문서자원의 보존 및 보호 촉진
⑥ 기록 형성 기관에 의한 기록관의 설립 장려 및 역사기록을 대중연구에 알리기 위한 기관보급
⑦ 지역 기록 커뮤니티의 필요에 의한 지방, 연방, 사설 기금 및 정책설립 기관으로의 평가 및 보고
⑧ 지역의 기록보존소 간의 적합한 기준, 과정, 실행 추진 및 장려
⑨ 지역의 기록관과 역사자원의 대중이해 및 이용 촉진

5) 회원

회원들은 캐나다국가기록관(National Archives of Canada), 캐나다아카이브스협의회(Canadian Council of Archives), 프린스에드워드섬공공기록관및기록사무소(Public Archives and Records Office of Prince Edward Island)의 국가

기록 활동에 관한 최신 정보를 제공받는다. ACPEI의 회원들은 또한 캐나다아 카이브스협의회의 기금 프로그램에 지원할 수 있다. ACPEI는 다음과 같은 기관이 회원으로 구성되어 있다.

- 알베르톤 박물관(Alberton Museum)
- 샬럿타운도시(City of Charlottetown)
- 프린스에드워드섬커뮤니티박물관협회(Community Museums Association of Prince Edward Island)
- 미술갤러리및박물관센터연합(Confederation Centre Art Gallery and Museum)
- 걸프박물관가든(Garden of the Gulf Museum)
- 프린스에드워드섬아카디언리서치센터(The Centre for Arcadian Research of Prince Edward Island/Acadian Museum)
- 맥노트역사센터및기록관(MacNaught History Centre and Archives)
- 프린스에드워드섬의학학회(Medical Society of Prince Edward Island)
- 프린스에드워드섬박물관및역사재단(Prince Edward Island Museum and Heritage Foundation)
- 프린스에드워드섬공공기록관과기록사무소(Public Archives and Records Office of Prince Edward Island)
- 프린스에드워드섬대학로버트슨도서관(Robertson Library, University of Prince Edward Island)
- 프린스에드워드섬연대박물관(The Prince Edward Island Regiment Museum)

6) 주요사업

- ACPEI는 지역의 기록관련 문제에 관한 토론을 위해 1년에 두 차례, 4월과 11월에 회의를 개최한다.

- ACPEI는 노바스코티아아카이브스협의회(Council of Nova Scotia Archives)와 뉴브런즈윅아카이브스협의회(New Brunswick Council of Archives)와의 협동협의회(Joint Council) 회의를 개최하고 있다.
- 1993년 이래로 ACPEI는 보존기술자(Conservation Technician) 서비스 제도를 도입하여 이용하고 있다. 이 서비스는 ACPEI의 회원이면 누구나 이용 가능하며 표면 손질 건조방법, 말리거나 접힌 물체 펴기, 훼손되거나 찢긴 부분 손질, 기록 도큐먼트의 캡슐화 등의 서비스를 받을 수 있다. 보존기술자는 또한 적당한 보존방법과 상태에 대한 조언을 제공하며, 보존 및 보호와 관련한 도서관을 운영하고 있다.

② 정보원

1) 정보원배포정책

본 협의회는 'Archives P.E.I.'란을 통해서 프린스에드워드 섬 지역의 기록에 대한 데이터베이스 검색을 제공하고 있다. 또한 'Links'란을 통해서 프린스에드워드 섬 지역 관련 교육과 기구 또는 데이터베이스 등이 링크되어 제공되고 있다.

2) 프린스에드워드 섬 기록관(Archives P.E.I.)

- 'Archives P.E.I.'는 2004년 현재 천 개 이상의 설명을 담은 6개의 회원기관의 데이터베이스를 소장하고 있으며, 2004년 이후 더 많은 내용이 데이터베이스에 추가되고 있다.
- 'Archives P.E.I.'를 이용하기 위해서는 키워드 검색을 통해 원하는 자료를 검색하거나, 'Access Points'를 통해서 개인이나 가족, 또는 기관이 속한 지역이나 주제, 작가의 이름 등의 주제별로 나뉘어 있는 분류를 통해 검색이

가능하다.

3) 링크(Links)

(1) 기록교육(Archival Education)

- Canadian Archival Resources on the Internet: Archival Education

  홈페이지: http://gateway.uvic.ca/archives/archival_resources/arc_resources_web.
  html

- Society of American Archivists: Continuing Professional Education

  홈페이지: http://www.archivists.org/prof−education/index.asp

- Guidelines for a Graduate Program in Archival Studies

  홈페이지: http://www.archivists.org/prof−education/ed_guidelines.asp

- Frequently Asked Questions About Education

  홈페이지: http://www.archivists.org/prof−education/ed_faq.asp

- Directory of Archival Education

  홈페이지: http://www.archivists.org/prof−education/edd−index.asp

(2) 디지털화 자원(Digitization Resources)

- Ohio Memory Project

  홈페이지: http://www.ohiomemory.org/om/links.html

- CHIN(Canadian Heritage Information Network)

  홈페이지: http://www.chin.gc.ca/English/index.html

(3) 전문협회(Professional Associations)

캐나다와 국제적 규모의 전문협회와 지역 기록관 협의회 및 협회의 홈페이지 링크를 제공하고 있다.

(4) 캐나다 기록정보 데이터베이스

- Archives Canada

  홈페이지: http://www.archivescanada.ca/

- ANA(Archives Network of Alberta Database)

  홈페이지: http://www.archivesalberta.org/general/database.htm

- BCAUL(British Columbia Archival Information Network)

  홈페이지: http://aabc.bc.ca/aabc/bcain.html

- CaNWAN(Canadian North West Archival Network)

  홈페이지: http://aabc.bc.ca/aabc/canwan.html

- MAIN(Manitoba Archival Information Network)

  홈페이지: http://scaa.usask.ca/main/

- PLANET(Newfoundland and Labrador Archives Network)

  홈페이지: http://www.anla.nf.ca/index.php

- Ontario's Archival Information Network: ARCHEION

  홈페이지: http://archeion‒aao.fis.utoronto.ca/

- Archives PEI(Prince Edward Island Information Network)

  홈페이지: http://www.archives.pe.ca/peiain/

- RDAQ(Réseau des archives du Québec)

  홈페이지: http://www.rdaq.qc.ca/

- SAIN(Saskatchewan Archival Information Network)

  홈페이지: http://scaa.sk.ca/sain/sain‒welcome.html

- SAIN/MAIN(Saskatchewan/Manitoba Archival Information Network)

  홈페이지: http://scaa.sk.ca/sain/sain‒main.html

- YAUL(Yukon Archival Union List)

  홈페이지: http://aabc.bc.ca/WWW.yca.archyu/access＋DBASE.ARCHYU

AMA
Association for Manitoba Archives
매니토바주기록협회

① 기구

1) 소재사항

소재국가 캐나다

주   소 Box 26005, Maryland Post Office, Winnipeg, MB R3G 3R3 Canada

전   화 +1 204 942 3491

팩   스 +1 204 942 3492

전자우편 ama1@mts.net

홈페이지 http://www.mbarchives.mb.ca

2) 성격

매니토바주기록협회(AMA)는 지방의 기록시스템의 행정, 효과성과 효율성을 증진시킴으로써 매니토바 주의 주민과 기관의 유산을 보존하기 위해 설립되었다.

3) 회원

- 매니토바 주의 도큐먼트, 전자기록, 사진, 지도, 계획, 영상 및 음향기록 등 문서유산의 보존에 관심이 있거나 관련 분야에 종사하고 있는 모든 이에게 회원자격이 주어진다.

- AMA의 회원들은 세미나, 강연, 워크숍 등을 통한 AMA가 제공하는 교육의 기회를 제공받게 되며, AMA의 자문서비스 프로그램을 이용할 수 있다.
- 회원들은 또한 뉴스레터 구독, 총회 참여, 투표권, 전문적 개발의 기회 등을 제공받게 된다.

4) 주요사업

AMA의 주요사업은 다음과 같다.
① 회원제 운영
② 교육
③ 자문서비스
④ 홍보
⑤ 뉴스레터(*Communiqué*)
⑥ 장학사업
⑦ 기금 마련

② 정보원

1) 정보원배포정책

본 협회는 'Newsletter'를 통해서 AMA의 뉴스레터 *Communiqué*와 보도자료인 *ArchiNews/ArchiNouvelles*의 원문을 제공하고 있다, 특히 'Exhibits'란을 통해 관련 영상기록의 목록을 제공하고 있으며, 해당 전시 화면으로의 직접적인 링크 외에 해당 기관의 홈페이지로의 링크도 제공하고 있다. 그 외에도 'Resources'란에서는 기록 및 기록관리 관련 자원소개를 위한 해당 홈페이지로의 링크를 제공한다.

2) 뉴스레터(Newsletter)

(1) *ArchiNews/ArchiNouvelles*

현재 2004년 5월호부터 2006년 1월호(제26권 제12호)까지의 원문이 홈페이지를 통하여 제공되고 있다.

(2) *Communiqué*

현재 2001년 1월/2월호부터 2004년 2월까지의 원문이 홈페이지에 제공되어 수시로 열람 가능하다.

3) 전시기록관(Exhibits)

다음과 같은 전시기록관으로의 링크를 통해 영상기록을 열람할 수 있고, 해당 기관의 홈페이지 링크도 제공하고 있다.

- Heritage North Museum
  홈페이지: http://www.mbarchives.mb.ca/exhibit/journeys/heritage_north.htm
- Hudson's Bay Company Archives, Provincial Archives of Manitoba
  홈페이지: http://www.mbarchives.mb.ca/exhibit/journeys/hudsons_bay.htm
- Provincial Archives of Manitoba
  홈페이지: http://www.gov.mb.ca/chc/archives/
- Transcona Historical Museum
  홈페이지: http://www.transconamuseum.mb.ca/
- The United Church of Canada Archives, Conference of Manitoba and Northwestern Ontario
  홈페이지: http://www.uccan.org/archives/home.htm
- University of Manitoba, Archives and Special Collections
  홈페이지: http://www.umanitoba.ca/libraries/units/archives/

242

- University of Winnipeg Archives and Records Centre

  홈페이지: http://www.mbarchives.mb.ca/exhibit/journeys/u_winnipeg.htm

- Western Canada Aviation Museum

  홈페이지: http://www.mbarchives.mb.ca/exhibit/journeys/western_aviation.htm

- Winnipeg Art Gallery Archives

  홈페이지: http://www.mbarchives.mb.ca/exhibit/journeys/winnipeg_art_gallery.htm

4) 인터넷자원(Resources)

다음과 같은 인터넷자원을 제공하고 있다.

- Brother Can You Spare a Dime?

  홈페이지: http://www.mbarchives.mb.ca/edukit/index.htm

  상호 멀티미디어 교육사이트이다.

- Manitoba's Child Care Institutions

  홈페이지: http://www.mbarchives.mb.ca/orphanage/index.htm

- Recorders of Community

  홈페이지: http://www.mbarchives.mb.ca/recorders/index.htm

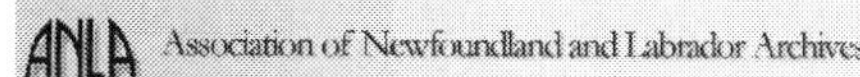

ANLA
Association of Newfoundland and Labrador Archives
뉴펀들랜드및래브라도기록협회

☐1 기구

1) 소재사항

소재국가　캐나다

주　　소　P.O. Box 23155, RPO Churchill Sq., St. John's, NL, A1B 4J9
　　　　　Canada

전　　화　+1 709 726 2867

팩　　스　+1 709 729 7989

전자우편　anla@nf.aibn.com

홈페이지　http://www.anla.nf.ca

2) 성격

뉴펀들랜드및래브라도기록협회(ANLA)는 기록관, 기록전문가, 그리고 지역의
문서관련 기록 및 보존에 기여하는 개인과 기관을 대표하는 전문기구이다.

3) 설립목적

① 지역의 과거에 관한 기록관련 종사자들을 위해 아이디어를 교환하고 문제
점들에 대한 토론을 하기 위한 포럼주최

② 전문적인 기준, 과정, 실행 촉진

③ 회원 및 일반 대중에게 지속적인 기록 교육의 기회 제공

④ 기록관의 역할 및 이용 증진

⑤ 지역 내 기록협력을 위한 네트워크 제공

⑥ 회원들 간의 공동관심사에 관한 프로젝트 추진

⑦ 국가 기록시스템에서 지역 기록커뮤니티를 대표

4) 사명

- ANLA의 사명은 워크숍, 현장 조언서비스, 교육자료 개발 등을 통한 절차 및 실제에 있어서 전문적 기준을 추진하는 데에 있다.
- ANLA는 또한 회원기관들 간의 커뮤니케이션을 위한 네트워크를 제공한다.

5) 조직

ANLA의 상임위원회는 협회의 단계적 과정을 감독하고, 정책과 관련된 문제에 관한 조언을 제공하기 위해서 설립된다. 상임위원회는 다음과 같다.

(1) 장학행정위원회(Grants Administration Committee)

캐나다아카이브스협의회(Canadian Council fo Archives)에 경제적 지원을 위해 제출된 지원서들을 검토한다.

(2) 교육위원회(Education and Training Committee)

모든 회원을 위한 평생교육 및 교육 프로그램을 추진 및 개발한다.

(3) 회원관리위원회(Membership Committee)

새로운 회원을 관리하고 최신 회원 명부를 제공한다.

(4) 출판위원회(Publication Committee)

협회의 정기적이고 공식적인 출판물인 뉴스레터(Newsletter)를 관리한다.

(5) 홍보위원회(Public Awareness Committee)

협회와 관련된 대중인식을 위한 활동을 담당한다.

6) 회원

ANLA의 회원은 크게 개인회원과 기관회원으로 나뉜다.

- 개인회원은 기록관련 업무에 종사하거나 관심이 있는 이들로 구성되며, 연간 회비를 납부해야 한다. 개인회원은 협회의 회의기간 동안 투표를 할 수 있는 권한이 주어진다.
- 기관회원은 기록보존에 직·간접적으로 관련이 있는 기관들로 구성된다.

7) 주요사업

① 교육 프로그램
② 자문서비스
③ 기록관련 보존활동
④ 장학사업

② 정보원

1) 정보원배포정책

본 협회는 'Publications'란을 통해서 ANLA의 출판물을 제공하나 실제 샘플

만이 제공되며, 출판물의 열람은 직접 구매를 해야 가능하다. 'Internet Links'란
을 통해서는 기록유산 관련 기구와 협회 등의 홈페이지 링크를 제공하고 있다.

2) 출판물(Publications)

ANLA의 뉴스레터인 *The ANLA Bulletin*은 온라인 열람은 불가능하며 직접
구매신청을 해야 한다. 현재 다음과 같은 출판물의 일부를 홈페이지에 제공하
고 있다.

- ***The ANLA Resource Binder For Small Archives.*** 1998.
- ***ANLA Preservation Policies And Procedures Manual For Small Archives.***
  2000.

3) 링크(Internet Links)

뉴펀들랜드 유산(Newfoundland heritage) 관련 링크를 제공하고 있다.
- The Rooms Provincial Archives Division
  홈페이지: http://www.therooms.ca/archives
- Heritage Foundation of Newfoundland and Labrador
  홈페이지: http://www.heritagefoundation.ca
- Museum Association of Newfoundland and Labrador
  홈페이지: http://www.manl.nf.ca
- Newfoundland Historic Trust
  홈페이지: http://www.historictrust.com
- Newfoundland Historical Society
  홈페이지: http://www.infonet.st−johns.nf.ca/providers/nfldhist
- Newfoundland and Labrador Heritage Website

홈페이지: http://www.heritage.nf.ca

- Newfoundland and the Great War

  홈페이지: http://www.heritage.nf.ca/greatwar

BCA
Bureau of Canadian Archivists/Bureau Canadiens des Archivists
캐나다기록전문가지부

① 기구

1) 소재사항

소재국가   캐나다

전자우편   bca@idrc.ca

홈페이지   http://bca.archives.ca

2) 설립연혁

- 캐나다기록전문가지부(BCA)는 1976년 캐나다기록전문가협회(ACA: Association of Canadian Archivists)와 퀘벡기록전문가협회(AAQ: Association des Archivistes du Québec)에 의해 설립되었다. 1976년 8월 28일에 BCA는 최초의 회의를 주최하였다. 초기의 BCA는 모든 합동 프로젝트의 코디네이션을 확보하는 것을 목표로 시작하였다.

- 1978년을 기점으로 BCA는 국제아카이브스협의회(ICA: International Council on Archives)에서 국가협회의 기록전문가들을 대표하게 되었고, 1985년부터 BCA는 캐나다기록협의회(CCA: Canadian Council of Archives)를 포함한 정부기관을 담당하는 캐나다 기록전문가들을 대표하는 기관이 되었다.

- BCA는 여러 가지 프로젝트를 수행해 왔고, 특히 출판에 집중해 왔으며, 1995년 8월에 공식적으로 사단법인화되었다.

3) 설립목적

BCA의 설립목적은 퀘벡기록전문가협회와 캐나다기록전문가협회의 회원들인 캐나다 기록전문가들의 전문적인 개발을 보장하는 데에 있다.

4) 조직

BCA의 운영은 퀘벡기록전문가협회의 회장과, 첫 번째 부회장, 캐나다기록전문가협회의 회장과 부회장, 총장, 부총장의 6인에 의해 이루어진다.

5) 주요사업

- 캐나다기록전문가협회는 국가 언어의 양면성을 반영하는 캐나다의 두 개의 기관인 캐나다기록전문가협회와 퀘벡기록전문가협회에 속한 기록전문가들은 한자리에 모이도록 노력한다.
- BCA 안에서 연합한 이 두 국가협회들은 캐나다 기록전문가들의 전문성과 지식에 대한 인식 및 관련 분야 개발을 장려하고자 하는 목적을 바탕으로 회원 상호간의 커뮤니케이션과 협력을 장려하고자 한다.
- 이상을 바탕으로 BCA는 캐나다 정부 및 캐나다 국민 그리고 국제기관들의 기록행정, 유산, 문화 분야 면에서 공식적인 목소리를 내고 있다.

2 정보원

1) 정보원배포정책

본 기구는 'Publications'란에서 BCA을 통해 구매 가능한 출판물 목록을 제공하고 있으며, 'Links'란에서는 BCA 회원기관, 관련 기구, 그리고 데이터베이스로의 링크 또는 PDF를 제공한다.

2) 출판물(Publications)

오프라인으로 구매 가능한 출판물 목록은 캐나다기록관협의회(CCA: Canadian Council of Archives)에서 검색할 수 있다. 현재 BCA를 통해 구매 가능한 도서목록은 다음과 같다.

- ***RAD(Rules for Archival Description)***
- ***The Archival Fonds: From Theory to Practice***(영어, 불어)
- ***An Introduction to Authority Control for Archivists***(영어, 불어)
- ***Subject Indexing for Archives***
- ***Developing Descriptive Standards: A Call to Action***
- ***Authority Control: A Manual for Archivists***
- ***Toward Descriptive Standards***

3) 링크(Links)

BCA 회원기관, 관련 기구, 그리고 국제기구 데이터베이스로의 유용한 관련 링크를 제공하고 있다.

(1) BCA 회원기관

- Association of Canadian Archivists
  홈페이지: http://archivists.ca
- Association des Archivistes du Québec
  홈페이지: http://www.archivistes.qc.ca

(2) 관련 기구

- Canadian Council of Archives
  홈페이지: http://www.cdncouncilarchives.ca
- International Council on Archives
  홈페이지: http://www.ica.org
- Library and Archives Canada
  홈페이지: http://www.collectionscanada.gc.ca
- Bibliothéque et Archives Nationales du Québec
  홈페이지: http://www.banq.qc.ca
- Alliance of Libraries, Archives and Records Management
  홈페이지: http://www3.fis.utoronto.ca/people/affiliated/ALARM/introeng.htm

(3) 기록관련 국제기구 데이터베이스(Database of International Archival Organizations)

- Search the Database of International Archival Organizations
  홈페이지: http://www.csa.com/factsheets/supplements/paisguide.pdf(PDF)

CAML
Canadian Association of Music Libraries, Archives, and Documentation Centers
캐나다음악도서관 · 기록관및도큐멘테이션센터협회

1 기구

1) 소재사항

소재국가 캐나다

주   소 Janneka L. Guise, M.Mus, M.L.I.S, Section Head, Eckhardt－Gra-
matt Music Library, Faculty of Music Building, 65 Dafoe Rd.,
University of Manitoba, Winnipeg, MB R3T 2N2 Canada

전   화 ＋1 204 474 7911

팩   스 ＋1 204 474 7539

홈페이지 http://www.yorku.ca/caml/en/index－e.htm

2) 성격

캐나다음악도서관 · 기록관및도큐멘테이션센터협회(CAML)는 음악분야의 사서,
기록전문가, 연구원을 위한 전문협회이다. CAML은 캐나다대학교음악학회
(CUMS: Canadian University Music Society)와 국가적 제휴를 맺고, 국제음악
도서관협회(IAML: International Association of Music Libraries)와는 국제적으
로 제휴를 맺고 있다.

3) 설립목적

① 음악과 음악자료에 관한 도서관, 기록관, 도큐멘테이션센터의 활동 및 연구 촉진과 장려

② 음악분야에 종사하는 기관 및 개인 간의 협력강화 및 업적에 관한 출판 촉진

③ 지방, 지역, 국가음악도서관, 기록관, 도큐멘테이션센터의 문화적 중요성에 대한 향상된 이해 촉진

④ 국제음악도서관ㆍ기록관ㆍ도큐멘테이션센터연합(IAML: International Association of Music Libraries, Archives and Documentation Centers)의 캐나다 지부로서의 활동

⑤ 음악참고목록, 음악도큐먼트, 음악자료의 목록관리, 음악 도서관 및 국가수준의 정보과학과 관련한 프로젝트 및 연구의 실현을 위한 재정적 지원, 장려, 고취 및 제공

⑥ 협회와 관련한 모든 영역의 기준개발 지원 및 장려

⑦ 음악도큐먼트의 보존 및 보호 촉진

⑧ 음악, 도서관, 목록, 기록관 분야의 다른 기구와 협조

⑨ 직업적 관심사를 다루는 공식 출판물 및 홈페이지 제공

⑩ 전문 교육을 추구하는 이들을 위한 재정적 지원 제공

⑪ IAML의 국제회의 주최 및 국가회의 추진

4) 조직

CAML은 선거에서 선출된 4인과 지명에 의한 3인으로 구성된 위원회(board)에 의해 운영된다. CAML의 상임위원회(Standing Committee)로는 편목위원회(Cataloging Committee)와 컨퍼런스프로그램위원회(Conference Program Committee)를 들 수 있다.

(1) 편목위원회(Cataloging Committee)

편목위원회는 캐나다 편목위원회에 의해 제안된 규칙 변경안에 대한 조언을 제공하는 책임이 있다. 이 위원회는 음악분야 자료목록 개발에 대하여 회원들에게 정보를 전달하는 역할을 맡고 있다.

(2) 컨퍼런스프로그램위원회(Conference Program Committee)

본 위원회는 해마다 열리는 컨퍼런스를 위한 프로그램 준비를 담당한다.

5) 회원

- 캐나다의 음악기구 연구, 보존, 수집에 관심이 있는 모든 이들에게 회원자격이 열려 있으며, 개인뿐 아니라 기관도 회원으로 가입이 가능하다.
- 현재 CAML은 100여 개의 기관회원을 두고 있다. 구체적으로 기관회원에는 대학, 공공도서관, 도서관 및 기록관, 음악보호기관, 오케스트라 도서관, 지역 및 국가기록관, 캐나다 음악센터, 캐나다 방송사, 특별도서관, 음악커뮤니티 등이 포함된다.

6) 주요사업

CAML은 다음과 같은 국제 프로젝트가 있다.

(1) RISM(Répertoire International des Sources Musicales)

RISM은 음악자원국제목록(International Inventory of Musical Sources)을 뜻하며, 국가 간 비영리의 합작(joint venture) 프로젝트이다. RISM은 전세계의 현존하는 음악자원의 통합적 도큐멘테이션을 위한 프로젝트이다.

(2) RILM(Répertoire International de Littérature Musicale)

RILM은 국제음악문학레퍼토리(International Repertory of Music Literature)를 뜻하는 프로젝트이다. 이 프로젝트는 국제음악학학회(International Musicological Society)와 국제음악도서관·기록관및도큐멘테이션협회(IAML)의 공동후원을 받아 1966년에 시작되었다.

(3) RIPM(Répertoire International de la Presse Musicale)

RIPM은 18~20세기의 음악을 다루는 정기간행물에 대한 접근성을 제공하기 위해 설립되었다. RIPM은 국제단계에서 정기간행물 색인을 위한 최초의 시도라고 할 수 있다.

② 정보원

1) 정보원배포정책

협회의 공식 출판물인 CAML의 뉴스레터는 'Newsletter'란을 통하여 제공하고 있다. 그리고 'Links'란에서는 관련 협회 및 기구의 목록 및 해당 홈페이지로의 링크를 제공하고 있다.

2) 뉴스레터(Newsletter)

*CAML Review*는 1년에 세 번 출판되는 CAML의 뉴스레터이다. 이는 CAML의 회원 모두에게 발송되고 있다. 현재 1998년 12월호(제26권 제3호)에서부터 2006년 8월호(제34권 제2호)까지 온라인상에서 원문의 열람이 가능하다.

3) 링크(Links)

- Music Division, National Library of Canada

  홈페이지: http://www.collectionscanada.gc.ca/6/28/s28－1016－e.html
- Canadian University Music Society

  홈페이지: http://www.cums－smuc.ca/main_en.html
- International Association of Music Libraries, Archives, and Documentation Centres

  홈페이지: http://www.muslib.se/hand/iaml
- MLA(Music Library Association)

  홈페이지: http://www.musiclibraryassoc.org

CCA
Canadian Council of Archives
캐나다아카이브스협의회

① 기구

1) 소재사항

소재국가　캐나다

주　　소　Canadian Council of Archives 130 Albert Street, Suite 501, Ottawa, Ontario, K1P 5G4 Canada

전　　화　＋1 613 565 1222

팩　　스　＋1 613 565 5445

전자우편　cca@archivescanada.ca
홈페이지　http://www.cdncouncilarchives.ca/intro.html

2) 성격

캐나다아카이브스협의회(CCA)는 캐나다 기록유산의 접근가능성을 위해 헌신하기 위해 영구적으로 설립된 기구이다.

3) 설립목적

① 기록시스템의 행정, 효율성, 효과성 증가를 통한 캐나다 기록유산으로의 접근성 제공 및 보존
② 회원 기록관련 기구를 지원 및 후원함으로써 캐나다 기록시스템 내의 리더십 제공 및 개발과 협력 촉진

4) 조직

- 필요한 경우 위원회를 설립할 수 있으며, 이는 이사회(Board of Directors)에 의해 결정된다. 위원회의 의장 역시 이사회에 의해 우선 2년간의 임기를 정하게 되며, 위원회 의장은 연임도 가능하다. 의장 선출에 앞서 후보등록은 해마다 열리는 총회에서 회원들에 의해 의결되어야 한다.
- 각 위원회의 구성원은 의장을 포함하여 6인을 초과할 수 없다. 특히 구성원 중 적어도 1인은 퀘벡기록전문가협회의 회원이어야 하고, 다른 1인은 캐나다기록전문가협회의 회원이어야 하며, 또 다른 1인은 캐나다도서관및기록관(Library and Archives Canada)의 회원이어야 한다.

5) 회원

CCA의 회원은 협의회의 기록에 등록이 되어 있는 회원들로 구성된다.

6) 주요사업

CCA는 우선 지역 및 지방 협의회, 캐나다 기록전문가 지부, 국가지역및지방 기록전문가컨퍼런스(NPTAC: National Provincial Territorial Archivists Conference)와의 파트너십을 기본으로 한다. 그리고 캐나다도서관및기록관(LAC: Library and Archives Canada), 연방 및 지방 정부기구를 포함한 캐나다 기록 시스템의 모든 지지자(constituencies)에게 자문 역할을 한다.

② 정보원

1) 정보원배포정책

홈페이지의 'About CCA'란의 하위분류에 있는 'Annual Reports' 부분에 총회 보고서를 제공하고 있으며, 'Related Archival Links'란에서도 관련 홈페이지의 목록을 제공하고 있다. 'Publications'란에서 CCA의 출판물을 열람할 수 있으나, 대부분의 출판물은 구매를 통하여 열람 가능하다.

2) 총회보고서(Annual Reports)

- ***Annual Report 2004~2005***
- ***Annual Report 2003~2004***

3) 링크(Links)

- 캐나다 시청각 유산을 위한 연합(Alliance for Canada's Audio Visual Heritage) 홈페이지: http://www.rcc.ryerson.ca
- 도서관 · 기록관 · 기록관리연맹(ALARM: Alliance of Libraries, Archives

258

and Records Management)

홈페이지: http://www.fis.utoronto.ca/people/affiliated/alarm

- 문화인간자원협의회(CHRC: Cultural Human Resources Council)

홈페이지: http://www.culturalhrc.ca

- 캐나다도서관및기록관(Library and Archives Canada)

홈페이지: http://www.collectionscanada.ca

- 캐나다기록전문가협회(ACA: Association of Canadian Archivists)

홈페이지: http://www.archivists.ca

- 퀘벡기록전문가협회 (AAQ: L'association des archivistes du Quebec)

홈페이지: http://www.archivistes.qc.ca

- 국제아카이브스협의회(ICA: International Council of archives)

홈페이지: http://www.ica.org

4) 출판물(Publications)

대부분의 출판물은 온라인 주문서를 통해 구매주문을 해야만 열람이 가능하다. 다음은 현재 홈페이지에서 무료 열람이 가능한 도서의 목록이다.

- Sue Bigelow, 2004. ***Cold Storage of Photographs at the City of Vancouver Archives.***
- Betty Walsh. 2003. ***Salvage Operations for Water Damaged Archival Collections: A Second Glance .***
- ***Digitization and Archives.*** 2002.
- ***Basic Conservation of Archival Materials***
- ***RAD(Rules for Archival Description)***

CNSA
Council of Nova Scotia Archives
노바스코샤아카이브스협의회

① 기구

1) 소재사항

소재국가 캐나다

주   소 6016 University Ave., Halifax, NS, B3H 1W4 Canada

전   화 +1 902 424 7093

팩   스 +1 902 424 0628

전자우편 advisor@councilofnsarchives.ca

홈페이지 http://www.councilofnsarchives.ca

2) 성격

노바스코샤아카이브스협의회(CNSA)는 노바스코샤의 기록관 및 기록전문가를 위한 전문기구이다. 이 협의회는 회원기관을 통해서 기록, 노바스코샤 문서유산의 보존, 기록에 대한 대중접근의 중요성을 옹호한다. 회원기관의 기록전문가들이 협의회의 위원회에 기여하고 있으며, 위원회를 통해 CNSA는 기록관련 규범 및 실행을 관리한다.

3) 설립연혁

CNSA는 1983년 노바스코샤 지역에 걸친 기록관 네트워크 형성에 관심이 있는 25개의 기관, 기구, 개인들이 모인 그룹에 의해 설립되었다. 오늘날 백 명이 넘는 회원들이 지역의 기록관, 박물관, 대학, 종교기록관, 지방기록관, 유산협회, 사기업 등을 대표하고 있다.

4) 설립목적

CNSA는 노바스코샤의 기록유산을 중요하게 여기는 기관 및 기구들의 기록규범, 절차, 실제에 관한 업무를 장려하기 위해 설립되었다. 설립목적은 다음과 같다.
① 기록관련 이슈에 대한 토론을 위한 회의
② 기록관련 문제에 대한 의견 교환
③ 기록에 관한 협력을 위한 네트워크 제공
④ 노바스코티아 지역과 캐나다 아카이브스 협의회(CCA: Canadian Council of Archives)의 협력 제공

5) 조직

다음과 같은 위원회로 구성되어 있다.

(1) 운영위원회(Executive Committee)

운영위원회는 CNSA에 리더십을 제공하기 위해 한 달에 한 번 모임을 갖는다. 운영위원회는 다음과 같은 활동을 하게 된다.
① 노바스코샤의 기록보존소 간의 반영 가능한 규범, 절차, 실제에 관한 업무
② 회원들에게 기록관련 이슈 및 문제에 관한 의견 교환 및 토론을 위한

회의 제공

③ 지역 내 기록관 간의 협력 장려

④ 캐나다아카이브스협의회(CCA: Canadian Council of Archives)와의 협력 제공

⑤ 프로그램에 기금지원을 통한 기록관련 업무 지원

(2) ArchWay위원회(ArchWay Committee)

CNSA 회원을 위한 온라인 데이터베이스인 ArchWay에 관한 행정 및 지속적인 개발에 관한 업무를 담당한다. 또한 회원들을 위한 교육개발을 지원한다.

(3) 시상위원회(Awards Committee)

시상위원회는 CNSA가 부여하는 'Dr. Phyllis R. Blakeley 상', 'Carmen V. Carroll 상', 'Anna Hamilton 상'을 위한 후보자 선정 및 심사를 담당한다.

(4) 교육위원회(Education Committee)

교육위원회는 교육 및 전문적 훈련활동을 조직한다. 특정 주제에 대한 워크숍을 주최하거나 기록관련 조언을 제공하고, 매년 봄마다 있는 컨퍼런스 및 시상식을 수최한다.

(5) 장학위원회(Grants Committee)

장학위원회는 CNSA가 만든 프로젝트를 지원하는 국가 기록개발 프로그램(National Archival Development Program)을 위한 지원서를 관리 및 배포하는 역할을 한다. 장학사업에 이용되는 기금은 도서관이나 캐나다 기록관에 의해 제공되며, 캐나다아카이브스협의회를 통해 기록커뮤니티에 전달된다.

(6) 보존위원회(Preservation Committee)

보존위원회는 CNSA를 위한 보존활동을 계획 및 총괄한다.

6) 회원

CNSA의 회원은 크게 기관회원, 일반회원, 명예회원으로 구분된다.
- 기관회원자격은 CNSA에 의해 규정된 요건을 갖춘 기록관리 관련 기관들에 열려 있다.
- 일반회원자격은 기관회원자격에 미치지 못하는 기관들에 열려 있다.
- 명예회원은 운영위원회에 의해 선정된다.

7) 주요사업

- CNSA는 다양한 종류의 교육 및 조언서비스를 제공한다.
- CNSA는 또한 기록과 관련된 기본 및 고급단계의 워크숍을 주최한다.
- 정책 및 예시 등에 관한 유용한 홈페이지의 링크를 제공한다.
- 기금사업은 기록관련 기관을 지원하는 데 이용된다.

② 정보원

1) 정보원배포정책

CNSA의 정기적인 공식 출판물인 뉴스레터(*Newsletter*)는 'News'란에서 제공하고 있으며, 'Resources'란에서는 유용한 자료 및 홈페이지로의 링크를 제공하고 있다. 특히 일부 출판물은 'Publications'란을 통하여 무료로 제공하고 있다.

2) 뉴스레터(Newsletter)

공식 출판물인 *Newsletter*는 현재 1998년 가을호/1999년 겨울호(제28권)에서 부터 2006년 겨울호(제38호)의 전문을 홈페이지에 제공하고 있다.

3) 출판물(Publications)

현재 홈페이지에서 제공되고 있는 무료열람이 가능한 출판물의 목록은 다음과 같다.

- ***Cooperative Acquisition Strategy***
- ***Membership Needs Assessment & Planning Study: Executive Summary***
- ***Membership Needs Assessment & Planning Study: Full Report***
- ***MNAPS: Survey Questionnaire for Institutional Members***
- ***MNAPS: Survey Questionnaire for General Members***
- ***Nova Scotia Subject Headings Authority***

4) 링크(Links)

(1) 일반자료

- A Binder for Small Archives
  홈페이지: http://www.anla.nf.ca/index.php
- Archivist's Toolkit
  홈페이지: http://aabc.bc.ca/aabc/toolkit.html
- A Manual for Small Archives
  홈페이지: http://aabc.bc.ca/aabc/msa
- Code of Ethics for Archivists in Canada
  홈페이지: http://www.archivists.ca/about/ethics.aspx
- Copyright Act

264

홈페이지: http://laws.justice.gc.ca/en/notice/index.html?redirect=%2Fen%2Fc
－42%2Ftext.html
- Freedom of Information and Privacy Act
홈페이지: http://www.gov.ns.ca/just/foi/foisvcs.htm

(2) 기록관 옹호관련 자료(Advocacy)

- Heritage Strategy Task Force Final Report(provincial)
홈페이지: http://www.gov.ns.ca/vp/Task_Force/Heritage/Heritage.html
- Finding Your Member of Parliament(federal)
홈페이지: http://www2.parl.gc.ca/Parlinfo/Compilations/HouseOfCommons/
MemberByPostalCode.aspx?Menu=HOC
- Directory of NS Legislative Assembly
홈페이지: http://www.gov.ns.ca/legislature/members/directory/alpha.html
- CCA's Advocacy Kit
홈페이지: http://www.cdncouncilarchives.ca/advocacy_kit.html

(3) 설명자료

- Basic RAD
홈페이지: http://lib74123.usask.ca/scaa/rad/
- Rules for Archival Description
홈페이지: http://www.cdncouncilarchives.ca/archdesrules.html

(4) 디지털화

- Canadian Heritage
홈페이지: http://www.pch.gc.ca/progs/pcce－ccop/pubs/ccop－pcceguide_e.pdf
(PDF)

- Creating and Managing Digital Content

  홈페이지: http://www.chin.gc.ca/English/Digital_Content/index.html

- Creating Digital Resources

  홈페이지: http://www.ahds.ac.uk/creating

- Digital Library Development

  홈페이지: http://www.dmoz.org/Reference/Libraries/Library_and_Information_

    Science/Digital_Library_Development

- Digitizing History: A Guide to Creating Digital Resources from Historical Documents

  홈페이지: http://hds.essex.ac.uk/g2gp/digitising_history/index.asp

- Moving Theory Into Practice: Digital Imaging Tutorial

  홈페이지: http://www.library.cornell.edu/preservation/tutorial/toc.html

- NSDCI(Nova Scotia Digital Collections Initiative)

  홈페이지: http://nsdci.library.ns.ca

- PADI(Preserving Access to Digital Information Subject Gateway)

  홈페이지: http://www.nla.gov.au/padi

- TASI(Technical Advisory Service for Images)

  홈페이지: http://www.tasi.ac.uk

(5) 보존

- ANSI Standard

  홈페이지: http://www.niso.org/standards/index.html

RMI
Records Management Institute
기록관리연구소

① 기구

1) 소재사항

소재국가　캐나다

주　　소　Angela Foran, President Records Management Institute P.O. Box 2856, Ottawa, ON K1P 5W8 Canada

전　　화　+1 819 934 0881

전자우편　angela.foran@nrcan.gc.ca

홈페이지　http://www.rmicanada.com/home_e.html

2) 설립연혁

기록관리연구소(RMI)는 1952년에 정보 및 아이디어의 교환을 위해 캐나다 연방정부의 기록관리자 그룹에 의해 설립되었다. 설립 당시의 이념은 오늘날까지 계승되고 있다.

3) 설립목적

① 기록정보(recorded information) 관리 커뮤니티의 회원에게 효과적 리더십 및 후원 제공

② 탄탄한 기록정보 관리 기술, 과정, 실제의 지지 및 고취

③ 기록정보 관리와 관련된 다른 기구들 또는 협회와의 협력 및 정보교환 장려

④ 회원들 및 기록정보 관리 커뮤니티의 개발 및 강화를 위한 컨퍼런스 그리고/또는 교육 조직, 후원 및 장려

⑤ 요청 시 위원회 및 협의회 참여

⑥ 기록정보 관리와 관련된 전문적이고 기술적인 정보의 개발, 수정 및 유포

⑦ 기록정보 관리에 영향을 줄 수 있는 회원들의 아이디어, 정보, 경험 등을 공유하는 회원을 고려한 포럼 주최

4) 조직

RMI의 운영조직은 원장, 부원장, 서기관, 재무관, 시상 담당임원, 규약 담당임원, 회원 담당임원, 프로그램 담당임원, 홍보 및 후원 담당임원, 교육 담당임원, 홈페이지 담당임원으로 구성된다.

5) 회원

(1) 회원의 구성

RMI의 회원은 정회원, 명예회원, 단체회원, 임원회원으로 구분된다.

- 정회원은 현재 기록 또는 정보관리 분야에서 종사하거나 경력이 있는 개인회원이다.
- 명예회원은 일반회원들에 의해 명예회원으로 승인된 회원을 말한다.
- 단체회원은 단체기관이 회비를 납부하고 회원이 된다.
- 임원회원은 정회원 중에서 구성되며 RMI의 운영조직원으로 활동한다.

(2) 회원의 특권

RMI의 회원들에게는 다음과 같은 혜택이 주어진다.

① 정기회의, 일반회의, 특별회의 참가
② 월간회의 프로그램에 대한 정보 습득
③ 임원 선거 참여
④ 임원후보 지명 및 투표권
⑤ 규약 변경 권고
⑥ 규약 수정을 위한 제안결정에 대한 투표권
⑦ 세미나, 컨퍼런스, 워크숍 등에 참석 요청
⑧ 정보자원으로의 접근

6) 주요사업

RMI는 회원들 및 다른 기록, 도큐먼트, 정보관리 분야 종사자들의 논문을 출판하는 데에 주력하고 있다. 논문은 다양한 정보관리의 주제, 특별프로젝트, 제안사항, 일반주제 등을 다루고 있다.

② 정보원

1) 정보원배포정책

RMI가 출판한 논문의 경우 'Articles on Information Management'란을 통하여 제공하고 있어 온라인상에서 무료로 열람 가능하다.

2) 정보관리 논문(Articles on Information Management)

홈페이지를 통하여 무료열람이 가능한 영문의 논문 목록은 다음과 같다.

- Sabourin, Paul. ***Constructing a Function: Based Records Classification System/Business Activity Structure Classification System.*** National Archives of Canada.

- *Functional File Classification: Paul Sabourin, National Archives of Canada*
- *Case Study: An Essential Records Program in an Automated Corporate Environment*
- *Internet World*
- *Case Study: Implementing A Functional Records Management System At Upper Canada Village*
- *Understanding Electronic Records*
- *A Definition For "Museum Material" Under The National Archives Act*
- *Are You Promoting Your Records Management Services Enough?*
- *Is Records Management Disappearing?*

SCAA
Saskatchewan Council for Archives and Archivists
서스캐처원기록및기록전문가협의회

① 기구

1) 소재사항

소재국가   캐나다

주   소   Archives Advisor, Carey Isaak 202－2080 Broad St., Regina, SK
S4P 1Y3 Canada

전　　화　+1 306 780 9414

전자우편　scaa@sasktel.net

홈페이지　http://scaa.usask.ca

2) 성격

서스캐처원기록및기록전문가협의회(SCAA)는 캐나다 기록시스템에서 서스캐처원 기록커뮤니티를 대표하는 기관이다. SCAA는 또한 서스캐처원의 협력적이고 성공적인 기록네트워크를 개발하는 책임을 갖고 있다. SCAA는 서스캐처원의 새로운 기록관의 설립을 장려하고 기록정책 및 실제의 표준개발을 촉진하며 서스캐처원 역사기록 및 기록에 대한 대중이해 및 이용을 장려한다.

3) 설립목적

① 기록에 관심이 있는 이들을 위한 정보 및 아이디어 교환을 위한 포럼개최
② 서스캐처원 주(州)의 협력적인 기록시스템 개발 장려
③ 서스캐처원의 기록보존 및 보호 촉진
④ 지역 내 새로운 기록기관의 형성 장려
⑤ 표준적인 기록정책 및 실제 개발 및 촉진
⑥ 회원들의 기금 마련 지원
⑦ 기록전문가들의 교육지원
⑧ 국가기록네트워크에서 지역 기록커뮤니티를 대표
⑨ 지역 내 기록 및 역사자원에 대한 대중이해 및 이용 촉진

4) 조직

SCAA의 상임위원회(Standing Committee)는 다음과 같다.

(1) 교육위원회

평생교육 및 교육적이고 전문적인 개발 프로그램 개발 및 조성을 담당한다.

(2) 장학위원회

지역 내 기록커뮤니티를 위한 정부 및 정부기관으로부터 기금 마련을 담당한다.

5) 회원

SCAA의 회원은 개인회원과 기관회원으로 구분된다.
- 개인회원은 서스캐처원의 주민이면 누구나 가입이 가능하다.
- 기관회원은 서스캐처원에 영구적으로 설립된 기관이면 가입이 가능하다.

6) 주요사업

- SCAA는 워크숍 및 다른 교육적 프로그램을 제공한다.
- 기록관에 조언 및 지원을 제공하는 기록 자문 서비스를 운영하고 있다.
- SCAA는 서스캐처원의 기록소장물에 관한 정보네트워크인 서스캐처원 기록 정보 네트워크(SAIN: Saskatchewan Archival Information Network)를 관리한다. SCAA의 홈페이지 SAIN을 통해서 데이터베이스 이용을 할 수 있다.

② 정보원

1) 정보원배포정책

본 협의회의 공식 출판물인 뉴스레터는 'Publications'란을 통하여 제공되며,

기간호(back issues)는 홈페이지에서 무료로 열람 가능하나 최근호(current issues)는 제공되고 있지 않다.

2) 뉴스레터(Newsletter)

SCAA관련 자료인 *Newsletter*는 월간지로서 현재 2002년 10월 창간호부터 홈페이지에서 열람할 수 있다. 다만 최근의 뉴스레터의 경우 아직 홈페이지에 제공되고 있지 않다.

2. 아시아 및 태평양

2.1 호주

ASA
Australian Society of Archivists
호주기록전문가협회

① 기구

1) 소재사항

소재국가   호주
주   소   PO Box 77, Dickson ACT 2602 Australia

전　　화　+61 1800 622 251
전자우편　ozarch@velocitynet.com.au
홈페이지　http://www.archivists.org.au

2) 성격

호주기록전문가협회(ASA)는 호주의 기록전문가를 위한 매우 전문적인 기관이다.

3) 설립연혁

ASA는 1975년 호주의 증가하는 기록전문가와 기록기술 관련 요구에 부응하기 위해 설립되었다. ASA는 국가기반으로 운영되며, 지부 및 특별관심단체(Special Interest Groups)가 각 영역에서 활발히 활동하고 있다.

4) 설립목적

① 기록전문가들 사이의 직업 아이덴티티 촉진
② 기록관의 이용 및 지속적인 관리촉진 및 연구개발 장려
③ 기록자격 및 직업훈련 기준 등의 기록전문가 사이의 기록현행에 대한 기준과 직업윤리에 대한 기준 설립 및 유지
④ 공동의 관심사와 문제점에 대한 다른 기구 및 단체와의 협력을 포함한 책임 있는 기록관 이용 장려
⑤ 기록전문가, 그들의 기관, 기록관 이용자들 간의 커뮤니케이션 및 협력 장려
⑥ 기록직업과 관련한 정보 출판 및 배포

5) 조직

ASA는 다음과 같은 지부 및 특별관심단체로 구성되어 있다.

(1) 지부(Branches)

오스트레일리아수도특별지역(Australian Capital Territory), 뉴사우스웨일스 (New South Wales), 퀸즐랜드(Queensland), 사우스오스트레일리아(South Australia), 태즈메이니아(Tasmania), 웨스턴오스트레일리아(Western Austr-alia), 빅토리아(Victoria)

(2) 특별관심단체(Special Interest Groups)

비즈니스·노동·기업 기록관(Business, Labour and Corporate Archives), 기록수집(Collecting Archives), 전자기록(Electronic Records), 소수이슈 (Indigenous Issues), 지방정부기록관(Local Government Archives), 참고문헌·접근·대중프로그램(Reference, Access and Public Programs), 종교컬렉션(Religious Collections), 학교기록관(School Archives), 과학·기술·의학기록관(Science, Technology and Medicine Archives), 대학기록관 (University and College Archives)

6) 회원

- ASA의 회원인 기록전문가들은 상업기구, 모든 정부기구, 도서관 및 박물관, 신문사 및 라디오방송국, 교육기관, 종교 및 커뮤니티 기구 등에서 활동 중이거나 컨설턴트로서 활동을 하고 있다.
- ASA는 전문회원(professional membership), 비전문회원(associate membership), 기관회원(institutional membership)으로 분류하여 회원제도를 운영한다.

7) 관련 단체

① ASA기준마련위원회(Committee on Descriptive Standards)
  홈페이지: http://www.archivists.org.au/cds

② ASA종교컬렉션특별관심단체(Religious Collections Special Interest Group)

　홈페이지: http://www.archivists.org.au/structure.html#relig

③ ASA대학기록관특별관심단체(University Archives Special Interest Group)

　홈페이지: http://www.archivists.org.au/about/rules/unirules.html

④ ASA과학 · 의학 · 기술기록관특별관심단체(Special Interest Group on Archives of Science, Medicine and Technology)

　홈페이지: http://www.asap.unimelb.edu.au/asa/stama/stama.htm

② 정보원

1) 정보원배포정책

본 협회의 보도자료와 뉴스레터는 'News'와 'Newsletters'란에서 제공하여 홈페이지에서 무료로 열람할 수 있다. 또한 'Directory of Archives'란을 통해 관련 기록관의 리스트를 검색할 수 있다.

2) 뉴스(News)

최근 보도자료의 대표적인 목록은 다음과 같다.

- *28 Sep '07New－look Bulletin: Have Your Say!*

- *18 Sep '07Archives Matter!: Launched and available for Download*

- *17 Sep '07Describing Archives in Context: Launched at Alice Springs*

- *16 Sep '07Members Only Pages Available*

- *11 Sep '07August Bulletin Available for Download*

- *11 Sep '07Scholarships Available for Aboriginal and Torres Strait Islander People to Train as Archivists*

- *17 Aug '07Welcome to the New Website*

3) 뉴스레터(Newsletter)

각 지부 및 특별관심단체별로 각기 독립된 뉴스레터를 발간한다.

(1) 오스트레일리아 수도 특별지역(ACT Branch)

이 지역의 뉴스레터는 *ACTive Archives*라는 표제로 현재 2004년 10월 제1호(Issue 1)에서부터 2007년 6월/18월 제21호(Issue 21)까지의 전문을 홈페이지에 제공하고 있다.

(2) 뉴사우스웨일스(New South Wales Branch)

2006년 2월호부터 매월의 뉴스레터(*Newsletter*)를 홈페이지에 탑재하고 있으며, 현재 2007년 9월호까지의 전문을 홈페이지에 제공하고 있다.

(3) 퀸즐랜드(Queensland Branch)

이 지역의 뉴스레터는 *Newsletter*라는 표제로 2006년 1월호(Issue No.1)부터 10월호(Issue No4)까지의 전문을 홈페이지에 제공하고 있다.

(4) 사우스오스트레일리아(South Australian Branch)

현재 2006년의 3월호와 6월호, 10월호, 그리고 2007년 3월호까지의 전문을 홈페이지에 제공하고 있다.

(5) 웨스턴오스트레일리아(Western Australia Branch)

이 지역의 뉴스레터는 *Western Archives*라는 표제로 현재 2006년 6월호, 9월호, 그리고 2007년 4월호의 전문을 홈페이지에 제공하고 있다.

(6) 비즈니스, 노동, 기업기록관(Business, Labour and Corporate Archives Special Interest Group)

현재 2000년 10월의 창간호의 전문만을 홈페이지에 제공하고 있다.

(7) 수집기록관(Collecting Archives Special Interest Group)

현재 한정판(Limited Addition)으로 2000년 3월 5호에서부터 2006년 6월 22호까지의 전문을 홈페이지에 제공하고 있다.

(8) 전자기록(Electronic Records Special Interest Group)

현재 2003년 3월호부터 2007년 7월호까지의 전문을 홈페이지에 제공하고 있다.

(9) 소수이슈(Indigenous Issues Special Interest Group)

현재 2005년 10월호, 2006년 4월호, 8월호, 그리고 2007년의 2월호와 7월호의 전문을 홈페이지에 제공하고 있다.

(10) 지방정부기록관(Local Government Archives Special Interest Group)

이 지역의 뉴스레터는 *Gesta Municipalia*라는 표제로 현재 2002년 2월호 9호부터 2006년 8월의 15호까지의 전문을 홈페이지에 제공하고 있다.

(11) 참고문헌, 접근, 대중프로그램(Reference, Access and Public Programs Special Interest Group)

현재 2002년 11월 창간호부터 2007년 3월 13호까지의 전문을 홈페이지에 제공하고 있다.

(12) 종교컬렉션(Religious Collections Special Interest Group)

이 지역의 뉴스레터는 *Blessed Collections*이라는 표제로 현재 2001년 12월 7호부터 2006년 10월 13호까지의 전문을 홈페이지에 제공하고 있다.

<table>
<tr><td></td><td>CAARA</td></tr>
</table>

CAARA
Council of Australian Archives and Records Authorities
호주기록및기록당국협의회

① 기구

1) 소재사항

소재국가　호주
전　　화　+61 18 9427 3426
전자우편　oexecoff@sro.wa.gov.au
홈페이지　http://www.caara.org.au

2) 성격

호주기록및기록당국협의회(CAARA)는 코먼웰스 오스트레일리아, 뉴질랜드, 오스트레일리아 주 및 지방의 정부기록당국의 수장들이 모여 구성되었다.

3) 설립연혁

CAARA의 기존 기구는 연방·주·지방기록관협의회(COFSTA: Council of Federal, State and Territory Archives)로 알려져 있다. COFSTA는 2004년 7

월 1일자로 CAARA로 명칭을 바꾸었으며 이는 뉴질랜드 기록관의 영입과 더 많은 기록 및 기록관리 역할을 반영하기 위함이었다.

4) 설립목적

CAARA는 코먼웰스, 뉴질랜드, 오스트레일리아 주정부 및 지방정부의 기록관리에 대한 이해 및 지속성을 촉진시키기 위해 설립되었다.

5) 주요사업

- CAARA는 1년에 두 차례 총회 및 호주기록전문가사회의 컨퍼런스를 포함한 회의를 개최한다.
- CAARA의 주요 관심사는 정부 간 및 정부와 사기업 간의 전달기능 관련 기록관리에 있다. 또한 저작권에 관한 법규에 대한 검토, 행정기록으로의 접근 등도 CAARA의 주요 관심영역이다.
- CAARA는 호주 및 뉴질랜드의 정부기록관 및 기록기관의 중심기관으로서 활동한다.

② 정보원

1) 정보원배포정책

본 협의회는 'Archival Statistics'를 통해서 호주기록관협의회(ACA: Australian Council of Archives) 또는 CAARA가 매년마다 시행하는 기록관리 프로그램에 대한 조사(survey)의 결과를 제공하고 있으며, 홈페이지에서 무료 열람이 가능하다. 'Publications'란에서는 CAARA의 출판물이 제공되고 있으며, 'Links'란을 통해 관련 기구 등의 홈페이지로 링크가 제공된다.

2) 기록통계(Archival Statistics)

CAARA 통계자료는 2005년에서 2000년까지, ACA 통계자료는 1999년에서 1996년까지 홈페이지에서 제공하고 있어 무료로 열람할 수 있다.

3) 출판물(Publications)

- *Digital Archiving in the 21st Century*
- *The Management of Electronic Records*
- *Child Migrants: Accessing Records held by Commonwealth and State Archives*
- *This Guide was Developed and is maintained by the Reference and Public Access Working*

4) 링크(Links)

(1) 기록관 디렉터리 및 포털사이트(Archives directories and portal sites)

- Documenting a Democracy: Australia's Story
  홈페이지: http://foundingdocs.gov.au
- Directory of Archives in Australia(Australian Society of Archivists)
  홈페이지: http://www.archivists.org.au/directory-of-archives
- Archives of Australia(Archives of Australia)
  홈페이지: http://www.archivenet.gov.au/archives.html
- New Zealand National Register of Archives and Manuscripts(Archives New Zealand)
  홈페이지: http://www.nram.org.nz
- Register of Australian Archives & Manuscripts(National Library of Australia)
  홈페이지: http://www.nla.gov.au/ms

- Picture Australia(National Library of Australia)

  홈페이지: http://www.pictureaustralia.org
- Bright Sparcs(Australian Science and Technology Heritage Centre)

  홈페이지: http://www.austehc.unimelb.edu.au
- International Archives(Archives of Australia)

  홈페이지: http://www.archivenet.gov.au/archives/archives_inter.htm
- UNESCO Archives Portal

  홈페이지: http://www.unesco.org/webworld/portal_archives/

(2) 전문협회(Professional associations)

- Australian Society of Archivists Inc.

  홈페이지: http://www.archivists.org.au
- Records Management Association of Australia

  홈페이지: http://www.rmaa.com.au
- International Council on Archives

  홈페이지: http://www.ica.org

(3) 호주 및 뉴질랜드 연방·주·지방 기록관(Federal, State and Territory archives in Australia and New Zealand)

- ADRI(Australians Digital Record keeping Initiative)

  홈페이지: http://www.adri.gov.au
- Archives New Zealand

  홈페이지: http://www.archives.govt.nz/index.php
- National Archives of Australia

  홈페이지: http://www.naa.gov.au
- State Records Authority of New South Wales

홈페이지: http://www.records.nsw.gov.au/staterecords
- Northern Territory Archives Service

  홈페이지: http://www.nt.gov.au/nreta/ntas
- Queensland State Archives

  홈페이지: http://www.archives.qld.gov.au
- State Records of South Australia

  홈페이지: http://www.records.nsw.gov.au/staterecords
- Archives Office of Tasmania

  홈페이지: http://www.archives.tas.gov.au
- Public Record Office Victoria

  홈페이지: http://www.prov.vic.gov.au
- State Records Office of Western Australia

  홈페이지: http://www.sro.wa.gov.au

RMAA

Records Management Association of Australia

호주기록관리협회

① 기구

1) 소재사항

소재국가 호주

주   소 GPO Box 1059, Brisbane, QLD 4001 Australia

전   화 +61 7 3210 2171
팩   스 +61 7 3210 1313
전자우편 admin@rmaa.com.au
홈페이지 http://www.rmaa.com.au

2) 성격

호주기록관리협회(RMAA)는 기록관의 유지 및 근본적인 파괴에 대한 기록관리를 담당하는 전문협회이다.

3) 설립목적

① 회원 간 서로를 동등하게 존중
② 직업개발을 위한 기회로서의 회원 수용
③ 다른 회원들로부터의 정보(input) 수용 및 적극적인 정보검색
④ 효과적이고 열린 커뮤니케이션
⑤ 창의, 혁신, 모범사례 장려
⑥ 존중, 성실, 직업정신을 기반으로 한 업무수행
⑦ 서로의 지식 공유

4) 사명

회원들의 기술과 경험을 개발하기 위한 기록관리의 전문성 고취를 주요 사명으로 한다.

5) 조직

RMAA는 오스트레일리아 수도 특별지역(Australian Capital Territory), 뉴사우

스웨일스(New South Wales), 퀸즐랜드(Queensland), 사우스오스트레일리아(South Australia), 태즈메이니아(Tasmania), 웨스턴오스트레일리아(Western Australia), 빅토리아(Victoria), 뉴질랜드(New Zealand)와 같은 지부(branches)로 구성되어 있다.

6) 회원

기록관리 서비스에 관심이 있는 개인이나 기구는 누구나 RMAA의 회원이 될 수 있다.

7) 주요사업

RMAA 네트워크는 호주 전역에 걸쳐서 많은 분야의 서비스를 회원들에게 제공하고 있다. 기록관리 기준개발에의 참여부터 기록관리 이슈에 대한 옹호에 이르기까지 다양한 서비스가 제공된다.

② 정보원

1) 정보원배포정책

본 협회는 'Library'란을 통해서 분야별로 분류하여 방대한 양의 기록 및 기록관리 관련 정보를 제공하고 있다.

2) 온라인도서관(Online Library)

다음과 같이 분야별로 구분하여 관련 정보를 제공하고 있다.

- NSW FOI Manual
- Business of Writing Newsletter
- Records Management at the Movies
- Archives New Zealand Library Catalogue
- Conservation & Preservation
- Archives Management
- Records Management
- Archival Theory & History
- Archives from the Perspective of Other Academic Disciplines
- EDRMS Review: UK National Archives
- EDRMS Review: US Department of Defense
- NAA: Functional Specifications for ERMS Software
- RIM Interview Questions
- Thesaurus Plus
- Records Management
- Sample Personal Continuity Plan
- Sample Business Continuity Plan
- Document Naming Convention
- Business Rule for Managing Email
- Records Management Procedure Manual/Induction Booklet for all Staff at SWEK
- QLD Branch Local Government Chapter Records Survey Summary 2001
- Records Management Key Performance Indicators
- Records Management in Western Australia Benchmark survey Précis of Findings
- Records Management in Western Australia Benchmark Report

- Functional Requirements for EDMS
- MoReq(Management of Electronic Records)

2.2 중국

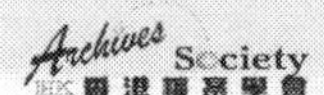

HKAS
Hong Kong Archives Society
홍콩기록협회

1 기구

1) 소재사항

소재국가 중국
주   소 Post Office Box 8374, General Post Office, Hong Kong
전자우편 info@archives.org.hk
홈페이지 http://www.archives.org.hk

2) 성격

홍콩기록협회(HKAS)는 홍콩 지역 내의 기록관리와 기록보존 관련 질 향상과
기록전문가와 이용자 간의 상호 커뮤니케이션에 종사하는 전문협회이다.

3) 설립연혁

홍콩기록협회(HKAS)는 홍콩 내 기록 및 기록관리 관련 전문협회로서 1999년 1월에 설립되었다.

4) 설립목적

① 홍콩기록관들의 기록관리와 보존에 대한 실제에 있어서의 질 향상
② 기록전문가와 기록관 이용자 간의 커뮤니케이션 촉진
③ 기록의 가치에 대한 커뮤니티의 인식과 이해 증진

5) 조직

운영위원회(Executive Committee)는 HKAS의 제2의 권위를 갖고 있으며, 총회에서 승인된 프로그램을 수행한다. 운영위원회는 총회에서 선출되는데, 기본회원(Basic Members)과 기관회원(Institutional Members)이 선출하도록 되어 있다.

6) 회원

(1) 기본회원(Basic Member)

기록관 및 기록관리에 관한 업무경력이 2년 이상 된 지역 기록관 행정담당자로 구성된다.

(2) 일반회원(General Member)

홍콩의 역사나 기록관련 직업에 관심이 있으며, 기본회원 2인 이상의 추천이 있으면 일반회원으로 활동할 수 있다.

(3) 기관회원(Institutional Member)

기록 및 기록관 행정과 관련된 기관들로 구성된다.

(4) 명예회원(Honorary Member)

HKAS에 기여를 했거나 또는 총회에서 ⅔ 이상의 표를 얻은 회원으로 구
성된다.

② 정보원

1) 정보원배포정책

본 협회는 'Recommended Books'란에서 HKAS의 대표 출판물을 제공하고 있
다. 또한 'Useful Links'란을 통해 관련 기구 등 홈페이지로의 링크를 제공하
고 있다.

2) 추천도서(Recommended Books)

- *Developing and Maintaining Practical Archives: A How−to−do−it Manual*
- *Chinese Books and Documents in the Jesuit Archives in Rome: A Descriptive Catalogue*

3) 링크(Useful Links)

(1) 회원 홈페이지

- Government Records Service of Hong Kong

　　홈페이지: http://www.grs.gov.hk/ws/english/index.htm
- Hong Kong Catholic Diocesan Archives
　　홈페이지: http://archives.catholic.org.hk
- Tung Wah Group of Hospitals
　　홈페이지: http://www.tungwah.org.hk
- Po Leung Kuk(保良局)
　　홈페이지: http://www.poleungkuk.org.hk
- Hong Kong Baptist University Library
　　홈페이지: http://www.hkbu.edu.hk/lib

(2) 관련 기구

- Archives on the Web
　　홈페이지: http://www.archives.org.hk/website.html
- Conservation Online
　　홈페이지: http://palimpsest.stanford.edu
- European Archival Network
　　홈페이지: http://www.european－archival.net
- Preserving Your Church Archives: Workshop 2000
　　홈페이지: http://www.wheaton.edu/bgc/archives/chaw.htm
- Studies in Archives & Records Management, University College London
　　홈페이지: http://www.ucl.ac.uk/~uczcw09/arm.htm
- Royal Asiatic Society Hong Kong Branch
　　홈페이지: http://www.royalasiaticsociety.org.hk

SAAC
The State Archives Administration of the People's Republic of China
中華人民共和國國家檔案局
중화인민공화국당안국

① 기구

1) 소재사항

소재국가　중국

주　　소　中國 北京市西城区丰盛胡同21号 邮编: 100032

전　　화　＋10 6617 6354

전자우편　dajwebmaster@china.com.cn

홈페이지　http://www.saac.gov.cn/

2) 성격

중화인민공화국당안국(SAAC)은 중국 국무원(國務院) 직속의 국가기록물관리 사업을 주관하는 최고행정관리기구이다. 이후 중앙당안관과 합병되어 전국 기록물관리사업 관련 행정기구와 중앙의 기록물 보관 및 이용의 두 기능을 수행하고 있다. 따라서 일명 '국가당안국중앙당안관(國家檔案局中央檔案館)'으로도 불리며, 관련 활동도 동시에 수행하고 있다.

3) 설립연혁

1953년 9월 8일 중앙사무청비서처(中央辦公廳秘書處)에서 당·정·군 각 계통에 기록관리사업 지도기구의 설치를 제안하였다. 1955년 11월 '국가당안국 조직간칙' 규정에 따라 국무원 직속의 중국의 국가기록물관리사업을 주관하는 최고의 행정기구로 탄생하였다. 1993년 12월 국가기록관인 중앙당안관(中央檔案館)과 하나의 기구로 합병되었다.

4) 설립목적

국가기록물의 통일관리라는 기본적인 원칙하에 다음과 같은 목적을 두고 있다.
① 국가급 기록물관리기구의 건립기획, 건설계획 및 지도
② 국가기록물의 보존가치 및 보관기한표준의 연구 및 심사
③ 국가기록물의 파괴문제 관련 감독 및 심의

5) 조직

국가당안국과 중앙당안관의 합병기구로서 1인의 국장(겸 관장)과 4인의 부국장(겸 부관장)으로 구성되어 있다.

6) 주요 임무

① 전국 기록사업에 대한 통일적 계획 및 관리 사업을 실시한다.
② 당(黨)과 국가 중앙기관의 중요 기록자료를 통일적으로 관리하고, 당과 국가기밀을 지키며, 기록의 완전한 유지, 기록자료의 안전을 확보한다.
③ 당과 국가중앙기관의 중요 기록자료를 접수·수집·정리·보관하고, 기록 업무의 과학적 관리와 현대적 건설을 추진하며, 기록 편연(編研) 출판업무를 수행하고 사회이용에 제공한다. 국외에 흩어진 중국 기록자료와 중국

관련 기록문서와 사료를 수집한다.

④ 기록관리전문가 구축 계획을 제정하고 기록전문교육과 기록전문간부 양성 사업을 조직한다. 기록전문기술 직무 평가 관련 업무를 책임진다.

⑥ 당 중앙과 국무원(國务院) 상호교류의 관련 사무를 완성한다.

7) 주요사업

'중국 기록문헌유산사업(中國檔案文献遺産工程, 이하 약칭 유산사업'으로 중국 기록문헌 유산의 확정, 보호, 관리 및 이용에 대한 계획 및 조치를 이른다. 1996년 국가당안국이 '세계기억사업중국위원회'를 조직하고, 국가당안국 부국장, 중앙당안국 부관장으로 5인의 위원회를 선출하여 위험에 놓인 중국의 기록문헌유산 조사를 실시하였다. 국가당안국은 2000년 정식으로 '유산사업'을 시작, 동시에 '유산사업' 과제팀을 설립하고 연구를 시작, '중국기록문헌유산사업총계획(中國檔案文献遺産工程總計劃)' 원고를 작성하였다. 2001년 5월 '유산사업'을 전면적으로 전개하기 위하여 북경에서 '세계기억사업' 및 '중국기록문헌유산사업' 좌담회를 개최하였고, 이를 통하여 '중국기록문헌유산사업총계획'을 통고, 전국적으로 보고토록 시작하였다. 2002년 8월 '중국기록문헌유산사업' 국가자문위원회심의회를 조직하고 48건의 기록문헌으로 첫 번째의 '중국기록문헌유산명록(中國檔案文献遺産名錄)'을 평가하여 통과시켰고, 두 번째는 2002년 7월에 시작하였다.

8) 주요 관련 기구

- 중국제일역사당안관(中國第一歷史檔案館)
  홈페이지: http://www.lsdag.com
- 중국제이역사당안관(中國第二歷史檔案館)
  홈페이지: http://www.shac.net.cn

- 중국당안보사(中國檔案報社, 중국당안정보네트워크(中國檔案資訊網))
  홈페이지: http://www.zgdazxw.com.cn
- 중국당안출판사(中國檔案出版社)
- 당안과학기술연구소(檔案科學技術研究所)
  홈페이지: http://www.saac.gov.cn/yqlj/txt/2005－05/25/content_79311.htm
- 중국당안잡지사(中國檔案雜志社)
- 중국당안학회(中國檔案學會; WDJJ, 계속교육원지(繼續敎育園地))
  홈페이지: http://www.wdjj.cn

② 정보원

1) 정보원배포정책

중국의 대표적 국가기구인 본 당안국은 '정책법규' 부분에서 중국의 주요 기록 및 기록관리 관련 법률(중국어, 영어), 규장, 표준 등의 원문을 제공하고 있다. '당안문적(檔案文摘)'란을 통하여 국가당안국 홈페이지에서 편집한 주요 기록물관련 기록의 원문을 제공하고 있다. '정기간행물'은 각 호별 기사의 목록을 소개하고 있으며, '다운로드센터(下載中心)'에시 중국의 각종 목록이니 규범 등을 무료로 다운로드할 수 있다.

2) 정책법규

(1) 법률

- *중화인민공화국당안법(中華人民共和國檔案法)*
- *당안법(檔案法)*(영어)
- *중화인민공화국당안시행규칙(中華人民共和國檔案法實施辦法)*

(2) 규장

- *당안행정허가절차규정*(檔案行政許可程序規定)
- *국유기업문서재료당안화시행법*(國有企業文件材料歸檔辦法)
- *전자공문당안화관리임시시행법*(電子公文歸檔管理暫行辦法)
- *예술당안관리시행법*(藝術檔案管理辦法)
- *기업당안관리규정*(企業檔案管理規定)
- *중대건설항목검수시행법*(重大建設項目檔案驗收辦法)
- *국방과기공업고정자산투자항목검수시행법*(國防科技工業固定資産投資項目檔案驗收辦法)

(3) 표준

- *당안업무업종표준목록*(檔案工作行業標準目錄)
- *당안업무국가표준목록*(檔案工作國家標準目錄)

3) 당안문적(檔案文摘)

국가당안국 홈페이지에서 편집한 주요 기록물과 발표시간은 다음과 같다. 2008년 1월 현재 2007년 12월 31일의 기록을 제공하고 있다.

- *古代诗人的"雅称"*(2007年12月31日)
- *鲁迅与"大内档案"*(2007年12月31日)
- *要做就要做得最好: 记金华市金东區源东乡政府档案员张明忠*(2007年12月31日)
- *从银行小學徒到档案學导师—我所认识的吴寶康教授*(2007年12月31日)

4) 다운로드센터(下載中心)

- *2007년제1호현행유효규장목록고*(公告2007年第1号现行有效规章目录)

- ***2007년제1호폐지규장목록공고(公告2007年第1号废止规章目录)***
- ***중대건설항목기록수집법(重大建设项目档案验收办法)***
- ***마이크로폼기록디지털화기술규범(缩微胶片档案数字化技术规范)***(의견수렴본)
- ***기업기록업무규범(企业档案工作规范)***(의견수렴본)

5) 정기간행물(雜志)

정기간행물로서 中國檔案이라는 표제하에 '2007년 총목록(1)'에서 '2007년총목록(4)'까지의 기사의 색인을 홈페이지에 제공하고 있다.

6) 당안출판새소식(檔案出版新訊)

현재 중국당안출판사의 2008년 출판계획을 제공하고 있다.

檔案科學技術研究所
당안과학기술연구소

① 기구

1) 소재사항

소재국가　중국

전　　화　+10 6617 6354

전자우편　dajwebmaster@china.com.cn

홈페이지　http://www.saac.gov.cn/yqlj/txt/2005－05/25/content_79311.htm

2) 성격

국가당안국당안과학기술연구소는 중국의 국가당안국 직속의 기록 및 기록관리 관련 과학연구기구이다.

3) 임무

기본임무는 기록업무의 실제인 기록보호기술, 보수기술, 마이크로기술, 현대화 관리기술, 그리고 기록표준화 등의 연구를 수행한다.

4) 조직

① 구성

사무실, 과기처, 향정처, 기술개발부로 구성되어 있다.

② 인적자원

2002년 말 현재 36명으로 연구원, 부연구원, 고급기사 10인, 기사, 사서 7인, 보조기사, 보조사서, 보조회계사 10인, 기타 9인으로 구성되어 있다.

③ 실험실

현재 생물실험실, 화학실험실, 종이실험실, 물리실험실을 갖추고 있다.

5) 주요사업

다음과 같은 사업을 수행한다.

① 주요 기록관련 과학연구 분야

② 기록보호기술 분야

③ 기록업무표준화 분야

④ 기록마이크로폼촬영기술 분야

⑤ 기록컴퓨터관리 분야

② 정보원

1) 정보원배포정책

본 연구소에서 출판 발행하는 각종 출판물과 표준 및 보고자료의 검색을 위하여 홈페이지의 '출판물과 표준자료', '과학연구보고서'란에서 관련 보고서의 목록을 제공하고 있다.

2) 출판물과 표준자료

- 중국기록주제명표(中國檔案主題詞表)
- 기록보호기술실용메뉴얼(檔案保護技術實用手冊)
- 기록마이크로폼촬영기술응용메뉴얼(檔案縮微攝影技術應用手冊)
- 기록컴퓨터관리실용메뉴얼(檔案計算機管理實用手冊)
- 전자문서와전자기록관리개론(電子文件歸檔與与電子檔案管理概論)
- 기록관건축설계규범(檔案館建築設計規範)
- 기록정보화건설도론(檔案信息化建設導論)
- 기록관건축과설비(檔案館建築與設備)

3) 과학연구보고서

- 지능적온습도순환과연동컨트롤스템(智能溫濕度巡檢和聯動控制系統)
- 종이산도무손상시험(紙張酸度無損測試筆)
- 과이2000기록관리시스템(科怡2000檔案管理系統)
- **CAD**전자문서CD화및기록관리시스템(**CAD**電子文件光盤歸檔與檔案管理系統)
- 제진식정리업무대(除塵式整理工作臺)

2.3 필리핀

SEAPAVAA
Southeast Asia – Pacific Audio Visual Archives Association
동남아시아및태평양시청각기록협회

① 기구

1) 소재사항

소재국가　필리핀

주　　소　MIS Division, Philippine Information Agency, Ground Floor, PIA Bldg., Visayas Ave., Diliman, Quezon City, Philippines 1100 Philippine

전　　화　+63 2 920 4395

전자우편　seapavaa@yahoo.com

홈페이지　http://www.seapavaa.org

2) 성격

동남아시아및태평양시청각기록협회(SEAPAVAA)는　동남아시아　국가들(ASEAN 회원국)과 호주 및 뉴질랜드, 그리고 태평양 섬들(미크로네시아, 멜라네시아, 폴리네시아)의 시청각 기록개발에 관심이 있는 기구 및 개인들로 구성된 협회이다.

3) 설립연혁

동남아시아 및 태평양 지역 국가들이 상호 협력하여 시청각 기록 개발을 증진하기 위하여 1996년에 형성되었다.

4) 설립목적

① 국가, 지역, 국제적인 시청각 기록의 개발 및 인식 촉진
② 연구, 교육, 기술전환, 그 외의 다른 방법들을 통한 시청각 습득, 관리, 보존, 규정접근에 관한 국가역량 강화
③ 공통이슈 및 관심사에 관한 기술연구 및 프로젝트 시행
④ 지역에 걸친 표준, 방법, 과정 설립
⑤ 지식, 기술, 서비스, 자원, 경험 등의 공유를 포함한 커뮤니케이션과 공동지원 장려
⑥ 시청각 기록전문가의 전문적 개발 및 인식 증진
⑦ 국제적 인식 및 지원을 위한 관련 국제기구와의 협력

5) 조직

다음과 같은 위원회로 구성되어 있다.

(1) 운영협의회(Executive Committee)

운영협의회(EC)는 협회의 운영 및 관리를 맡는다. 총회에서 투표를 통해 선출된 8인으로 구성된다.

(2) 수집, 촉진, 접근위원회(Collection, Promotion and Access Committee)

SEAPAVAA의 중앙연락의 기능을 수행하며, 수집개발과 관리 및 지역 내 기록관 촉진에 관한 문의에 대한 업무를 수행한다.

(3) 기술위원회(Technical Committee)

시청각자료의 보존 및 관련기술에 관한 업무를 담당한다.

(4) 교육 및 장학금 위원회(Training and Scholarship Committee)

실제적인 교육 및 전문성 개발을 담당한다.

(5) 개발위원회(Development Committee)

SEAPAVAA의 기록커뮤니티의 장기 전략을 수행하고 개발 과정을 담당한다.

(6) 시상위원회(Awards and Prizes Committee)

SEAPAVAA와 관련한 기여자들에 대한 시상을 담당한다.

6) 회원

이 협회는 정규회원 및 비정규회원을 구분하여 운영한다.
- 정규개인회원은 총회에서 투표권을 행사할 수 있다.
- 비정규회원은 정규회원이 아닌 기구 및 개인들로 구성된다.

7) 주요사업

SEAPAVAA는 워크숍 등을 통한 전문교육 및 컨퍼런스 개최, 출판사업을 수행한다.

8) 프로젝트

SEAPAVAA의 지역은 시청각기록에 대한 기술 및 지식에 대한 절대적인 필요성이 요구되고 있다. 따라서 이 협회는 다음과 같은 프로젝트를 수행한다.

(1) 기술개발(Skills Development)

① 여름학교

여름학교 동안 국제그룹이 한자리에 모이게 한다. 약 20명의 학생들이 3주에서 4주간의 기간 동안 집중적인 교육을 받게 된다.

② 여행워크숍(Traveling Workshops)

여행워크숍은 여름학교와 반대의 개념으로 운영된다. 참여자가 아닌 교육자들이 중심이 되어 한 가지 테마를 가지고 국가를 돌아다니면서 한 주 동안의 워크숍을 시행하게 된다. 2인의 중심구성원과 50인의 참가자들로 구성된다.

(2) 송환지원(Repatriation Assistance)

'라오스로의 베트남 송환과 지원(Vietnam Repatriation and Assistance to Laos)'을 이른다. 베트남영화연구소(The Vietnam Film Institute)는 지식 및 적합한 보존 장소가 없어서 라오스에서는 보관하지 못하고 있는 1,300종의 라오스영화필름을 소유하고 있다. 라오스국가영화기록관(Lao National Film Archive)이 이러한 영화필름을 습득하기 위한 기술을 개발하여 공식적인 송환절차에 따라 이 영화필름들이 본국으로 송환되도록 하였다. 현재 베트남은 라오스가 이 영화필름들을 보존할 수 있는 장치 및 기술을 돕고 있다.

(3) 정보로의 접근

• 영화 및 TV 제작물 ASEAN 카탈로그(ASEAN Catalog of Film and TV Productions)

② 정보원

1) 정보원배포정책

본 기구의 보도자료는 'News'란에서 제공하고 있으며, 'Publications'란에서는
SEAPAVAA의 출판물을 탑재하여 무료로 열람할 수 있도록 제공하고 있다.
또한 아시아·태평양 지역의 유용한 관련 기구 등의 홈페이지는 'Links'란에
서 바로 이동되도록 제공하고 있다.

2) 보도자료(News Archives)

- Ray Edmondson. *Unesco "Memory of the World" Project Advances in Asia Pacific Region.*
- *SEAPAVAA Committees Invite Membership*
- *CCAAA to Assist Repatriation of Lost Films*
- *New ed. of Philosophy of AV Archiving Now Online, also in French and Spanish versions*
- *AFC Confirms Support to SEAPAVAA*
- *Update on the Australian National Memory of the World Register*

3) 출판물(Publications)

- *Basic Manual on Setting: Up an Archive*
- *Film Preservation Handbook*
- *Film in Southeast Asia: Views from the Region*
- *The Southeast Asia: Pacific AV Archives Bulletin*
- *Lost Films of Asia*

4) 링크(Links)

- Asian Cultural Council

  홈페이지: http://www.asianculturalcouncil.org

- AMIA(Association of Moving Image Archivists)

  홈페이지: http://www.amianet.org

- ASEAN(Association of Southeast Asian Nations)

  홈페이지: http://www.aseansec.org

- ASEAN Culture and Information

  홈페이지: http://www.asean－infoculture.org

- Audiovisual Archiving: Philosophy and Principles

  홈페이지: http://portal.unesco.org/ci/en/ev.php－URL_ID＝15592&URL_DO
  ＝DO_TOPIC&URL_SECTION＝201.html

- Australian Film Commission

  홈페이지: http://www.afc.gov.au

- Australian Memory of the World Register

  홈페이지: http://www.awm.org.au

- CCAAA(Coordinating Council of Audiovisual Archives Associations)

  홈페이지: http://www.ccaaa.org

- Film Museum of Berlin

  홈페이지: http://www.filmmuseum－berlin.de

- Imperial War Museum Sound Archive

  홈페이지: http://collections.iwm.org.uk/server/show/nav.00g007

- IMAP(Independent Media Arts Preservation, Inc.)

  홈페이지: http://www.imappreserve.org

- IASA(International Association of Sound and Audiovisual Archives)

  홈페이지: http://www.iasa－web.org/pages/00homepage.htm

- ICA(International Council on Archives)
  홈페이지: http://www.ica.org
- FIAF(International Federation of Film Archives)
  홈페이지: http://www.fiafnet.org
- IFLA(International Federation of Library Associations and Institutions)
  홈페이지: http://www.ifla.org
- FIAT/IFTA(International Federation of Television Archives)
  홈페이지: http://www.fiatifta.org/cont/index.aspx
- L. Jeffrey Selznick School of Film Preservation
  홈페이지: http://selznickschool.eastmanhouse.org
- MIC(Moving Image Collections)
  홈페이지: http://mic.imtc.gatech.edu
- National Film Board Canada
  홈페이지: http://www.nfb.ca/splash/splash.php
- MIAP(New Your University Moving Image Archiving and Preservation) Graduate Program
  홈페이지: http://www.nyu.edu/tisch/preservation
- NYU Moving Image Related Resources
  홈페이지: http://www.nyu.edu/tisch/preservation/program/resources/orgs－list.html
- PARADISEC Collection
  홈페이지: http://paradisec.org.au
- RTICO
  홈페이지: http://www.rtico.com
- UCLA Film and Television Archive's Cataloging Procedure Manual
  홈페이지: http://www.cinema.ucla.edu/CPM%20Voyager/CPMV00TofC.html
- UNESCO(United Nations Educational, Scientific and Cultural Organization)

홈페이지: http://www.unesco.org
- UNESCO's Memory of the World Register
  홈페이지: http://portal.unesco.org/ci/en/ev.php－URL_ID＝1538&URL_DO＝DO_TOPIC&URL_SECTION＝201.html
- Video Aids for Film Preservation
  홈페이지: http://www.folkstreams.net/vafp
- Vision TV Canada
  홈페이지: http://www.visiontv.ca

2.4 일본

JSAI

The Japan Society of Archives Institutions

全國歷史料保存利用機關連絡協議會

전국역사자료보존이용기관연락협의회

① 기구

1) 소재사항

소재국가　일본

전자우편　info@jsai.jp

홈페이지　http://www.jsai.jp

2) 성격

전국역사자료보존이용기관연락협의회(全國歷史資料保存利用機關連絡協議會)는 일본의 문서기록을 중심으로 기록사료를 보존하고 이용에 공헌하는 전국적 차원의 단체이다. 이에 대한 약칭은 '전사료협(全史料協)'이다.

3) 설립연혁

이는 1976년(昭和 51년)에 발족하였다. 이후 1988년의 '공문서관법(公文書館法)' 시행을 계기로 일본은 문서관운동이 본격화되었고, 이에 본 협회는 문서기록을 중심으로 기록사료를 보존하고 이용토록 관련 활동을 전개하게 되었다.

4) 설립목적

전사료협은 회원 상호간의 연락을 중계하고 연구협의를 통하여 기록사료의 보존 및 이용활동 진흥에 기여함을 목적으로 한다.

5) 조직

전사료협의 기구는 다음과 같은 위원회 등으로 구성되어 있다.
- 총무위원회(總務委員會)
- 대회기획위원회(大會企劃委員會)
- 연수및연구위원회(研修·研究委員會)
- 편집및출판위원회(編集·出版委員會)
- 전문직문제위원회(專門職問題委員會)
- 자료보존위원회(資料保存委員會)
- 관동부회(關東部會)
- 근기부회(近畿部會)

6) 회원

이는 기관회원, 개인회원, 준회원, 역원회(役員會) 등으로 구성된 전국적 단체
이다.

① 기관회원은 역사자료를 보존 및 이용토록 봉사하는 기관인 문서관, 공문서
관, 도서관, 역사자료관, 대학자료실 등을 대상으로 한다.

② 개인회원은 상술한 기관에 근무하며 사료를 보존하여 이용에 제공토록 힘
쓰는 개인을 대상으로 한다.

③ 준회원은 본 기구의 목적에 찬성하는 사람을 대상으로 한다.

7) 주요사업

(1) 전국대회

1년에 한 번 전국의 회원을 대상으로 연구회, 총회, 친목회를 개최한다.

(2) 지역부회(地域部會)

지역별로 월례연구회 등을 통하여 연구기금을 모은다.

(3) 관동부회 및 근기부회(關東部會 · 近畿部會)

(4) 위원회(委員會)

이는 6개의 위원회로 구성되어 있으며, 다음과 같은 사업을 수행한다.

• 총무위원회(總務委員會)
위원회의 운영, 공문서관법의 제정정비 등을 검토한다. 국제아카이브스협
의회(ICA)의 일원으로 국제교류활동에 참가한다.

• 대회기획위원회(大會企畫委員會)

매년 1회 개최되는 전국대회를 기획·운영한다.

- 연수및연구위원회(研修·研究委員會)

  회원의 자질, 지식, 기술 제고를 위한 연수회를 개최한다.

- 편집및출판위원회(編集·出版委員會)

  회지인 記錄と史料와 회보 등을 출판한다.

- 전문직문제위원회(專門職問題委員會)

  전문직 제도에 관한 검토를 수행한다.

- 자료보존위원회(資料保存委員會)

  자료보존이용기관의 본과 방재대책에 대하여 연구한다.

(5) 역원회(役員會)

연 3회 정도 개최하여 협의를 수행한다.

(6) 전사료협사무국(全史料協事務局)

본회의 사무를 총괄한다.

8) 국제교류

전사료협은 문서관 관련 기관으로서 세계적인 단체인 국제아카이브스협의회
(ICA)의 동아시아지역지부(EASTICA)에 가입하여 국제교류에 노력하고 있다.

9) 회원기관

이는 일본의 전국적인 사료기관 연락 협의회로서 각 회원기관의 소재사항(우
편번호, 주소, 전화번호)과 홈페이지는 다음과 같다. 이는 일본의 기록 및 기록
관련 기구에 대한 유용한 명부 정보원이기도 하다.

(1) 北海島

- 北海道立文書館

  소재사항: 060－8588　札幌市中央區北三條西6丁目　011－231－4111

  홈페이지: http://www.pref.hokkaido.jp/soumu/sm－monjy/welcome.html

- 札幌市總務局行政部文化資料室

  소재사항: 064－0808　札幌市中央區南8條西2丁目札幌市文化資料室

  011－521－0205

(2) 靑森縣

- 靑森縣環境生活部縣民生活文化課縣史編さんグループ

  소재사항: 030－8570　靑森市長島1－1－1　017－734－9239

  홈페이지: http://www.pref.aomori.lg.jp/info/history

- 靑森市市民文化部生涯學習課市史編さん室

  소재사항: 030－0813　靑森縣靑森市松原2－1－3旧市民圖書館內

  017－732－5271

- 八戶市立圖書館市史編纂室

  소재사항: 031－0022　八戶市糠塚字下道2－1　0178－73－3234

(3) 宮城縣

- 宮城縣公文書館

  소재사항: 983－0851　仙台市宮城野區榴ヶ岡5　022－791－9333

  홈페이지: http://www.pref.miyagi.jp/koubun

- 仙台市博物館市史編さん室

  재사항: 980－0862　仙台市靑葉區川內26　022－225－0814

  홈페이지: http://www.city.sendai.jp/kyouiku/museum/index.html

- 宮城學院資料室

  소재사항: 981－8557　仙台市靑葉區樓ケ丘9－1－1　022－279－1311

  홈페이지: http://www.mgu.ac.jp/shiryoshitsu

(4) 秋田縣

- 秋田縣公文書館

  소재사항: 010－0952　秋田市山王新町14－31　018－866－8301

  홈페이지: http://arcs.apl.pref.akita.jp

- 能代市敎育委員會生涯學習課

  소재사항: 016－8501　能代市上町1－3(資料室あて)　0185－89－2119

- 橫手市史編さん室

  소재사항: 013－0037　橫手市前鄕二番町8－7　0182－35－5722

  홈페이지: http://www.yhk.yokote.akita.jp/yokote/1－yokotehatu/2－rekishi-
  　　　　　　/hensan.html

- 秋田縣大仙市敎育委員會文化財保護課

  소재사항: 014－0805　秋田縣大仙市高梨字田茂木10番　0187－63－8972

(5) 福島縣

- 福島縣歷史資料館

  소재사항: 960－8116　福島市春日町5－54　024－534－9193

  홈페이지: http://www.history－archives.fks.ed.jp

(6) 茨城縣

- 茨城縣立歷史館

  소재사항: 310－0034　水戶市綠町2－1－15　0292－25－4425

　홈페이지: http://www.rekishikan.museum.ibk.ed.jp
- 日立市鄕土博物館
　소재사항: 317－0055　日立市宮田町5－2－22　0294－23－3231
　홈페이지: http://www2.ocn.ne.jp/~gan_1999
- 古河市立三和資料館
　소재사항: 306－0125　茨城縣古河市仁連2042－1　0280－75－1511
　홈페이지: http://www.library.ne.jp/isanwa

(7) 栃木縣

- 栃木縣立文書館
　소재사항: 320－8501　宇都宮市塙田1－1－20　028－623－3451
　홈페이지: http://www.pref.tochigi.jp/soumu/link/monjokan
- 二宮町史編さん室
　소재사항: 321－4521　栃木縣芳賀郡二宮町久下田719　0285－73－1085
- 芳賀町生涯學習課
　소재사항: 321－3316　栃木縣芳賀郡芳賀町大字興能1514－2
　028－678－0524
- 小山市文書館
　소재사항: 323－0031　栃木縣小山市八幡町2－4－24　0285－25－7222
　홈페이지: http://monjyokan.city.oyama.tochigi.jp

(8) 群馬縣

- 群馬縣立文書館
　소재사항: 371－0801　前橋市文京町3－27－26　027－221－234
　홈페이지: http://www.archives.pref.gunma.jp

312

(9) 埼玉縣

- 埼玉縣立文書館
  소재사항: 330－0063　さいたま市浦和區高砂4－3－18　048－865－0112
  홈페이지: http://www.pref.saitama.jp/A20/BA18/index1.html
- さいたま市總務局總務部市政情報課史料擔當
  소재사항: 330－9588　さいたま市浦和區常盤6－4－4　048－829－1120
- 所澤市敎育總務部文化財保護課史料擔當
  소재사항: 359－0042　所澤市並木1－1－1　042－998－9253
- 戶田市立鄕土博物館
  소재사항: 335－0021　戶田市新曾1707　048－441－1800
  홈페이지: http://www.city.toda.saitama.jp/sosiki/kyoikuiinkai/hakubutuindex.html
- 三鄕市總務部庶務課市史史料係
  소재사항: 341－8501　三鄕市花和田648－1　048－953－1111

(10) 千葉縣

- 千葉縣文書館
  소재사항: 260－0013　千葉市中央區中央4－15－7　043－227－7551
  홈페이지: http://www.pref.chiba.jp/bunsyokan/index.html
- 千葉市立鄕土博物館市史編さん擔當
  소재사항: 260－0856　千葉市中央區亥鼻1－6－1　043－222－8231
  홈페이지: http://www.city.chiba.jp/education/edu/kyodo
- 浦安市鄕土博物館
  소재사항: 279－0004　浦安市猫實1－2－7　047－305－4300
  홈페이지: http://kyoiku.city.urayasu.chiba.jp/hakubutukan/index.html
- 成田市立圖書館

소재사항: 286-0017 成田市赤坂1-1-3 0476-27-4646
홈페이지: http://www.library.narita.chiba.jp
- 松戶市立博物館
  소재사항: 270-2252 松戶市千馱堀671 047-384-8181
  홈페이지: http://www2.city.matsudo.chiba.jp/m_muse
- 榮町敎育委員會敎育政策室歷史文化遺産擔當
  소재사항: 270-1592 印旛郡榮町安食台1-2 0476-95-1111
- (財)千葉縣史料硏究財團
  소재사항: 260-0013 千葉市中央區中央4-15-7千葉縣文書館內
          043-221-5100
  홈페이지: http://homepage2.nifty.com/zaidankouko

(11) 東京都

- 東京都公文書館
  소재사항: 105-0022 港區海岸1-13-17 03-5470-1334
  홈페이지: http://www.soumu.metro.tokyo.jp/01soumu/archives/index.htm
- 板橋區公文書館
  소재사항: 173-0001 板橋區本町24-1 03-3579-2291
  홈페이지: http://www.city.itabashi.tokyo.jp/kbunsho
- 葛飾區鄕土と天文の博物館
  소재사항: 125-0063 葛飾區白鳥3-25-1 03-3838-1101
  홈페이지: http://www.city.katsushika.lg.jp/museum/index.html
- 江東區總務部總務課
  소재사항: 135-0016 江東區東陽4-11-28 03-3647-9111
- 品川區立品川歷史館
  소재사항: 140-0014 品川區大井6-11-1 03-3777-4060

홈페이지:http://www2.city.shinagawa.tokyo.jp/jigyo/06/historyhp/hsindex.html

- 世田谷區立鄕土資料館

  소재사항: 154－0017　世田谷區世田谷1－29－18　03－3429－4237

- 豊島區立鄕土資料館

  소재사항: 171－0021　豊島區西池袋2－37－4　03－3980－2351

- 小平市中央圖書館

  소재사항: 187－0032　小平市小川町2－1325　042－345－1246

  홈페이지: http://library.kodaira.ed.jp

- 調布市總務部庶務課

  소재사항: 182－8511　調布市小島町2－35－1　0424－81－7630

- 町田市立自由民權資料館

  소재사항: 195－0063　町田市野津田町897　042－734－4508

  홈페이지: http://www.city.machida.tokyo.jp/shi/shisetsu/cul/cul_2.html#3

- 武藏野市企畫部企畫課

  소재사항: 180－0012　武藏野市綠町2－2－28　0422－51－5131

- 慶應義塾福澤硏究センター

  소재사항: 108－0073　港區三田2－15－45　03－5427－1603

  홈페이지: http://www.inet－mitakai.com/center.html

- 大正大學圖書館

  소재사항: 170－0001　豊島區西巢鴨3－20－1　03－3918－7311

- 中央大學入試・廣報センター事務部大學史編さん課

  소재사항: 192－0351　八王子市　東中野742－1　0426－74－2133

- 日本女子大學成瀨記念館

  소재사항: 112－8681　東京都文京區目白台2－8－1　03－3942－6187

  홈페이지: http://www.jwu.ac.jp/institution/naruse/outline/index.html

- 明治大學史資料センター事務室

소재사항: 101－0062 千代田區神田駿河台1－1 03－3296－4085
- 澁澤史料館
  소재사항: 114－0024 北區西ケ原2－16－1 03－3910－0005
  홈페이지: http://www.shibusawa.or.jp
- (財)三井文庫
  소재사항: 164－0002 中野區上高田5－16－1 03－3387－9431
  홈페이지: http://www.mitsui－bunko.or.jp
- (財)德川黎明會
  소재사항: 171－0031 豊島區目白3－8－11 03－3950－0111
  홈페이지: http://www.tokugawa.or.jp
- 立正佼成會付屬佼成文書館
  소재사항: 166－0012 杉並區和田1－2－1 03－5341－1137
- GSU東京支部圖書館
  소재사항: 106－0047 港區南麻布5－10－30 03－3440－2764
- (財)多摩市文化振興財團
  소재사항: 206－0033 東京都多摩市落合2－35 042－375－1414
- 特種製紙(株)營業本部
  소재사항: 101－0047 東京都千代田區內神田2－12－5 內山ビル2Ｆ
- 青山學院大學文學部史學科
  소재사항: 150－8366 東京都澁谷區澁谷4－4－25 03－3409－7921
- イカリ消毒株式會社
  소재사항: 160－0022 東京都新宿區新宿4－3－25
- オリックス新宿ビル
  소재사항: 03－3356－6191
- 府中市敎育委員會生涯學習課文化財擔當
  소재사항: 183－0056 東京都府中市壽町1－5 042－335－4473

- 宗教情報センター
  소재사항: 190－0012 東京都立川市富士見町5－1－7 042－528－7313

(12) 神奈川縣

- 神奈川縣立公文書館
  소재사항: 241－0815 横浜市旭區中尾1－6－1 045－364－4456
  홈페이지: http://www.pref.kanagawa.jp/osirase/02/0219/index.htm
- 神奈川縣立圖書館
  소재사항: 220－0044 横浜市西區紅葉ケ丘9－2 045－241－3131
  홈페이지: http://www.klnet.pref.kanagawa.jp
- 横浜開港資料館
  소재사항: 231－0021 横浜市中區日本大通り3 045－201－2100
  홈페이지: http://www.kaikou.city.yokohama.jp/index.htm
- 横浜市總務局市史資料室
  소재사항: 231－0013 横浜市中區住吉町2－24KYビル4F 045－671－2100
  홈페이지: http://www.city.yokohama.jp/me/soumu/sisi/index.html
- 厚木市敎育委員會敎育總務部文化財課市史編さん係
  소재사항: 243－0018 厚木市中町3－17－17 046－225－2060
- 川崎市公文書館
  소재사항: 211－0051 川崎市中原區宮內4－1－1 044－733－3933
  홈페이지: http://www.city.kawasaki.jp/16/16koubun/home/index.htm
- 藤澤市文書館
  소재사항: 251－0054 藤澤市朝日町12－6 0466－24－0171
  홈페이지: http://www.city.fujisawa.kanagawa.jp/jyouhou/data06001.shtml
- 秦野市總務部文書法制課市史編さん班
  소재사항: 257－0042 秦野市壽町3－3 0463－83－8380

- 大和市總務部總務課市史編さん擔當

  소재사항: 242 - 0001 大和市下鶴間1 - 1 - 1 046 - 263 - 1111

- 寒川文書館

  소재사항: 253 - 0106 神奈川縣高座郡寒川町宮山135 - 1 0467 - 75 - 3691

  홈페이지: http://www.lib - arc.samukawa.kanagawa.jp/bunsyo/index.html

- 鶴見大學圖書館

  소재사항: 230 - 0063 横浜市鶴見區鶴見2 - 1 - 3 045 - 581 - 1001

  홈페이지: http://library.shodai.ac.jp/Consortium/tsurumi.htm

- 神奈川大學日本常民文化研究所

  소재사항: 221 - 8686 横浜市神奈川區六角橋3 - 27 - 1 045 - 481 - 5661

- 東海大學學園史資料センター

  소재사항: 259 - 1207 平塚市北金目1117 0463 - 50 - 2450

(13) 新潟縣

- 新潟縣立文書館

  소재사항: 950 - 8602 新潟市女池南3 - 1 - 2 025 - 284 - 6011

  홈페이지: http://www.lalanet.gr.jp/npa/index.html

- 新潟市總務局國際文化部歷史文化課

  소재사항: 951 - 8550 新潟市學校町通1 - 602 - 1 025 - 228 - 1000

- 上越市總務課公文書館準備室

  소재사항: 943 - 0806 上越市木田新田1 - 1 - 10 025 - 522 - 6177

  홈페이지: http://www.city.joetsu.niigata.jp

(14) 富山縣

- 富山縣公文書館

소재사항: 930-0115 富山市茶屋町33-2 0764-34-4050

홈페이지: http://www.pref.toyama.jp/branches/1147

(15) 石川縣

- 石川縣立圖書館

  소재사항: 920-0964 金澤市本多町3-2-15 076-223-9580

  홈페이지: http://www.library.pref.ishikawa.jp/index.html

- 金澤市立玉川圖書館近世史料館

  소재사항: 920-0863 金澤市玉川町2-20 076-221-4750

(16) 福井縣

- 福井縣文書館

  소재사항: 918-8113 福井縣福井市下馬町51-11 0776-33-8890

  홈페이지: http://www.archives.pref.fukui.jp

- 福井市總務部市史編さん課

  소재사항: 910-0017 福井市文京2-7-7 0776-20-5005

(17) 長野縣

- 長野縣立歷史館

  소재사항: 387-0007 千曲市大字屋代字清水260-6

- 科野の里歷史公園內

  소재사항: 026-274-2000

  홈페이지: http://www.npmh.net

- 長野市總務部庶務課公文書館準備擔當

  소재사항: 380-0801 長野市箱清水1-3-8長野市城山分室內

026-232-8050

- 松本市文書館

  소재사항: 390-1242 松本市大字和田1058-2 0263-47-0040

(18) 岐阜縣

- 岐阜縣歷史資料館

  소재사항: 500-8014 岐阜市夕陽ケ丘4 058-263-6678

- 各務原市歷史民俗資料館

  소재사항: 501-6022 岐阜縣各務原市川島松倉町1951-4 0586-89-2931

  홈페이지: http://www.city.kakamigahara.lg.jp

- 可兒市敎育委員會市史編纂室

  소재사항: 509-0203 岐阜縣可兒市下恵士1198-1 總合會館分室東館2階

  　　　　　0574-61-4601

- 多治見市圖書館

  소재사항: 507-0034 多治見市豊岡町1-55まなびパークたじみ4F

  　　　　　0572-23-3783

- 土岐市敎育委員會文化振興課

  소재사항: 509-5192 土岐市土岐津町土岐口2101 0572-54-1111

- 海津市歷史民俗資料館

  소재사항: 503-0646 海津市海津町萱野205-1 0584-53-3232

  홈페이지: http://dac.gijodai.ac.jp/vm/virtual_museum/sanpo/4

(19) 靜岡縣

- 靜岡縣總務部企畵監(文書擔當)

  소재사항: 420-8601 靜岡縣靜岡市葵區追手町9-6 054-221-2068

- 沼津市明治史料館

  소재사항: 410－0051　沼津市西熊堂372－1　0559－23－3335
- 磐田市敎育委員會　文化財課

  소재사항: 438－0086　靜岡縣磐田市見付3678－1　0538－32－9647

(20) 愛知縣

- 愛知縣公文書館

  소재사항: 460－0001　名古屋市中區三の丸2－3－2　052－961－2111

  홈페이지: http://www.pref.aichi.jp/kobunshokan
- 一宮市博物館

  소재사항: 491－0922　一宮市大和町妙興寺2390　0586－46－3215

  홈페이지: http://www.icm－jp.com
- 名古屋市市政資料館

  소재사항: 461－0011　名古屋市東區白壁1－3　052－953－0051

  홈페이지: http://www.city.nagoya.jp/shisei/ippan/siryokan
- 西尾市岩瀨文庫

  소재사항: 445－0847　西尾市龜澤町480　0563－56－2459

  홈페이지: http://www.city.nishio.aichi.jp/kaforuda/40iwase
- 南山大學　大學史料室

  소재사항: 466－8673　愛知縣名古屋市昭和區山里町18　052－832－3111
- 愛西市敎育委員會

  소재사항: 496－8639　愛知縣愛西市江西町大繩場151－1　0567－37－0231

(21) 三重縣

- 三重縣史編さん室

  소재사항: 514－0004　津市榮町1－954　059－224－2057

(22) 滋賀縣

- 滋賀縣立圖書館

  소재사항: 520−2122 大津市瀨田南大萱町1740−1 077−548−9691
- 滋賀縣立琵琶湖博物館歷史資料擔當

  소재사항: 525−0001 草津市下物町1091 077−527−1405
- 近江八幡市協働政策部地域文化課(文化振興グループ)市史編纂室

  소재사항: 523−8501 近江八幡市樓宮町226−1 0748−33−2118
- 高島市敎育委員會

  소재사항: 520−1292 高島市安曇川町田中455 0740−22−6841
- 愛莊町敎育委員會町史編さん室

  소재사항: 529−12341 愛知郡愛莊町安孫子825
- 秦莊廳舍3階

  소재사항: 0749−37−8059
- 野洲市立歷史民俗資料館

  소재사항: 520−2315 野洲市辻町57−1 077−587−4410

(23) 京都府

- 京都府立總合資料館

  소재사항: 606−0823 京都市左京區下鴨半木町1−4 075−723−4834

  홈페이지: http://www.pref.kyoto.jp/shiryokan/index.html
- 向日市文化資料館

  소재사항: 617−0002 向日市寺戶町南垣內40−1 075−931−1182
- 京都造形芸術大學歷史遺産硏究センター

  소재사항: 606−8271 京都市左京區北白川瓜生山2−116 075−791−8519

(24) 大阪府

- 大阪府公文書館
  소재사항: 558-0054 大阪市住吉區帝塚山東2-1-44 06-6675-5551
  홈페이지: http://www.pref.osaka.jp/archives/index.html
- 大阪市公文書館
  소재사항: 550-0014 大阪市西區北堀江4-3-14 06-6534-1662
- 泉佐野市教育委員會圖書歷史課市史編さん室
  소재사항: 598-0005 泉佐野市市場東1-295-1 0724-69-7142
- 河內長野市教育委員會社會教育課市史編修室
  소재사항: 586-8501 河內長野市原町396-3 0721-53-1111
- 堺市總務局總務部總務課
  소재사항: 590-0078 大阪府堺市堺區南瓦町3-1 072-233-1101
  홈페이지: http://www.city.sakai.osaka.jp
- 豊中市總務部情報公開課
  소재사항: 561-8501 豊中市中櫻塚3-1-1 06-6858-2653
- 東大阪市人權文化部文化國際課市史史料室
  소재사항: 579-8048 東大阪市旭町1-1 072-985-8111
- 枚方市立中央圖書館市史資料室
  소재사항: 573-1159 枚方市車塚2-1-1 050-7105-8154
- 箕面市總務部情報文書課
  소재사항: 562-0003 箕面市西小路4-6-1 072-721-9824
- 田尻町教育委員會學事課町史編纂係
  소재사항: 598-0091 泉南郡田尻町嘉祥寺375-1 072-466-8801
- 大阪人權博物館
  소재사항: 556-0026 大阪市浪速區浪速西3-6-36 06-6561-5891
  홈페이지: http://www.liberty.or.jp

- 桃山學院年史委員會

  소재사항: 545－0011 大阪市阿倍野區昭和町3－1－64 06－6621－1181

(25) 兵庫縣

- 兵庫縣文書課

  소재사항: 650－8567 神戸市中央區下山手通5－10－1 078－362－4133

  홈페이지: http://web.pref.hyogo.jp/pa13/pa13_000000005.html

- 神戸市文書館

  소재사항: 651－0056 神戸市中央區熊內町1－8－21 078－232－3437

  홈페이지: http://www.city.kobe.jp/cityoffice/06/014/top.html

- 西宮市總務局行政部市史編集室

  소재사항: 662－0918 西宮市六湛寺町3－1 0798－35－3740

- 尼崎市立地域研究史料館

  소재사항: 660－0881 尼崎市昭和通2－7－16 06－6482－5246

  홈페이지: http://www.archives.city.amagasaki.hyogo.jp

- 關西學院學院史編纂室

  소재사항: 662－0891 西宮市上ケ原一番町1－155 0798－54－6022

- (財)阪神·淡路大震災記念協會

- 人と防災未来センター資料室

  소재사항: 651－0073 神戸市中央區脇浜海岸通1－5－2 078－262－5058

  홈페이지: http://www.dri.ne.jp

- 三田市總務課市史編さん擔當

  소재사항: 669－1532 三田市屋敷町12－27 079－559－4466

(26) 奈良縣

- 奈良縣立圖書情報館

324

소재사항: 630－8135　奈良市大安寺西1丁目　0742－34－5514

홈페이지: http://www.library.pref.nara.jp/index.html

• 奈良市敎育委員會文化財課

소재사항: 630－8012　奈良市二條大路南1－1－1　0742－36－1182

• (財)元興寺文化財硏究所保存科學센터

소재사항: 630－8392　奈良市中院町11　0742－23－1376

• 大和郡山市敎育委員會

소재사항: 639－1198　大和郡山市北郡山町248－4　0743－53－1151

(27)　和歌山縣

• 和歌山縣立文書館

소재사항: 641－0051　和歌山市西高松1－7－38　073－436－9540

홈페이지: http://www.wakayama－lib.go.jp/monjyo

(28)　鳥取縣

• 鳥取縣立公文書館

소재사항: 680－0017　鳥取市尙德町101　0857－26－8160

홈페이지: http://www.pref.tottori.lg.jp/dd.aspx?menuid＝9499

• 鳥取市歷史博物館

소재사항: 680－0015　鳥取市上町88　0857－23－2140

홈페이지: http://www.yamabiko－kan.or.jp/thm/index.html

(29)　岡山縣

• 岡山縣立記錄資料館

소재사항: 700－0807　岡山市南方2－13－1　086－222－7838

홈페이지: http://archives.pref.okayama.jp

(30) 廣島縣

- 廣島縣立文書館
  소재사항: 730－0052 廣島市中區千田町3－7－47 082－245－8444
  홈페이지: http://www.pref.hiroshima.lg.jp
- 廣島市公文書館
  소재사항: 730－0051 廣島市中區大手町4－1－1 大手町平和ビル
  　　　　　082－243－2583
  홈페이지: http://www.city.hiroshima.jp/kikaku/koubun/index.htm

(31) 山口縣

- 山口縣文書館
  소재사항: 753－0083 山口市後河原松柄150－1 083－924－2116
  홈페이지: http://ymonjo.ysn21.jp

(32) 德島縣

- 德島縣立文書館
  소재사항: 770－8070 德島市八万町向寺山 文化の森總合公園內
  　　　　　088－668－3700
  홈페이지: http://www.archiv.tokushima－ec.ed.jp
- 松茂町歷史民俗資料館・人形淨瑠璃芝居資料館
  소재사항: 771－0220 板野郡松茂町廣島字四番越11－1 088－699－5995

(33) 香川縣

- 香川縣立文書館
  소재사항: 761－0301 高松市林町2217－19 087－868－7171
  홈페이지: http://www.pref.kagawa.jp/bunshokan

(34) 愛媛縣

- 愛媛縣歷史文化博物館
  소재사항: 797－8511 西子市宇和町卯之町4－11－2 0894－62－6222
  홈페이지: http://joho.ehime－iinet.or.jp/rekihaku

(35) 高知縣

- 高知市立自由民權記念館
  소재사항: 780－8010 高知市棧橋通4－14－3 088－831－3336
- (財)土佐山內家寶物資料館
  소재사항: 780－0862 高知市鷹匠町2－4－26 0888－73－0406
  홈페이지: http://www10.ocn.ne.jp/~yamauchi

(36) 福岡縣

- 西日本文化協會福岡縣地域史研究所
  소재사항: 810－0004 福岡市中央區渡辺通2－1－82 092－713－6532
  홈페이지: http://www.chiikishi.jp/hp
- 福岡市總合圖書館
  소재사항: 814－0001 福岡市早良區百道浜3－7－1 092－852－0600
  홈페이지: http://toshokan.city.fukuoka.jp
- 北九州市立文書館
  소재사항: 803－0814 北九州市小倉北區大手町11－5 093－561－5558
- 柳川古文書館
  소재사항: 832－0021 柳川市隅町71－2 0944－72－1037
- みやこ町歷史民俗博物館
  소재사항: 824－0121 京都郡みやこ町豊津1122－13 0930－33－4666

(37) 佐賀縣

- 有田町歴史民俗資料館

  소재사항: 844－0001　西松浦郡有田町泉山1－4－1　0955－43－2678

(38) 熊本縣

- 熊本市總務局總務部總務課

  소재사항: 860－0808　熊本市手取本町1－1　096－328－2038
- 天草市立天草アーカイブズ

  소재사항: 863－2201　熊本縣天草市五和町御領2943　0969－25－5515

(39) 大分縣

- 大分縣公文書館

  소재사항: 870－0814　大分市大字駄原587－1　097－546－8840

  홈페이지: http://www.pref.oita.jp/11103
- 大分縣立先哲史料館

  소재사항: 870－0814　大分市大字駄原587－1　097－546－9380

  홈페이지: http://sentetusiryokan－b.oita－ed.jp

(40) 宮崎縣

- 日向市史編さん室

  소재사항: 883－8855　日向市本町10－5　0982－54－2623
- 都城市敎育委員會文化財課島津家史料擔當

  소재사항: 885－0073　都城市嬉城町7街區22　0986－23－2116

(41) 沖繩縣

- 沖繩縣公文書館

  소재사항: 901－1105　島尻郡南風原町新川148－3　098－888－3875

  홈페이지: http://www.archives.pref.okinawa.jp

- 浦添市立圖書館沖繩學研究室

  소재사항: 901－2114　浦添市安波茶151　098－876－4946

  홈페이지: http://8761234.jp/okigaku/okicon

- うるま市教育委員會文化部

- 市史編さん課

  소재사항: 904－2221　うるま市平良川128　098－973－9394

- 名護市史編さん室

  소재사항: 905－0014　名護市港2－1－1名護市民會館內　0980－53－5402

- 北谷町公文書館

② 정보원

1) 정보원배포정책

본 기구는 '간행물'란에서 회지와 회보 및 그 밖의 간행물의 목록을 제공하여 회원에게 무료 배포하고 있으며, 비회원의 경우 본회의 편집 및 출판위원회나 기타 기관을 통하여 구매하여야 한다. '자료파일'란에서는 기본적인 기록사료와 관련되는 세계 및 일본의 자료들을 원문 또는 PDF로 제공하고 있어 무료로 검색·열람이 가능하다.

2) 출판물

회지, 회보, 그리고 기타 간행물 등에 대한 목록이 제공되고 있다.

(1) 회지(會志)

- 회지 記錄と史料는 기관과 개인회원에게는 무료로 배포하며, 비회원의 경우 구매를 해야 한다. 구매희망의 경우 전사료협편집및출판위원회(全史料協編集・出版委員會)에 신청하여야 한다.
- 현재 1990년 10월 창간호에서부터 2007년 3월 제17호까지 홈페이지에 목록을 제공하고 있다.

(2) 회보(會報)

- 회보 역시 기관과 개인회원에게는 무료로 배포하며, 비회원의 경우 구매를 해야 한다. 구매희망의 경우 전사료협편집및출판위원회(全史料協編集・出版委員會)에 신청하여야 한다.
- 현재 2000년 2월 제51호부터 2007년 8월 제79호까지 홈페이지에 목록을 제공하고 있다.

(3) 기타 간행물

- *記錄管理と文書館: 第1回文書館振興國際會議報告集.* 1987.
- *記錄史料の保存利用に關する日英セミナー.* 1989(품절).
- *記錄遺産を守るために: 公文書館法の意義と今後の課題.* 1989(품절).
- *第2回文書館振興國際會議ケスケメティ博士來日記念報告書: アーキビスト養成の國際潮流.* 1992.
- *JSAIデータブック: 全史料協機關會員總覽.* 1994.
- *日本の文書館運動: 全史料協の20年.* 1996(품절).

- *阪神・淡路大震災にかかわる史料保存活動の記録　その時何を考え、行動したのか*. 1997.
- *文書館用語集* 1997.
- *文書館・學文献目錄*(縮刷版). 2000.
- *文書館學文献目錄*(CD－ROM版). 2000.
- *文書館の防災にむけて*. 1998.
- *資料が燃えた！その時、あなたは―火災実験と應急対應* 1999.
- *アーキビスト*. **No.**1～20 增刷版. 2001.
- *日本のアーカイブズ論* 2003.
- *データにみる市町村合併と公文書保存*.

이상의 간행물은 다음에 문의하여 구매 가능하다.

① 全史料協編集・出版委員會

　　전화번호: ＋857 26 8160

　　주　　　소: 鳥取市尙徳町101　鳥取縣立公文書館內(〒680－0017)

② 全史料協關東部會

　　전화번호: ＋3 5470 1333

　　주　　　소: 東京都港區海岸1－13－17東京都公文書館內(〒105－0022)

③ 岩田書院

　　전화번호: ＋3 3326 3757

　　주　　　소: 世田谷區南烏山4－25－6－103(〒157－0062)

④ 全史料協近畿部會

　　전화번호: ＋78 362 4133

주   소: 神戸市中央區下山手通4－4－1 兵庫縣公館縣政資料館內
　　　　　(〒650－8567)

⑤ 大阪大學出版會
전화번호: ＋6 6877 1614

⑥ 全史料協資料保存委員會
전화번호: ＋87 868 7171
주   소: 高松市林町2217－19 香川縣立公文書館內(〒761－0301)

3) 자료파일

기록사료와 관련되는 기본 자료를 원문으로 제공하거나 PDF로 제공하고 있다.

- *ICA アーキビストの倫理綱領*
- *資料保存委員會アンケート‘自治体の保有する公文書の現状について’*(平成16年3月)
- *文書館防災対策の手引き*(2001年1月3版)
- *‘市町村合併時における公文書等の適切な保存に係る一層の推進について’* (平成18年6月29日, 總務省→各都道府縣知事). PDF형식.
- *‘市町村合併時における公文書等の保存の適正化について’*(平成18年6月20日, 國立公文書館長→總務省). PDF형식.
- *‘市町村合併時の公文書保存の適正化について’*(平成17年7月14日, 總務省→都道府縣知事). PDF형식.
- *要請‘市町村合併時における公文書等の保存について’*(平成17年6月16日, 國立公文書館長→總務大臣). PDF형식.
- *要望書‘21世紀日本のアーカイブズに關する要望について’*(平成16年1月30

日, 內閣官房長官宛など)

- ***市町村合倂時における公文書の保存を求める声明***(平成15年8月1日, 全國の 市町村、 都道府縣市町村合倂擔當部署など宛て)
- ***市町村合倂時における公文書等の保存について***(平成13年11月28日, 總務大臣宛て)
- ***國文學硏究資料館史料館の充実・強化について***(平成13年11月28日, 文部科 學大臣宛て)

4) 정보게시판(情報掲示板)

- 각 회원기관에서 보내온 정보를 게시한다.
- 관련 정보로 자료보존과 활용, 문서관 관련 소식, 강연 및 전시 등에 대한 정보를 게시한다.
- 출판물의 정보와 회원의 활동과 관련된 홍보물을 게시한다.
- 그 외 회원에게 유익한 정보를 게시한다.

JSAS

The Japan Society for Archival Science

日本アーカイブズ學會

일본아카이브스학회

① 기구

1) 소재사항

소재국가   일본

주   소   日本 アーカイブズ學會事務局 東京都豊島區目白1－5－1 學習院大

學學部高野研究室(〒171 – 8588)

팩   스   ＋3 5992 1156

전자우편   office@jsas.info

홈페이지   http://www.jsas.info

2) 성격

일본의 기록학을 발전시키고, 기록의 생성과 보존 및 활용에 대한 이론과 기술을 연구하고 실천하는 기구이다.

3) 설립연혁

2004년 4월 24일 설립되었다.

4) 설립목적

본 학회는 관련 학문분야의 발전을 목표로 할 뿐만 아니라 세계화의 시야를 기본으로 하여 잠재성을 창조적으로 발전시키고자 존재한다.

5) 연구영역

① 기록관리에 관한 연구
② 기록의 성립, 구조, 전래에 관한 연구
③ 기록의 교육, 연수에 관한 연구

6) 조직

• 춘기에 개최되는 총회에서는 임원 선출, 사업계획과 보고, 예산과 결산의 심의 및 결정을 한다.

- 학회의 업무집행과 회계의 적정화를 위하여 회장, 2인의 부회장, 20명 이내의 위원, 2인의 감사를 임원으로 둔다.
- 임원은 총회에서 선출하며, 2년이 임기이다. 단 3번 연임하여 6년까지 할 수 있다. 학회의 업무는 회장과 부회장 위원이 책임지고, 회계와 감사가 감사·감독한다.
- 학회의 업무와 관련하여 회장, 부회장, 위원은 위원회를 설치할 수 있고, 사무국을 설치할 수 있다.

7) 회원

- 회원으로는 학생을 포함한 개인의 정회원, 단체의 찬조회원이 있다. 입회 방법은 사무국을 통하여 신청하면 된다.
- 기본적으로 기록학에 관심 있는 사람으로 구성된다. 구체적으로,
  ① 문서관 등에서 기록관련 근무자
  ② 장래에 기록관련 근무를 희망하는 자
  ③ 과거의 기록 및 기억의 보존과 활용 그리고 현대의 기록과 기억의 보존과 활용에 관심이 있는 일본, 동양, 서양의 역사, 정치, 법률, 사회, 경제, 경영, 과학기술 등의 연구에 종사하는 자
  ④ 자료의 보존과 활용의 선두에 있는 도서관정보학과 박물관학을 책임지고 있는 자
  ⑤ 현대의 정보기술의 최선봉의 개척자

8) 주요활동

학회의 활동은 연구집회를 포함하여 연 2회의 총회와, 연 2회의 연구집회, 그리고 학회지의 발행 등을 수행한다.

2 정보원

1) 정보원배포정책

본 기구는 '최신뉴스(最新ニュース)'와 '지난 뉴스(Past Topics)' 등의 란을 통하여 해당 뉴스 등을 홈페이지에 탑재하여 무료로 검색이 가능하다. 한편, 중요 뉴스 중 관련 기관이나 정보의 홈페이지를 연계해 놓았다.

2) 최신 뉴스

- *國際アーカイブズ評議會(ICA)への加盟*(2007 - 12 - 7일)
- *學會誌 '日本アーカイブズ學研究' 第7号発刊*(2007 - 11 - 24일)

3) 지난 뉴스(Past Topics)

가장 최근의 다섯 가지 내용이 제공되어 있다.

- *學習院大學公開講演會 '記録を守り　記憶を伝える～アーカイブズ學への招待～'*. 2007년 10월 14일.
- *國際シンポジウム '近世アーカイブズの多國間比較'*. 2007년 9월 3일.
- *學會誌 '日本アーカイブズ學研究' 第6号発刊*. 2007년 8월 29일.
- *'入會申し込み' ページが再びご利用いただけます*. 2007년 6월 11일.
- *'入會申し込み' ページ不具合のお詫び*. 2007년 6월 8일.

RMSJ
The Record Management Society of Japan
日本記錄管理學會
일본기록관리학회

① 기구

1) 소재사항

소재국가   일본

주   소   日本 關野陽一事務局長 埼玉縣富士見市東みずほ台2-24-8(〒354
            -0015)

팩   스   +49 265 4780

전자우편   sekino@my.email.ne.jp

홈페이지   http://wwwsoc.nii.ac.jp/rmsj

2) 성격

기업과 행정기관 등 조직의 업무 진행과 활동과 기록, 즉 문서의 생산을 기본
으로 한다. 기록관리는 그러한 기록의 작성에서부터 조직화, 활용, 보관, 최종
처리에 이르기까지의 모든 기록을 대상으로 행하는 통합적 관리이다. 따라서
본 기록관리학회는 전술한 기록관리학의 발전을 위하여 활동하는 기구이다.

3) 설립목적

기업과 단체 등의 기록관리 전문가, 기록관리 센터의 실무자, 정보학 연구자,
공문서관의 실무자 등 관련 분야의 회원들을 대상으로 연구대회 등을 통하여
전문가 간의 상호교류의 장이 되고자 한다.

4) 회원

회원은 기관지인 *レコード・マネジメント*와 *ニュースレター*를 제공받으며, 연구대회에 참가하고 논문발표의 기회도 제공된다. 그 외 강습회와 각종 연구회에도 참가할 수 있으며, 이런 기회를 통하여 회원 상호간의 정보교류를 할 수 있다. 회원은 정회원과 학생회원 등으로 구성되어 있다.

(1) 정회원

기록관리 관련 연구와 업무 등에 종사하는 개인 또는 기록관리에 관심이 있는 개인이 대상이 된다.

(2) 학생회원

대학학부생, 대원학생, 그리고 그에 준하는 학교의 학생으로서 기록관리에 관심이 있는 개인이 대상이 된다.

(3) 기관 및 단체회원

관련 학회나 협회, 비영리기관과 단체, 그리고 관공서 등을 대상으로 한다.

(4) 찬조회원

본 학회의 목적에 찬성하고 사업을 지원하는 개인 또는 단체를 대상으로 한다.

5) 특별사업

본 학회는 다음과 같은 기록 및 기록관리 관련 연구 및 사업을 장려하기 위하여 연구비 및 장려상과 공로상을 수여하는 사업을 전개하고 있다.

① 연구조성금(研究助成金)

② 기록관리학장려상(記錄管理學獎勵賞)
③ 기록관리업무공로상(記錄管理業務功勞賞)

② 정보원

1) 정보원배포정책

본 학회는 'News and Topic'란에서 보도자료를 원문 또는 PDF로 제공하고 있다. 또한 '기록관리의 광장'의 '관련 서적 및 문헌소개' 부분에서 주요 기록 및 기록관리 관련 출판물 목록을 제공하고 있으며, 간략한 소개를 하고 있다. 학회지의 경우 홈페이지를 통하여 목록을 제공하고 있으며, 다만 원문은 전자우편으로 주문·구매해야 한다.

2) 뉴스레터(ニュースレター)

1999년 7월부터 2005년 4월까지의 주요 뉴스레터를 싣고 있으며, 원문을 싣고 있거나 또는 간략히 소개하고 있고, 일부는 PDF형식으로 제공하고 있다. 다음은 현재 홈페이지에서 제공하고 있는 2005년의 뉴스레터이다.

- *記錄管理業務功勞賞の授賞を決定*
- *記錄管理學會機關誌'レコード・マネジメント'バックナンバー販売のお知らせ*

3) 관련 서적 및 문헌소개

1999년부터 2000년까지의 관련 서적과 문헌에 대한 목록 및 소개를 제공하고 있다.

- 立花隆. 2000. "捨てる！技術を一刀両断する". ***文藝春秋***
- 城下直之. 2000. ***ファイリングマネジメント：これからの文書管理*** 日刊 工業新聞社.
- 小川千代子. 2000. "北歐の電子記錄保存國際プロジェクト". ***行政＆ＡＤＰ***. 36
- 宇都宮深志 編著. 2000. ***情報公開制度の新たな展望***. (財)行政管理研究セン ター発行.
- 小川千代子. 2000. "電子記錄をめぐって(1)アジア各國における保存の取り 組み". ***情報管理*** 43: 3.

4) 학회지(レコード・マネジメント)

1995년 6월(제29호)부터 2007년 10월(제54호)까지의 목록을 제공하고 있다. 원문의 경우 전자우편(sekino@my.email.ne.jp)을 통해서 신청해야 한다.

5) 선언문

주요 선언문으로 '文書管理法制定推進プロジェクト發足宣言'이 PDF로 제공 되고 있다.

6) 관련 단체

- ARMA東京支部

  홈페이지: http://www.arma－tokyo.org
- アーカイブズ・インフォメーション 研究會(SAIM)

  홈페이지: http://members.jcom.home.ne.jp/ydtanaka
- 全國歷史資料保存利用機關連絡協議會(全史料協, The Japan Society of Archives Institutions)

  홈페이지: http://www.jsai.jp

- 日本アーカイブズ學會(JSAS)

  홈페이지: http://www.jsas.info
- 國立公文書館(National Archives of Japan)

  홈페이지: http://www.archives.go.jp
- アジア歴史資料センター(JACAR)

  홈페이지: http://www.jacar.go.jp
- Archivist in Japan

  홈페이지: http://www.archivists.com

2.5 뉴질랜드

ARANZ

Archives & Records Association of New Zealand

뉴질랜드기록및레코드협회

① 기구

1) 소재사항

소재국가　뉴질랜드

주　　소　PO Box 11－553, Manners Street, Wellington, New Zealand

홈페이지　http://www.aranz.org.nz

2) 성격

뉴질랜드기록및레코드협회(ARANZ)는 뉴질랜드의 기록 및 레코드의 관리, 보존, 가치와 이용에 대한 대중 및 개인의 이해와 중요성 자각을 고취시키기 위하여 설립된 전문협회이다. 이는 국가적으로 운영되며, 6개의 지부를 두고 있다.

3) 설립연혁

ARANZ는 1976년에 세워진 법인기관으로 뉴질랜드의 기록 및 레코드에 대한 이해 및 중요성을 촉진시키기 위해 설립되었다.

4) 설립목적

① 기록 및 레코드 관련 대중 및 개인의 기록에 대한 관리(care), 보존, 이용, 그리고 기록 장려
② 기록 및 레코드와 관련한 문제 및 관심에 대한 권위 있는 영향력(voice) 제공
③ 기록과 레코드 보존 및 이용에 영향을 미치는 모든 요인들과 관련된 기록관과 기록의 중요성에 대한 대중인식 유지 및 증가
④ 같은 목적을 지닌 뉴질랜드 또는 다른 국가의 기관과의 협력 또는 협조
⑤ 기록 및 레코드 행정 및 보존에 있어서의 직업경쟁력 촉진
⑥ 기록 및 레코드의 관리(care), 보존, 이용에 관한 연구조사 장려와 연구조사 결과 출판 촉진
⑦ 기록관련 기관들의 설립 촉진
⑧ 뉴질랜드 전역에 걸친 기록 서비스 설립에 대한 조언 및 지원
⑨ 저널 및 다른 출판물 출간

5) 조직

- 13인의 국가협의회에 의해 지원되고 있는 ARANZ는 지역지부로 그 구조가 이루어져 있다. 협의회는 회장과 다른 위원들로 구성되며 약 2개월에 한 번 씩 웰링턴에서 정기모임을 갖는다.
- ARANZ는 오클랜드지부(Auckland Branch), 캔터베리지부(Canterbury Branch), 오타고/서덜랜드지부(Otago/Southland Branch), 중앙지구지부(Central Districts Branch), 와이카토/베이오브플렌티지부(Waikato/Bay of Plenty Branch), 그리고 웰링턴지부(Wellington Branch)로 구성된다.

6) 회원

ARANZ의 회원들은 기록전문가, 기록관리인(record keeper), 사서, 그 외 정보 관리인, 계보학자, 역사가, 교사, 도서관 및 아트갤러리 큐레이터, 종교그룹, 전 문가협회, 역사사회, 비즈니스, 지방 및 중앙 정부기관, 그 외의 다른 많은 기록 및 레코드의 보존과 이용에 관련된 기구들로 이루어져 있다.

② 정보원

1) 정보원배포정책

본 학회는 'Publications'란을 통해서 ARANZ의 뉴스레터, 보도자료, 논문, 저 널 등의 출판물을 일부 무료로 열람할 수 있다. 온라인으로 무료열람이 불가 능한 자료는 직접 주문 구입할 수 있다. 'Library'는 ARANZ 회원기관들의 자 료를 소장·제공하고 있으나 온라인상 열람 서비스는 제공하고 있지 않다. 'Resources'란에서 ARANZ 회원들에게 유용한 자료를 제공하고 있으며, 'Useful Links'란에서는 회원들에게 도움이 되는 관련 기관의 홈페이지 링크를 제공하고 있다.

2) 출판물(Publications)

(1) 정기간행물(Journal)

- *Archifacts Index 1974~1993*
- *Archifacts Index 1993~2002*

(2) 뉴스레터(Newsletter)

현재 1999년 6월호(제36호)부터 2007년 6월호(제67호)까지 홈페이지에 전
문이 제공되고 있다.

(3) 논문(papers)

- *Privacy Position Paper.* Adopted 25 August 2000.
- *Practicum Statement.* June 2004.
- *Submission to Archives New Zealand on the Draft Discussion Paper on the Proposed Public Records Bill.* June 2001.
- *Submission to Archives New Zealand on the Access Standard Exposure Draft.* September 2001.
- *Submission to Archives New Zealand on Exposure Draft of Electronic Recordkeeping Systems Standard.* 30 June 2004.
- *Submission on Draft Digital Strategy.* 6 August 2004.
- *Submission on the Births, Deaths & Marriages Amendment Bill.* 4 May 2007.

344

(4) 보도자료(News)

- *ARANZ Life Membership Awarded to The Hon. Michael Cullen.* 27 Nov. 2006.
- *Passing of the Public Records Bill.* 18 April 2005.
- *Praise for Archives New Zealand's Continuum Initiative.* 13 May 2003.
- *Death of Ian Wards.* 29 March 2003.
- *ARANZ President Resigns.* 3 Feb. 2003.

(5) 온라인 출판자료(Papers Published Online)

- *ARANZ 2004 Selected Conference Presentations*
- *Byte −ing Off What You Can Chew*
- *Forming Archival Associations*
- *Security Intelligence Records in NZ*
- *Video of 2005 ARANZ Lecture*

3) 자원(Resources)

다음과 같은 정보자원을 제공하고 있으며, 열람을 위해서는 온라인 신청서를 통해 직접 구매신청을 해야 한다.

(1) 기록관련 국가 및 국제기준 자료리스트(List of National and International Standards relating to Records & Archives)

(2) 기록관리법안(Recordkeeping Legislation)

- *Financial & Commercial Legislation*
- *Employment Legislation*

- *Other Legislation with Significant Recordkeeping Implications*
- *Statutory Powers of Inspection*

(3) 직업교육(Professional Education)

- *Access and Partnerships: Issues in Professional Education*
- *Content Analysis of Recordkeeping Job Advertisements: Knowledge and Skills Required by Employers*
- *ARES Forum: Issues Relating to Tertiary Education Sector*
- *Gaining Knowledge and Expanding the Skill Base: The Professional Development of New Zealand's Records Managers*

(4) 비즈니스 상품 및 서비스 디렉터리(Business Products & Services Directory)

- 도큐먼트 폐기(Document Destruction)
- 리스팅(Listing & Boxing)
- 보존 조언 및 공급(Preservation Advice & Supplies)
- 기록 및 정보관리(Records & Information Management Consultancy)
- 구인(Staff Recruitmcnt)
- 공급(Boxes, File Covers, Labels etc.)
- 보관(Records Management)
- 배가(Shelving)
- 시스템(RMS/EDMS/EDRMS)
- 시스템(Vendors & Implementers)
- 교육(Training)

2.6 한국

KAAM
Korean Association of Archives Management
한국기록관리협회

① 기구

1) 소재사항

소재국가　한국

주　　　소　한국 충북 청주시 상당구 내덕동 36번지 청주대학교 인문대학 문헌
　　　　　정보학과

전　　　화　+82 43 254 3810

팩　　　스　+82 43 254 3811

전자우편　girok21@paran.com

홈페이지　http://www.girok.or.kr

2) 성격

한국기록관리협회(KAAM)는 한국을 대표하는 기록 및 기록관리 분야의 전문
단체이다.

3) 설립연혁

한국기록관리협회(KAAM)는 1994년 4월 '한국기록보존협회'로 창립되었으며, 2002년 현재의 한국기록관리협회로 명칭을 변경하였다. 이는 대통령령이 정하는 공공기관은 의무적으로 기록관을 설치·운영하여야 하고, 지자체의 시·군·구에서도 기록관을 설치할 수 있는 근거를 토대로 기록관리 분야의 명실상부한 전문단체로서 활동하고 있다.

4) 설립목적

한국기록관리협회는 종이·필름·인쇄잉크·테이프·디스크 등 기록매체와 내용이 기록된 매체의 보존성·안전성에 관한 규정의 제정 건의, 관리·활용 기술 및 대책에 관한 연구·개발과 기술 보급으로 기록물의 기술적 보존 관리와 다목적 이용발전에 기여함을 목적으로 한다.

5) 조직

(1) 총회

한국기록관리협회의 총회는 정기총회와 임시총회로 구분된다. 정기총회는 매년 1회 매 사업 연도 종료 후 2개월 이내에 개최히며, 임시총회는 사유가 생겼을 때 개최한다.

(2) 이사회

• 이사회는 이사로서 구성되며, 다음과 같은 해당경우가 발생 시 개최한다.
  ① 회장이 필요하다고 인정한 때
  ② 재적 이사 과반수의 요구가 있을 때
  ③ 감사의 요구가 있을 때

- 이사회는 또한 다음과 같은 사항을 의결한다.
  ① 본회의 목적 사업 수행에 관한 사항
  ② 총회에 상정할 의안 또는 총회에서 취임한 사항
  ③ 전년도 결산에 관한 사항
  ④ 신년도 사업 계획 및 예산에 관한 사항
  ⑤ 본회 기본 재산의 취득과 처분에 관한 사항
  ⑥ 정관의 변경에 관한 사항
  ⑦ 회원의 자격 심의 및 회원의 징계 사항
  ⑧ 제 규정의 심의
  ⑨ 총회 의결사항을 제외한 본회 운영상 필요한 사항

(3) 사무국

본회의 사무를 처리하기 위하여 사무국을 두며, 사무국의 기능은 다음과 같다.
① 본회의 운영에 관한 사무 처리
② 본회의 자산 관리
③ 기타 본회 업무수행에 필요한 행정 업무

(4) 위원회

한국기록관리협회는 필요에 따라 분과위원회를 구성할 수 있다.

6) 회원

한국기록관리협회의 회원은 명예회원, 유지회원, 단체회원, 개인회원으로 구분한다. 회원은 협회의 취지와 목적에 찬성하여 소정의 입회신청서를 제출하고 이사회의 승인을 받은 단체 또는 개인이 회원이 된다.

7) 주요사업

① 기록물의 보존성 향상을 위한 기록매체의 물성에 영향을 미치는 기술 및 활용기술에 대한 연구·개발

② 기록물 보존 관련 물품·기구·장비 등의 표준규격 제정을 위한 건의 및 시행사업

③ 기록물의 보존과 관리(종이, 잉크, 이미지 매체 등의 변·퇴색, 열화, 훼손 등)에 대한 대책 자문 및 복원사업

④ 각종 기록물의 품질수준과 보존성을 향상 유지키 위한 정밀검사 및 검사 증명서 발급을 위한 연구 사업

⑤ 기록보존 기술의 보급을 목적으로 하는 강습회·세미나·심포지엄·전시회 등의 개최와 국제기구, 국내외 연구 단체와의 교류 및 각종 도서의 출간·보급사업

② 정보원

1) 정보원배포정책

본 협회는 '자료실'란을 통해 전문도서에 대한 정보 및 협회 워크숍 등 활동 관련 정보를 제공하고 있다. 일부 정기간행물의 기사의 경우 홈페이지에서 원문을 제공하고 있다.

2) 전문도서안내

- *디지털시대의 정보조사제공학*
- *한국공공기관 기록보존 관리의 현황과 중장기 정책*

- *보존과학개론*
- *기록보존의 실제*

3) 자료실

- *기록관리보존*

  이는 정기간행물로서 현재 홈페이지에 6호, 10호, 11호가 제공되고 있다.
- *마이크로필름 검사규정*
- *스캐닝 · 인코딩 지침*
- *마이크로필름 제작 · 보존 · 활용 표준화 지침*
- *마이크로필름 KS 규격번호*
- *준공도서 사본 작성지침*

한국기록학회
Korean Society of Archival Studies

KSAS
Korean Society of Archival Studies
한국기록학회

1 기구

1) 소재사항

소재국가   한국

주   소   한국 서울시 동대문구 이문동 270 한국외국어대학교 대학원 320호

전   화   +82 10 8876 8806

전자우편 chul0809@hanmail.net

홈페이지 http://www.ksas1.org/modules/doc/index.php?doc＝intro

2) 성격

한국기록학회(KSAS)는 기록 및 기록관리 실무 및 연구 분야에서 전문적인 학술 연구자들의 상호 학술교류 증진을 위한 전문적인 학회이다.

3) 설립연혁

- 한국기록학회는 2000년 9월 한국기록학회창립준비위원회가 발족하여 준비과정을 거친 후 2000년 12월 2일 창립총회를 개최하였다.
- 한국기록학회에서는 월례발표회, 학술심포지엄 등의 학술행사를 개최하고 있으며 매년 두 차례에 걸쳐 반년간의 학회지 기록학연구를 간행해 오고 있다.

4) 설립목적

한국기록학회는 기록관리 실무 및 기록학 연구 분야에서 전문연구자들의 수가 증가하면서 기록학 분야의 학문적 전문성을 높이고 연구자들의 학문적 역량을 결집하기 위한 목적으로 창립되었다.

5) 조직

(1) 총회

① 구성

총회는 일반회원과 종신회원으로 구성한다. 총회의 의장은 회장이 맡는다.

② 기능

총회는 회칙을 개정하고 회장, 이사 및 임원을 선출하며 기타 본회의 제반 사항을 심의 의결한다.

③ 회의

정기총회는 매년 회기 말에 개최하는 것을 원칙으로 한다. 임시총회는
필요에 따라 이사회 또는 일반회원 1/3 이상의 요구로 개최할 수 있다.

(2) 이사회

① 구성

이사회는 회장과 감사 및 각 부서를 대표하는 이사로 구성한다.

② 기능

이사회는 총회 결의사항 및 학회 제반 사항을 수행한다.

(3) 임원

① 회장

회장은 본회를 대표하며 총회에서 선출한다. 임기는 2년으로 하고 연임
할 수 있다.

② 감사

감사는 회의 재정 및 운영을 감사하며 총회에서 선출한다. 임기는 2년
으로 하고 연임할 수 있다.

(4) 부서

총무부, 편집부, 연구부, 섭외부를 두고 필요에 따라 부서를 증설할 수 있다.

① 총무이사

회의 재정, 사무, 회원관리 등의 내부운영을 총괄한다.

② 편집이사

회지, 회보 발간 및 각종 출판사업을 관장한다.

③ 연구이사

　회의 제반 연구활동을 기획, 운영한다.

④ 섭외이사

　회의 대외 홍보활동과 회원섭외활동을 관장한다.

(5) 편집위원회

편집위원회는 이사회의 추대로 구성한다.

5) 회원

회원은 고문, 일반회원, 종신회원, 학생회원 및 특별회원으로 구성한다.

① 고문은 일반회원 및 종신회원이 특별 추대하여 이사회에서 승인하며, 회의 운영과 발전에 관한 자문을 구한다.

② 일반회원은 본회의 각종 연구나 사업에 적극 참여하여야 한다.

③ 종신회원은 일반회원 중에서 종신회비를 납부함으로써 가입하며, 본회의 각종 연구 및 사업에 적극 참여하여야 한다.

④ 학생회원은 본회의 각종 연구나 사업을 참관할 수 있다.

⑤ 특별회원은 본회의 사업을 지원하는 개인 및 단체로 한다.

6) 주요사업

① 연구발표회

② 심포지엄 개최

③ 학회지 발간

④ 연구서 발간

2 정보원

1) 정보원배포정책

본 학회는 '자료실'란을 통해 정기적인 학회의 학술발표문을 제공하고 있다. 다만 2008년 1월 현재 최근의 발표문만이 제공되고 있다.

2) 발표문

최근의 대표적인 발표문 목록은 다음과 같다.

(1) 제55회 발표문

- *메뉴스크립트 평가체계 구축에 관한 사례 연구*
- *과거사위원회 기록관리 현황과 과제*
- *교수 학습자료용 기록정보 콘텐츠의 구성 및 개발*

(2) 제54회 발표문

- *영구기록물관리기관 프로세스 조직 모델연구*
- *전자문서 정보패키지 메타데이터 개발과 적용방안*
- *기록관의 온라인 서비스 향상을 위한 홈페이지 평가기준 설계에 관한 연구*

RIKAR

RIKAR
Research Institute for Korean Archives and Records
한국국가기록연구원

① 기구

1) 소재사항

소재국가 한국
주   소 120-728 한국 서울시 서대문구 남가좌동 50-3 명지대학교 본관 10
        층 1103호
전   화 +82 2 300 1845/1846
팩   스 +82 2 300 1837
홈페이지 http://rikar.org

2) 성격

한국국가기록연구원은 기록관리학의 개척자 정신으로 사회적 요구에 부응하고 이를 뒷받침할 연구활동을 지속적으로 행하며, 후세에 역사적 가치를 전수하는 기록관리 체제의 개혁을 위한 사업과 시민들의 기록문화의 부흥에 매진하려 설립된 기구이다.

3) 설립연혁

한국국가기록연구원은 1995년 연구원의 사명에 공감하는 많은 이들의 정성과 헌신적인 노력으로 설립되었다. 본 연구원은 허약해진 한국의 기록문화전통을 복구하고, 새 시대의 요구에 부응하는 과학적인 기록문화의 창달에 하나의 초석이 되고자 활동한다.

4) 설립목적

한국국가기록의 체계적이고 과학적인 보존관리를 위하여 국가기록 및 기록관리학에 대해 연구·보급하고, 기록관리 전문가의 양성을 위하여 교육활동을 전개함을 목적으로 한다.

5) 사명

① 올바른 기록문화의 확립을 위한 국민운동 전개
② 국가기록에 대한 정책 마련
③ 국가기록에 대한 정책을 마련하기 위해 노력
④ 민간에 흩어져 있는 수많은 사찬 기록에 대해서도 관심을 가지고 보존할 수 있는 체계에 대한 연구 진행

6) 회원

한국국가기록연구원의 회원은 연구회원과 후원회원으로 나뉜다. 본 연구원의 회원은 다음과 같은 권리와 의무를 갖는다.
① 법인의 사업 및 학술회의에 참여
② 법인이 수집·관리하는 자료의 이용
③ 총회에 출석하여 의견을 발표하며 표결에 참여
④ 법인이 발간하는 출간물의 수령
⑤ 법인의 정관 준수 및 회비의 납부
⑥ 기타 본 법인의 제안 사업에 대한 참여

7) 주요사업

① 국가기록을 이용한 연구사업

② 기록학 관련 제반 연구사업

③ 기록관리 전문가 양성 프로그램 개발사업 및 교육사업

④ 기록관리를 위한 자문 및 기타 기록문화 창달을 위한 사업

2 정보원

1) 정보원배포정책

본 연구원은 '연구원소식'란을 통해서 월간업무보고와 연구원소식지를 제공하고 있으며, '기록뉴스'에서는 기록 및 기록관리 관련 다양한 관련기사, 외부칼럼, 기록논평, 보도자료를 제공하고 있다. '발간물안내'란을 통해서 한국국가기록연구원에서 발간하는 출판물의 목록을 제공하고 있으며, 출판물 열람은 직접 구매를 통해서 가능하다.

2) 발간물

이슈페이퍼, 연구보고서, 연구총서, 번역총서, 학술지의 다섯 가지 분류하에 관련 목록을 제공하고 있다. 최근 발간물을 중심으로 보면 다음과 같다.

(1) 이슈페이퍼

- 임진희. 2006. *OAIS 정보 모델과 기록 AIP*.
- 설문원, 김연정, 천권주. 2006. *ISO/TR 18492의 전자기록 장기 보존 전략*.
- 임진희, 이미영. 2006. *기록관리시스템의 투자대비효과(ROI) 분석방법*.

(2) 연구보고서

- 선영란 외. 2006. 구술기록의 기록학적 관리방안.
- 김유리. 2004. 중국의 기록물 분류와 기술.
- 한국국가기록연구원. 2004. 지방기록물관리체제 수립을 위한 제도 방안 연구.
- 한국국가기록연구원. 2004. 영국과 호주의 기록관리메타데이터 연구 보고서.
- 한국국가기록연구원. 2004. 세계 전자 기록관리 모델 연구.
- 한국국가기록연구원. 2004. 육군 기록물관리 기초연구.
- 한국국가기록연구원. 2004. 가톨릭교회 기록물관리방안에 관한 연구 보고서
- 손동유 외. 2005. 대학기록관의 설립 및 운영에 관한 기초연구.
- 김명훈 외. 2004. 교회기록물관리방법론 연구.

(3) 연구총서

- 설문원 외. 2005. 기록관리전문가를 위한 심화교육 프로그램(2).
- 김익한. 2005. 기록관리전문가를 위한 심화교육 프로그램(1).
- 한국국가기록연구원. 2005. 과학기술정보의 장기적 보존을 위한 국가정책.

(4) 번역총서

- 고선미 역. 2006. *현용기록: 생산과 관리(**Organizing and Controlling Current Records**)*.
- 이젬마 역. 2006. *기록관리 비상계획: 업무편람(**Planning for Emergencies: A Procedures Manual**)*.
- 김명훈. 2006. *기록관리직군을 위한 직제 모형.*
- 고선미 역. 2006. *자료관의 기록관리: 업무편람(**Managing Records Centres: A Procedures Manual**)*.

(5) 학술지

본 연구원 공식 학술지는 기록학연구라는 표제하에 현재 2002년 제5권부터 2005년 제12권까지 홈페이지에 제공하고 있다.

RMAS
Records Management & Archives Society of Korea
한국기록관리학회

1 기구

1) 소재사항

소재국가 한국

주   소 한국 경북 경산시 진량읍 내리리 15 대구대학교 사회과학대학 문헌
정보학과 김상호 교수 연구실 내 한국기록관리학회 사무국(712 –
714)

전   화 +53 850 6353

팩   스 +53 850 6359

홈페이지 http://ras.or.kr/modules/doc/index.php?doc＝main

2) 성격

본 학회는 한국의 기록 및 기록관리 관련 연구와 회원 간 협력을 위한 전문기구이다.

3) 설립목적

본 학회는 기록관리학 분야의 학문에 관한 연구를 촉진하고 회원 상호간의 협력을 도모하여, 국내외의 관련학회 및 관련 기관과의 유대를 통하여 기록물관리 분야의 학문발전에 공헌함을 목적으로 한다.

4) 조직

1인의 회장, 1인의 부회장 외에 상임이사진(총무, 연구, 출판, 교육, 국제, 재정, 섭외), 2인의 감사 외에 1인의 편집위원장과 7인의 편집위원 그리고 3인의 학회고문으로 구성되어 있다.

① 회장은 본 학회를 대표하고 회무를 총괄한다.
② 부회장은 회장을 보좌하고, 회장의 유고 시에 그 잔여임기의 직무를 대행한다.
③ 상임이사는 회장단의 임원으로, 학회 전반의 제 업무를 분담 · 관장한다. 또한 상임이사는 임원회를 구성하고 주요사항을 심의하며, 구체적인 각 업무는 다음과 같다.
- 총무이사는 본 학회의 기획 및 제반 업무를 관장한다.
- 연구이사는 본 학회의 연구발표 등 제반 연구활동에 관한 사항을 담당한다.
- 재정이사는 본 학회 재정의 확충 및 관리 등에 관한 사항을 담당한다.
- 출판이사는 본 학회 학회지 등 제반 출판에 관한 사항을 담당한다.
- 편집이사는 본 학회 학회지 · 프로시딩 등 제반 원고의 편집에 관한 사항을 담당한다.
- 교육이사는 본 학회에서 주관하는 워크숍, 연수회, 세미나 등의 교육관련 사항을 담당한다.
- 국제관계이사는 본 학회와 관련된 외국의 학회 · 기관 등과의 국제관계에 관한 사항을 담당한다.
- 섭외이사는 본 학회의 제반 사항에 대한 지원을 담당한다.

④ 감사는 연 1회 이상 회무를 감사하여 총회에 보고한다.

4) 회원

본회의 회원은 명예회원, 정회원, 준회원, 기관회원, 찬조회원 등으로 구분하며 그 자격은 다음과 같다.

(1) 명예회원

본 학회의 발전에 기여한 공로가 현저한 자로서 임원회의 의결을 거쳐야 한다.

(2) 정회원

기록물관리 분야 학문을 연구하며, 본 학회의 목적과 사업에 찬동하는 자로서, 회원 2인 이상의 추천을 거쳐 임원회의 승인을 받아야 한다.

(3) 준회원

기록물관리 분야의 학문을 연구하는 대학원 석·박사과정 학생으로서 회원 1인 이상의 추천을 거쳐 임원회의 승인을 받아야 한다.

(4) 기관회원

본대학원 및 대학 등의 기록관리와 관련된 학과, 각종 기록관리 기관, 박물관·도서관·행정자료실 및 기타 본 학회의 목적과 사업에 찬동하는 기관(단체) 등으로 한다.

(5) 찬조회원

본 학회의 목적에 찬동하고, 그 사업을 원조하는 개인 혹은 기관(단체) 등으로 한다.

4) 총회

본 학회의 총회는 정기총회와 임시총회로 한다. 그중 정기총회는 연 1회, 연말 또는 연초에 회장이 소집하며, 임시총회는 다음의 경우에 회장이 수시로 소집한다. 총회는 다음의 사항을 의결한다.

- 회칙의 제정과 개정
- 임원의 선출
- 사업계획 및 예산결산에 관한 사항
- 기타 중요사항

5) 학술대회

본 학회는 춘계 및 추계의 공식적인 학술대회를 개최한다.

② 정보원

1) 정보원배포정책

본 학회는 '논문검색'란을 통하여 기록 및 기록관리 관련 논문의 검색을 제공하고 있다. 특히 '다운로드'란을 통하여 홈페이지에서 관련 자료의 다운로드를 제공하고 있으며, 다만 이는 홈페이지 회원가입을 통해서만 가능하다. '자료실'에는 주요 세미나 등 관련 자료와 학술발표회 공문 등의 한글문서가 탑재되어 있다.

2) 자료실

- EASTICA(국제공문서관회의 동아시아 지역지부) 제8회 총회 및 세미나
- 2007년 한국기록관리학회 춘계학술발표회
- 제7회 기록관리 워크숍 개최(한국기록관리협회)

UArchives

University Archives & Records Center

한국대학기록관협의회

① 기구

1) 소재사항

소재국가 한국

주   소 한국 대구광역시 북구 산격동 1370 경북대학교 대학기록관

전   화 +82 53 950 6461

팩   스 +82 53 950 6533

전자우편 yiback@skku.edu

홈페이지 http://www.uarchives.or.kr

2) 성격

한국대학기록관협의회(UArchives)는 대학기록의 관리와 보존을 위하여 모든

대학기록관과 유관 단체, 연구자들의 열린 공간을 제공하여 관련 지식과 정보를 소통하고 공유하며, 전문적 이론 및 실무의 연구개발과 교육, 보급 활동을 수행하는 기구이다.

3) 설립연혁

한국대학기록관협의회(UArchives)는 대학기록의 관리와 보존을 정상화하고 지속적인 발전을 위하여 '대학기록관 설립운동'을 추진하며, 방치되거나 산실되어 온 대학의 기록을 발굴하고 수집하여 대학의 역사와 문화를 총정리하고 복원하고, 모든 대학기록관과 유관 단체 및 연구자들의 열린 공간을 제공함으로써 관련 지식과 정보를 소통하고 공유하며, 전문적 이론 및 실무의 연구개발과 교육, 그리고 보급 활동을 수행하기 위하여 2005년 7월 20일에 설립되었다.

4) 설립목적

한국대학기록관협의회는 한국의 대학기록물의 제도적인 관리를 정착시키고, 회원 상호간의 교류와 협력을 증진시키며, 이와 관련된 연구 및 업무에 종사하는 사람들의 발전에 기여함을 목적으로 한다.

5) 조직

- 한국대학기록관협의회는 회장 1인, 부회장 2인, 감사 1인, 사무국장 1인으로 구성되며, 필요에 따라 위원회 및 분과를 두게 된다.
- 회장은 본회를 대표하고, 회무를 총괄하며, 부회장은 회장의 임무를 보좌하며, 회장 유고 시 회장 직무를 대행한다. 감사는 본회의 재정과 회무를 감사하여 보고하고, 사무국장은 회장의 지휘를 받아 제반 회무를 수행한다.
- 회장의 임기는 1년으로 하되 연임이 가능하며, 총회에서 선출한다. 부회장의 임기는 1년으로 하되 연임이 가능하며, 총회에서 선출한다. 감사의 임기는 1

년으로 하되 연임이 가능하며, 총회에서 선출한다.

6) 회원

(1) 회원의 구분

한국대학기록관협의회의 회원은 기록관회원, 개인회원, 그리고 단체회원으로 구분된다.

- 기록관회원은 한국대학기록관협의회의 설립목적에 찬동하는 국내 대학기록관리 기구들이 가입할 수 있다.
- 개인 회원은 대학기록관리 업무를 수행하는 기구의 종사자 및 본회의 설립목적에 찬동하는 개인이 가입할 수 있다.
- 단체회원은 한국대학기록관협의회의 설립목적에 찬동하는 단체라면 가입이 가능하다.

(2) 회원 대학

한국대학기록관협의회의 회원대학은 경남대학교 기록물관리센터, 경동대학교 도서관, 경북대학교 대학기록관, 고려대학교 기록자료실, 국민대학교 교사자료위원회, 금오공과대학교 총무과, 나사렛대학교 총무과, 동의대학교 총무과, 명지대학교 대학사료실, 서강대학교 기록보존소, 서울대학교 기록관, 서울산업대학교 기록관, 서원대학교 총무과, 성균관대학교 교사자료실, 연세대학교 기록보존소, 영남대학교 총무팀, 용인송담대학교 총무과, 울산대학교 중앙도서관 교사자료실, 인제대학교 도서관, 창원대학교 대학기록관, 청강문화산업대학교 정보관 대학사자료실, 한국과학기술원(카이스트) 학술정보처 정보개발팀, 한국해양대학교 총무과, 한남대학교 학술정보관 연속간행물실, 한신대학교 기록정보관, 홍익대학교 기록보존소, 부산대학교 도서관, 인천대학교 기록관 등이 포함된다.

7) 주요사업

① 대학기록관 설립 및 운영에 관한 연구, 조사
② 대학기록관 설립과 제도마련을 위한 사업
③ 대학기록관 간의 상호협력사업
④ 연구회, 세미나, 워크숍 개최
⑤ 회지 등 출판물 발행
⑥ 기타 본회의 목적 달성에 필요한 사업

② 정보원

1) 정보원배포정책

본 협의회는 '자료실'란을 통해 협의회소식지, 협의회자료실의 정보, 연구도서, 사진자료 등을 제공하고 있다.

2) 협의회소식지

- *특별강좌 「기록관리법 개정과 기록관리혁신」 행사안내*
- *한국대학기록관협의회 총회 및 워크숍 관련 자료*
- *한국 대학기록관 설립 및 운영 지침 제1판*
- *대학과 기록. 2006년 가을호.*
- *대학과 기록. 2006년 봄호.*

3. 유럽

3.1 영국

A M A R C

AMARC
Association for Manuscripts and Archives in Research Collections
연구장서메뉴스크립트및기록협회

① 기구

1) 소재사항

소재국가 영국

주   소 Mrs Clare Brown, AMARC Membership Secretary, Assistant Arc-
         hivist, Lambeth Palace Library, London SE1 7JU UK

전자우편 clare.brown@lpl.c－ot－e.org.uk

홈페이지 http://www.manuscripts.org.uk/amarc

2) 성격

연구장서메뉴스크립트및기록협회(AMARC)는 영국과 아일랜드의 도서관 및 다른 연구장서에 관한 메뉴스크립트 및 기록관 연구의 접근성, 보존, 연구를 증진하기 위한 기관이다. AMARC의 전신은 '국가및대학도서관메뉴스크립트그룹협회(SCONUL(Society of College, National and University Libraries) Manuscript Group)'이다.

3) 설립목적

① 메뉴스크립트 장서 및 기록의 보호, 카탈로그화, 관리, 연구, 습득에 있어서의 협력 및 우수사례 장려
② 토론을 위한 포럼 제공 및 지식과 경험 교환의 기회 제공
③ 출판 등의 방법을 통한 연구결과와 정보의 배포 촉진
④ 연구 장서의 메뉴스크립트와 기록 이용자들을 위한 정부 및 고등교육기관의 정책 입안가들을 대표
⑤ 국제 학술 및 전문적인 활동에 참여

4) 회원

AMARC의 회원가입은 AMARC의 활동에 관심이 있는 모든 개인 및 기관을 대상으로 한다.

5) 주요사업

- AMARC의 주요 프로젝트는 전신인 SCONUL의 활동을 그대로 계승하여 영국 도서관 내에 메뉴스크립트 데이터를 정리하는 등의 프로젝트를 수행해 오고 있다.
- AMARC는 또한 리딩대학(Reading University)의 영문학 메뉴스크립트 및 문자등록에 관한 사업을 후원해 오고 있다.

2 정보원

1) 정보원배포정책

본 협회는 'Newsletter'란을 통해 AMARC와 관련된 소식과 정보를 제공하고 있으며, 최근 15년간의 원문을 홈페이지에 탑재하여 제공하고 있다.

2) 뉴스레터(Newsletter)

- 뉴스레터에서는 AMARC의 회의 및 최근동향, 강연소식, 컨퍼런스 및 전람회 관련 정보, 최근 출판물 정보 등에 관한 내용을 제공하고 있다.
- *AMARC Newsletter*라는 표제로 1992년 11월호(제22권)에서부터 2007년 5월호(제48권)까지 홈페이지에 원문을 제공하고 있다.

ASGRA

Association of Scottish Genealogists and Researchers in Archives
스코틀랜드기록계보학자및연구자협회

1 기구

1) 소재사항

소재국가 영국

주   소 93 Colinton Road, Edinburgh, Scotland, EH10 5DF UK

전   화 +44 131 313 1104

홈페이지 http://www.asgra.co.uk

2) 성격

스코틀랜드기록계보학자및연구자협회(ASGRA)는 스코틀랜드의 가족사에 관한 정보를 관리하고 전문연구원들의 연락처 명부를 관리하는 기구이다.

3) 설립연혁

ASGRA는 1981년에 설립된 전신 스코틀랜드계보학자및기록원협회(Association of Scottish Genealogists and Record Agents)의 변경된 명칭이다. ASGRA는 지방 역사가, 작가, 사업기관, 법률기관과 가족을 위한 연구를 수행한다. ASGRA의 회원들은 경험이 풍부한 인정된 전문연구원들로서 스코틀랜드에서 활동하고 있다.

4) 주요사업

① 가족 계보 수집
② 인구조사, 시민 및 교구 등록에 대한 조사
③ 문제해결
④ 살아 있는 친척 찾기
⑤ 스코틀랜드 조상에 대한 추가정보 찾기
⑥ 합법적 조사
⑦ 입양 건
⑧ 역사적 연구
⑨ 재산에 대한 역사
⑩ 오래된 문서 해석
⑪ 라틴어 번역

② 정보원

1) 정보원배포정책

본 협회는 'Links'란에서 스코틀랜드 계보관련 기록관 및 기관들의 홈페이지 목록을 제공한다.

2) 링크(Links)

(1) 기록관

- 스코틀랜드국가기록관(National Archives of Scotland)
  홈페이지: http://www.nas.gov.uk
- 스코틀랜드사람들(Scottands People)
  홈페이지: http://www.scotlandspeople.gov.uk
- 스코틀랜드국가도서관(National Library of Scotland)
  홈페이지: http://www.nls.uk
- 스코틀랜드기록관네트워크(SCAN: Scottish Archives Network)
  홈페이지: http://www.scan.org.uk
- 스코틀랜드기록협회(Scottish Records Association)
  홈페이지: http://www.scottishrecordsassociation.org
- 역사메뉴스크립트위원회(Historical Manuscripts Commission)
  홈페이지: http://www.nra.nationalarchives.gov.uk/nra
- 알콘(Archon)
  홈페이지: http://www.nationalarchives.gov.uk/archon
- 파밀리아(Familia)
  홈페이지: http://www.familia.org.uk

- 라이온법원(Court of the Lord Lyon)

  홈페이지: http://www.lyon—court.com

(2) 지도 및 건물

- 고대및역사적기념물에관한스코틀랜드왕실위원회(Royal Commission on the Ancient and Historical Monuments of Scotland)

  홈페이지: http://www.rcahms.gov.uk

- 스코틀랜드 가이드북(Gazetteer of Scotland)

  홈페이지: http://www.geo.ed.ac/scotgaz

- 국가도서관 지도과(National Library's map section)

  홈페이지: http://www.nls.uk/maps

- 거리지도(Street maps)

  홈페이지: http://www.streetmap.co.uk

- 스코틀랜드통계청(Statistical Account of Scotland)

  홈페이지: http://edina.ac.uk/stat—acc—scot

(3) 일반

- 조상의스코틀랜드(Ancestral Scotland)

  홈페이지: http://www.ancestralscotland.com

- 스코틀랜드방문(Visit Scotland)

  홈페이지: http://www.visitscotland.com

- 알려지지않은스코틀랜드(Undiscovered Scotland)

  홈페이지: http://www.undiscoveredscotland.co.uk

- 신디리스트(Cyndislist)

  홈페이지: http://www.cyndislist.com

- 루츠웹(Rootsweb)

  홈페이지: http://www.rootsweb.com
- 제누키(Genuki)

  홈페이지: http://www.genuki.org.uk
- 가족찾기(Family Search)

  홈페이지: http://www.familysearch.org
- 코먼웰스전쟁그레이브스위원회(Commonwealth War Graves Commission)

  홈페이지: http://www.cwgc.org

BAC

Business Archives Council

경영기록협의회

① 기구

1) 소재사항

소재국가 영국

주   소 c/o Ms K. Sampson, Lloyds TSB Group Archives, 5th Floor, Princess House 1 Suffolk Lane, London EC4R 0AX UK

전   화 +44 20 7489 3945

전자우편 majordomo@gla.ac.uk

홈페이지 http://www.businessarchivescouncil.org.uk

2) 성격

경영기록협의회(BAC)는 회원들의 연간등록비로 운영되는 자선단체이다.

3) 설립연혁

BAC는 1934년에 등록되었으며 경영기구, 도서관 및 관련 기관들과 개인 기록전문가, 기록관리인, 경영인 및 역사가들이 회원으로 활동한다. BAC의 회원들은 연간회의에서 네트워킹의 기회를 갖게 되며 공통의 관심사에 대한 논문 등을 접할 수 있다.

4) 비전 및 임무

BAC는 다음과 같은 네 가지 목적을 바탕으로 활동한다.
① 역사적 중요성을 지닌 경영기록의 보전 및 촉진
② 경영기록 및 현대기록에 관한 정보와 조언 제공
③ 경영역사와 경영기록에 관한 연구와 관심 증대
④ 경영기록 이용자들을 위한 포럼 개최

5) 조직

BAC의 운영위원회는 다음과 같은 권한을 갖는다.
① 기금 마련을 위한 권한
② 이용에 필요한 장비유지 및 BAC의 목적달성에 필요한 자산에 대한 구입, 임대, 교환의 권한
③ 법에 의해서 규정된 BAC 자산의 일부 또는 전부를 처치하거나 임대 또는 판매에 합의
④ 필요시 운영위원회의 구성원이 아닌 스텝 고용 권한

⑤ 다른 자선단체 등과의 협력을 할 수 있는 권한
⑥ 다른 자선협회 및 기관 등을 지원하거나 설립할 수 있는 권한
⑦ 자문위원회 등의 위원회를 지명하거나 구성할 수 있는 권한
⑧ 기관의 목적을 달성하는 데 필요한 합법적인 활동을 할 수 있는 권한

6) 회원

(1) 일반회원

BAC 일반회원의 자격은 기관의 목적에 관심이 있고 연회비를 지불하는 개인 모두에게 열려 있다. 일반회원에는 기업회원, 기관회원, 그리고 개인회원이 속한다.

(2) 명예회원

운영위원회는 BAC에 기여를 한 회원을 명예회원으로 선출하게 된다.

7) 주요사업

BAC는 다음과 같은 활동을 한다.
① 로비활동
② 출판사업
③ 연간회의
④ 워드워스 시상(Wadsworth Prize)
⑤ 대학장학사업
⑥ 설문조사
⑦ 교육
⑧ 자문서비스

② 정보원

1) 정보원배포정책

본 협회의 공식 출판물은 'Publications'란을 통해서 제공하고 있으며, 온라인 열람은 불가능하므로 방문열람을 하여야 하며 이 경우 회원등록을 해야 한다. 회원등록은 전자우편(lcr@socsci−gla.ac.uk)으로 문의를 해야 한다. 한편 'Library'란에는 경영역사 및 기업과 관련된 장서들을 소장하고 있다.

2) 출판물

BAC의 정기간행물인 뉴스레터, 연간보고서, 서적 등을 검색 가능하다. 그 외에 BAC는 정기적으로 저널을 출판하며, 목록열람 및 구입을 위해서는 직접 문의해야 한다.

(1) 뉴스레터(Newsletter)

온라인상으로 2001년 6월호부터 2007년 봄호까지 무료열람이 가능한 뉴스레터가 제공되고 있다.

(2) 연구조사 보고서

설문조사를 통한 연구결과 보고서가 제공되고 있으며, 대표적으로 다음과 같다.

- Hunter, Pamela. 2004. ***Veterinary Medicine: A Guide to the Historical Records.*** Aldershot.
- Richmond, Lesley and Alison Turton. 1990. ***The Brewing Industry: A Guide to Historical Records.*** Manchester.

- Richmond, Lesley and Bridget Stockford. 1986. ***Company Archives: A Survey of the Records of 1000 of the First Registered Companies in England and Wales.*** Aldershot.

BAPH
British Association of Paper Historians
영국종이역사가협회

① 기구

1) 소재사항

소재국가 영국

주   소 Ian Hendry, Membership Secretary 27 North End, Longhaughton, Alnwick NE66 3JG Great Britain

전자우편 Jeanstirk@shode.fsnet.co.uk

홈페이지 http://www.baph.org.uk

2) 성격

영국종이역사가협회(BAPH)는 종이제작 및 보존 등과 관련된 공통의 관심사를 가진 개인, 기업, 기관의 상호 협력을 위한 국가적 차원의 협회이다.

3) 설립연혁

BAPH는 1989년에 설립된 자산재정기관이다.

4) 설립목적

① 종이역사 연구에 관한 정보공유를 위한 중심 역할
② 특히 영국이 종이제작에 선두를 달리고 있다는 점 등의 일반적인 종이제작 역사에 대한 관심 증가
③ 종이역사에 관한 모든 분야의 연구 촉진과 종이제작 장비를 보존하는 기관 장려 및 지원

5) 회원

BAPH의 회원들은 분기별로 발간되는 협회정기간행물과 연간 뉴스레터를 구독할 수 있다.

6) 주요사업

① 계간 정기간행물의 출판
② 3일간의 연간회의 주최
③ 관련 관심과 목적을 가진 유사기관과의 협력

2 정보원

1) 정보원배포정책

본 협회는 'Article Archives'란에서 BAPH의 공식적인 출판물인 정기간행물들

을 제공하고 있다. 'BAPH Publications'란에서 연구논문 등의 출판물 목록을 제공하고 있으며, 다만 열람은 가능하나 출판물의 원문 열람은 직접 구매신청을 해야 한다. 그 외에 'Other Publications'란에서는 BAPH 회원들의 출판물이나 협회관련 내용을 수록하고 있는 출판물의 목록이 제공되고 있으며, 'Web Links'란에서는 관련 기관 홈페이지로의 링크를 제공하고 있다.

2) 정기간행물(Article Archives)

1년에 4회 발간되는 협회정기간행물과 1년마다 발간되는 뉴스레터(Newsletter)를 제공한다. 정기간행물은 연도별과 논문제목별로 브라우징이 가능하나, 직접 구매를 통해서만이 열람 가능하다. 뉴스레터는 온라인상으로 무료열람이 가능하며, News라는 표제로 현재 1998년 겨울호(제33호)부터 2004년 가을호(제56호)까지 홈페이지에 원문을 제공하고 있다.

3) 출판물(BAPH Publications)

(1) BAPH의 출판물로서 'The Oxford Papers'는 다음과 같다.
- *Studies in British Paper History: Volume 1*
- *Studies in British Paper History: Volume II*
- *A History and Documentation*

(2) 협회관련 출판물은 다음과 같다.
- *Chinese Paper Offerings*
- *The International Paper Trade*
- *The Book of Fine Paper*
- *Foundations of Watermarks Study: History, Theory, Practice Matrix 18*
- *Washi in the 19th Century*

• *Forging History: The Detection of Fake Letters & Documents*
• *Architectural Photo Reproductions: A Manual for Identification & Care*
• *A Very Good Public Library: Early Years of the Leeds Library*
• *Puzzles in Paper Concepts in Historical Watermarks*

4) 링크(Links)

(1) 협회

- International Association of Paper Historians
  홈페이지: http://www.paperhistory.org
- The Institute of Paper Conservation
  홈페이지: http://www.icon.org.uk
- Paper Federation of Great Britain
  홈페이지: http://www.paper.org.uk
- Paper Industry Trade Association
  홈페이지: http://www.pita.co.uk

(2) 서적

- Frances Wakeman Books
  홈페이지: http://www.fwbooks.com
- John Balston
  홈페이지: http://www.wovepaper.co.uk
- British Book Trade Index
  홈페이지: http://www.bbti.bham.ac.uk
- Oak Knoll
  홈페이지: http://www.oakknoll.com

(3) 데이터

- Pulp and Paper Information Centre
  홈페이지: http://www.ppic.org.uk
- Paperonline
  홈페이지: http://www.paperonline.org

(4) 교육

- The Manufacture of Fine Papers
  홈페이지: http://www.appstate.edu/~craftjr/paper1/index.htm

(5) 계보학

- Papermakers.org.uk
  홈페이지: http://www.papermakers.org.uk

(6) 일반

- Webguide to the World of Fandmade Paper
- A Short History of Paper Boats

(7) 역사

- Paperonline
  홈페이지: http://www.paperonline.org
- Paper History International Hall of Fame
  홈페이지: http://www.paperhall.org
- Sapphire Project
  홈페이지: http://www.sapphire.ac.uk

- Japanese Paper

  홈페이지: http://shofu.pref.ishikawa.jp/shofu/intro_e/HTML/H_S51601.html

- Chronology of Paper & Papermaking

  홈페이지: http://hempmuseum.org/SUBROOMS/HEMP%20PAPER%20

  CHRON.htm

(8) 제작소(Mills)

- Colthrop Mill, Thatcham

  홈페이지: http://www.thatchamhistoricalsociety.org.uk

- Dickinson's Mills, Hemel Hempstead

  홈페이지: http://www.hemeltoday.co.uk/CustomPages/CustomPage.aspx?PageID

  =4469

- Dulcote Mills

  홈페이지: http://www.dulcote.com/webpages/mills.htm

- Norfolk Mills

  홈페이지: http://www.norfolkmills.co.uk

(9) 박물관

- Heron Corn Mill

  홈페이지: http://www.heronmill.org

- The Pen Room, The Birmingham Pen Trade Heritage Association

  홈페이지: http://www.penroom.co.uk

(10) 종이미술

- Susan Cutts

  홈페이지: http://www.susancutts.com

(11) 워터마크와 종이감식

- The Thomas L. Gravell Watermark Archive

  홈페이지: http://wiz2.cath.vt.edu:8200
- Watermarks

  홈페이지: http://www.watermarks.info/indexi.htm
- (WILC)Watermarks in Incunabula printed in the Low Countries

  홈페이지: http://watermark.kb.nl
- Paper Identification Database

  홈페이지: http://conservation.evtek.fi

BRA
British Records Association
영국기록협회

① 기구

1) 소재사항

소재국가 영국

주   소 The British Records Association c/o Finsbury Library, 245 St John Street, London EC1V 4NB UK

전   화 +44 20 7833 0428

팩   스 +44 20 7833 0416

전자우편   britrecassoc@hotmail.com
홈페이지   http://www.hmc.gov.uk/bra

2) 성격

영국기록협회(BRA)는 영국의 레코드와 기록관련 개인과 기관을 위한 전문적인 협회이다.

3) 설립연혁

영국기록협회(BRA)는 1932년에 설립되었다.

4) 목적

BRA는 역사적 기록의 출판과 이용 그리고 보존을 지원 및 장려를 위하여 활동한다.

5) 회원

- BRA의 회원들은 역사가, 계보학자, 관련 연구원, 기록소장인, 기록전문가, 사서, 기록유지 관련업 종사자 등을 포함한다.
- BRA의 회원은 크게 정회원과 준회원으로 구성된다.

6) 주요사업

BRA는 연간회의를 주최하며, 세미나 프로그램 및 교육 프로그램을 통해 역사적 기록에 대한 인식을 넓혀가고 있다. 또한 기록보관과 관련한 조언이 필요한 기관에 컨설팅 업무도 제공하고 있다.

2 정보원

1) 정보원배포정책

본 협회는 'Publications'란을 통해서 협회의 정기간행물 및 뉴스레터를 제공하고 있다.

2) 출판물(Publications)

출판물의 경우 회원들은 무료로 열람이 가능하나 비회원의 경우 직접 구매신청을 해야 한다. 대표적인 목록은 다음과 같다.

- *Records of the Established Church in England*
- *Indexing for Editors*
- *Editing Records for Publication*
- *Manorial Records*
- *Irish History from 1700: a Guide to Sources in the Public Record Office*
- *Materials for the Local and Regional Study of Schooling 1700~1900*
- *Sources for the History of English Non Conformity*
- *Sources for the History of London 1939~1945*
- *Documenting the History of Houses*

FoRA
Friends of Rotherham Archives
로더함기록프렌즈

① 기구

1) 소재사항

소재국가　영국

홈페이지　http://website.lineone.net/~tony.munford

2) 설립연혁

로더함기록프렌즈(FoRA)는 1997년 2월 대중모임에서 설립되어 현재 100여 명의 회원을 두고 있는 로더함 메트로폴리탄 지역의 기록 및 지역역사유산 보존을 위한 기구이다.

3) 비전 및 임무

① 로더함 메트로폴리탄 지역의 기록 및 지역역사유산 보존에 있어서의 기록관 및 로더함 중앙도서관 지역연구섹션의 활동 지원

② 기록관 및 지역연구섹션을 대신한 캠페인 활동

③ 기록, 서적 및 설비 구입을 위한 기금 마련

④ 지역연구섹션 담당 직원에게 기록의 존재 공지 및 도서관으로의 기록 이전 지원

⑤ 목록 작성 및 출처 인덱싱 지원

⑥ 기록관 및 지역연구섹션의 직원과 이용자 상호간의 정보 교환이 가능하도록 이용자 포럼으로서 활동

⑦ 기록관 및 지역연구섹션에 의해 제공되는 서비스 향상 지원

⑧ 회원들을 위한 대화 및 방문과 같은 프로그램 조직

4) 회원

FoRA의 회원은 1871년 센서스 등을 포함한 많은 고전기록들의 인덱싱을 위한 자원봉사자들로 구성되어 있다.

5) 주요사업

- 로더함 지역의 기록을 보존하기 위한 캠페인 활동
- 정기적으로 뉴스레터 발행

② 정보원

1) 정보원배포정책

본 기구의 보도자료와 특별 프로그램을 제공하는 'News' 및 'Program'란은 2007년 12월 현재 아직 공사 중이다. 그 밖에 'News Archive'란을 통해 FoRA의 정기간행물인 뉴스레터의 일부를 온라인상에 제공하고 있으며, 전체 열람은 직접 구매를 통해서 가능하다. 'Links'란에서는 FoRA와 관련된 기관의 홈페이지로의 링크를 제공한다.

2) 뉴스레터(Newsletter)

최근의 뉴스레터는 제공되고 있지 않고, 다만 현재 1998년 8월호와 1999년 1월호만이 제공되고 있다.

3) 링크(Links)

(1) 기록관 및 지역연구섹션

- 영국도서관(British Library)
  홈페이지: http://website.lineone.net/~tony.munford
- 공공기록국(Public Record Office, The National Archives)
  홈페이지: http://www.nationalarchives.gov.uk/default.htm
- GENUKI
  홈페이지: http://www.genuki.org.uk
  영국, 아일랜드를 비롯한 전세계의 계보학 자료 및 정보로의 인터넷 게이트웨이

(2) 지역 홈페이지
홈페이지: http://website.lineone.net/~tony.munford

- J31
  18개의 타운 및 마을에 대한 사이트
- JudandK
  로더함과 관련된 사이트로의 링크를 제공
- 로더함광고주(Rotherham Advertiser)
  전자형태의 지역 주간신문
- 로더함병원

(3) 지역 가족역사 사회(Local Family History Societies)

- 쉐필드지역가족역사협회(Sheffield and District Family History Society)
  홈페이지: http://www.sheffieldfhs.org.uk

MLA
Museums, Libraries and Archives Council
박물관 · 도서관 · 기록관협의회

① 기구

1) 소재사항

소재국가　영국

주　　소　The Museums, Libraries and Archives Council(MLA), Victoria House
　　　　　Southampton Row London WC1B 4EA UK

전　　화　+44 20 7273 1444

팩　　스　+44 20 7273 1404

전자우편　info@mla.gov.uk

홈페이지　http://www.mla.gov.uk

2) 성격

박물관 · 도서관 · 기록관협의회(MLA)는 박물관, 갤러리, 도서관 및 기록관을
위한 정부기관이다. MLA는 모든 연령층의 다양한 배경을 가진 주민 및 방문

이용자들과 독자들을 위한 전문적 기준과 좀더 나은 서비스를 고취하기 위해 설립되었다.

3) 설립연혁

MLA는 비부처간대중기구(NDPB: Non-Departmental Public Body)로서 문화, 미디어, 스포츠국(DCMS: Department for Culture, Media and Sport)에 의해 지원을 받고 있다. 2000년 4월 MLA는 박물관, 기록관, 그리고 도서관을 위해 활동하는 전략적 기구로서 설립되었으며, 박물관 및 갤러리위원회(MGC: Museums and Galleries Commission)와 기록관을 포함하는 도서관 및 정보위원회(LIC: Library and Information Commission)를 대체하는 협력적 기구이다.

4) 주요사업

MLA는 영국 내에서의 전략적인 리더십을 제공하며, 영국 전역에 걸친 파트너들과의 협력을 추진한다. MLA의 연구사업은 향상을 촉진하는 모범사례를 제공한다. 또한 MLA는 혁신을 위한 기금기구로의 조언, 지원, 자원을 제공한다.

5) 프로그램

MLA는 다양한 종류의 프로젝트를 관리하며 박물관, 도서관 및 기록관을 촉진하기 위한 많은 전략적 이니셔티브를 이끈다.

(1) 인가(Accreditation)

MLA의 박물관 인가제도는 영국 박물관을 위해 국가적으로 동의된 기준에 의해 진행된다.

(2) 기록관을 위한 활동

기록관을 위한 활동은 지역 및 국가적인 MLA 파트너십 프로그램의 실제적인 지원 및 기록관을 위한 개발활동이다.

(3) 문화적 재산

문화적 재산은 정부 면책제도와 작품수출 감사위원회 그리고 MLA의 수출 허가부인 'Lieu'의 인증을 포함한다.

(4) DCMS Wolfson

대중도서관기금인 'DCMS Wolfson'은 잉글랜드 도서관의 프로젝트에 13만 파운드 이상의 기금을 제공한다. MLA는 이 기금의 평가와 지급을 관장한다.

(5) 지정(Designation)

지정제도는 잉글랜드의 국립박물관이 아닌 컬렉션 중에서 뛰어난 작품을 선정하는 역할을 한다.

(6) 디지털 이니셔티브

MLA는 수많은 디지털 이니셔티브에 대해서 기금 또는 조언을 제공한다. 또한 '지식 웹(Knowledge Web)'을 구축하는 활동을 하고 디지털콘텐츠 형성을 위한 장기적인 정부지원을 강화한다.

(7) 미래를 위한 프레임워크(Framework for the Future)

미래를 위한 프레임워크는 MLA가 실행을 담당하고 있는 공공도서관을 위한 정부의 10년 계획 전략이다.

(8) 모두를 위한 학습(Inspiring Learning For All)

모두를 위한 학습은 기구들이 접근 가능한 학습을 확대하고 그들이 제공하는 학습의 기회를 제공하는 것을 돕는 가이드이다.

(9) 도서관과 장애(Libraries and Disability)

MLA는 도서관 직원들이 장애인을 위한 동등한 기회를 제공하는 것을 도울 수 있는 정보 및 학습자원을 제공한다.

(10) 사람들의 네트워크(People's Network)

사람들의 네트워크는 인터넷과 훈련된 직원을 포함한 모든 공공도서관을 연결하는 최초의 프로젝트이다.

(11) 이동 가능한 유품(Portable Antiquities)

이동 가능한 유품제도는 잉글랜드와 웨일즈의 대중에 의한 고고학적 발견의 자발적 기록을 장려한다.

(12) 르네상스

르네상스는 잉글랜드 지역 박물관의 부흥을 위한 청사진이다.

(13) 단계설정(Setting the Pace)

단계설정은 MLA 파트너십의 2012 올림픽대회와 관련된 이름이다.

(14) 더 넓은 도서관 프로그램(Wider Libraries Programme)

더 넓은 도서관 프로그램은 공공도서관이 아닌 교육, 의료서비스 또는 자발적 기구와 같은 기구들의 기여를 최대화하기 위한 프로젝트이다.

② 정보원

1) 정보원배포정책

본 협의회는 'News Room'과 'Publications', 'Links'란을 통해서 MLA 관련의 다양한 정보를 제공하고 있다. 구체적으로 'News Room'란에서는 최근 보도 자료를 접할 수 있으며, 'Publication'란에서는 MLA의 출판물을 무료로 검색 열람할 수 있도록 제공하고 있다. 한편, 'Links'란을 통해서 주제별 관련 홈페이지의 브라우징이 가능하다.

2) 보도자료(News Room)

MLA 사이트 등록을 통해 전자우편으로 보도자료를 받아볼 수도 있다. 대표적 최근자료는 다음과 같다.

- *MLA Council Sets out Restructuring Plans as Part of Reform.* Wednesday 12 December 2007.
- *First Winners of Their Past Your Future 2 Funding Announced.* Wednesday 12 December 2007.
- *Time Ticks on Rescue of Rare 14th Century Pocket Astrolabe Quadrant.* Tuesday 04 December 2007.
- *MLA Offers Bold Vision for Future.* Wednesday 21 November 2007.

3) 출판물(Publications)

주제별 및 날짜별 브라우징이 가능하다. 주제별 브라우징은 알파벳순 브라우징을 할 수 있도록 되어 있다. MLA의 최근 출판물의 목록은 다음과 같다.

- *An Introduction to Museums, Libraries and Archives*
- *CSR Briefing Sheet on Archives*

NCA
National Council on Archives, UK
영국국가아카이브스협의회

① 기구

1) 소재사항

소재국가　영국

주　　소　Ruskin Avenue, Kew, Richmond Surrey TW9 4DU UK

전　　화　+44 20 8392 5347

팩　　스　+44 20 8487 1987

전자우편　nca@nationalarchives.gov.uk

홈페이지　http://www.ncaonline.org.uk

2) 성격

영국국가아카이브스협의회(NCA)는 회원으로 구성된 자선단체의 성격을 가진 기구로서 NCA는 공통의 관심사에 대한 여론을 발전시키고 기록커뮤니티를 위한 권한을 제공하기 위해 설립되었다.

3) 설립연혁

NCA는 서비스제공기관, 이용자, 정책입안가 등을 포함한 영국 전역에 걸쳐 기록 및 기록 이용에 관심이 있는 기구들이 모여 1988년 설립되었다.

4) 설립목적

① 기록관련 현존 문제에 대한 대중, 정부, 관련 기관 또는 기구의 관심 고조
② 국가 기록 및 박물관·도서관·기록관협의회(MLA)의 활동 지원
③ 기록관련 지속적인 대중교육 프로그램 지원 및 장려
④ 컨퍼런스나 출판을 통해 대중에게 현존하는 기록 서비스와 기록유산 보존의 중요성에 대한 정보 전달
⑤ 기록관 지원 관련 기금 마련 장려 및 조언 제공
⑥ 기록보존소에 대한 최소한의 기준 정의(definition) 수행
⑦ 현재의 기록 입수 정책 및 활동 평가 및 단점이나 결함 확인
⑧ 유관 기관 상호간의 협력 장려

5) 조직

NCA는 다음과 같은 영국지방기록협의회로 구성된다.
- 웨일즈기록협의회(Cyngor Archifau Cymru/Archives Council Wales)
- 스코틀랜드기록협의회(SCA: Scottish Council on Archives)
- 동부잉글랜드기록협의회(EERAC: East of England Regional Archive Council)
- 중서부잉글랜드기록포럼(West Midlands Regional Archive Forum)
- 중동부잉글랜드기록협의회(EMRAC: East Midlands Regional Archives Council)
- 요크셔기록협의회(YAC: Yorkshire Archives Council)
- 북서부잉글랜드기록협의회(NWRAC: North West Regional Archives Council)
- 북동부잉글랜드기록협의회(NERAC: North East Regional Archives Council)

- 남서부잉글랜드기록협의회(SWRAC: South West Regional Archive Council)
- 남동부잉글랜드기록정책자문기구(Archive Policy Advisory Group for the South East)
- 런던기록관(Archives for London)

6) 회원

NCA의 회원 기구들은 다음과 같다.
- 웨일즈기록협의회(Archives Council Wales)
- 메뉴스크립트 및 기록연구컬렉션협회(Association for Manuscripts and Archives in Research Collections)
- 지방정부 대표 기록전문가 협회(Association of Chief Archivists in Local Government)
- 기업기록협의회(Business Archives Council)
- 영국지방역사협회(British Association for Local History)
- 영국기록협회(British Records Association)
- 연구도서관컨소시엄(Consortium of Research Libraries)
- 가족역사협회연방(Federation of Family History Societies)
- 영화기록포럼(Film Archive Forum)
- 왕립역사사회(Royal Historical Society)
- 기록전문가협회(Society of Archivists)

7) 질적 대중서비스를 위한 단체(PSQG)

질적 대중서비스를 위한 단체(PSQG: Public Services Quality Group)는 1996년에 설립된 기록전문가를 위한 비공식적 네트워크이다. 모범사례 및 질적 이슈에 대해 관심이 있는 기록전문가들의 모임이라 할 수 있다. PSQG는 기록

커뮤니티 내에서 실행과 앞서 가는 개발에 대한 정보를 개인들이 공유할 수 있는 기회를 마련하고자 고안되었다.

8) 관련 단체

- 중동부지역기록협의회(East Midlands Regional Archive Council)
  홈페이지: http://www.ncaonline.org.uk/about_nca/regional_archive_councils/nerac
- Community Archives
  홈페이지: http://www.communityarchives.org.uk

② 정보원

1) 정보원배포정책

본 협의회는 'News'와 'Advocacy & Publications'란에서 NCA의 보도자료와 연간보고서 및 출판물에 대한 검색을 제공하고 있으며, 특히 홈페이지에 최근 목록을 제공하고 있다. 'Links to other groups'란을 통해서는 관련 단체의 홈페이지로의 접근 또한 가능하다.

2) 보도자료(News)

보도자료뿐 아니라 연간보고서에 대한 소개도 이곳에서 검색할 수 있다. 또한 'archive'를 통해 기존의 자료들을 월별로 분류·정리하여 놓아 매우 편리하게 검색 열람할 수 있다.

3) 출판물(Publications)

NCA의 출판물과 연간보고서를 제공하고 있다.

(1) 출판물

현재 홈페이지에 제공되는 출판물은 2003년부터 2007년도까지를 대상으로
한다. 그중 대표적인 목록은 다음과 같다.
- ***Consultation on Strategy for UK Screen Heritage***
- ***National Council on Archives response to Heritage Protection for 21st Century White Paper***
- ***Archives Task Force, Letter to Tessa Jowell.*** May 2004
- ***National Monuments Record. February.*** 2004
- ***The National Archives Proposed Framework of Standards.*** January 2004

(2) 연간보고서(Annual Review)

- ***Annual Review 2001~2002***
- ***Annual Review 2003~2004***
- ***Annual Review 2005~2006***

4) 링크(Links)

- The National Archives
  홈페이지: http://www.nationalarchives.gov.uk
- Museums, Libraries and Archives Council
  홈페이지: http://www.mla.gov.uk/home
- The National Archives of Scotland

- 홈페이지: http://www.nas.gov.uk
- The Public Record Office of Northern Ireland
  홈페이지: http://www.proni.gov.uk
- Archives Hub
  홈페이지: http://www.archiveshub.ac.uk
- The Family Records Centre
  홈페이지: http://www.familyrecords.gov.uk/frc
- Scottish Documents.com
  홈페이지: http://www.scottishdocuments.com
- A2A(Access to Archives)
  홈페이지: http://www.a2a.org.uk
- Scotland's People
  홈페이지: http://www.scotlandspeople.gov.uk
- The British Library's Manuscript Collections
  홈페이지: http://www.bl.uk/collections/manuscripts.html
- SCA(Scottish Council on Archives)
  홈페이지: http://www.archives.org.uk/sca
- ARCW(Archives Network Wales Archives and Records Council Wales)
  홈페이지: http://www.archivesnetworkwales.info
- CyMAL: Museums, Archives and Libraries Wales
  홈페이지: http://new.wales.gov.uk/topics/cultureandsport/museumsarchiveslibraries/
         cymalL4/?lang=en
- Arts and Humanities Data Service
  홈페이지: http://ahds.ac.uk
- Digital Preservation Coalition
  홈페이지: http://www.dpconline.org/graphics/index.html

NWRAC
North West Regional Archive Council
북서부아일랜드기록협의회

① 기구

1) 소재사항

소재국가   영국

전자우편   NWArchives@nwmlac.org.uk

홈페이지   http://www.northwestarchives.org.uk

2) 성격

북서부아일랜드기록협의회(NWRAC)는 영국 북서부 지역의 컴브리아 주, 랭커셔 주, 머지사이드 주, 맨체스터 주, 그리고 체셔 주의 기록 커뮤니티를 대표한다.

3) 비전 및 임무

특정 지역 기록의 효과적인 보존을 촉진시키기고 대중의 기록 이용을 장려하기 위해 설립되었다.

4) 조직

NWRAC의 지역기록협의회는 각각 소위원회를 결성할 수 있으며, 또한 조직의 의장을 지명할 수 있는 권리가 있다.

5) 회원

국가기록협의회의 회원을 선출할 수 있는 기관이나 협회는 지역협의회의 대표 자격을 갖는다. 이러한 대표 기관들은 NWRAC의 회원기관으로서 영국 북서부 지역의 각 지역을 대표하는 활동을 하게 된다.

6) 주요업무

NWRAC는 다음과 같은 대표적인 활동을 수행한다.
- Logjam. 카탈로그화되지 않은 기록관 감사
- 기록접근지원프로젝트(Access to Archives (A2A) Support Project)
- 데이터수집프로젝트. 이 프로젝트는 장서도표화작업(Collection Mapping project), 메타데이터프로젝트(Metadata project), 그리고 노동시장정보조사(Labour Market Information Survey)를 수행한다.

② 정보원

1) 정보원배포정책

본 협의회는 'News'와 'Seminars'란을 통하여 NWRAC의 관련 뉴스레터와 세미나자료를 제공하고 있다. 'News'란에서는 보도자료보다는 NWRAC의 프로젝트 활동에 대한 소식을 홈페이지를 통해 알리고 있다. 한편, 'Seminars' 및 'Links'란에서는 NWRAC와 관련된 보고서 및 홈페이지 링크를 제공하고 있다.

2) 세미나 보고서(Seminars)

최근에 열린 세미나에서 발표된 자료를 검색 열람할 수 있다. 대표적인 예는
다음과 같다.

- *Well, it's only Filing isn't it?: Why and How Organizations Should Manage Their Records*
- *Business Perspectives on Record Keeping*
- *Freedom of Information: It's Nearer than You Think*
- *What can I do Tomorrow Morning? The First Few Steps* to *Managing Records Effectively*

3) 링크(Links)

북서부 아일랜드 지역의 기록 및 기록관리 관련 기구와 협의회로 정보원을 제
공하고 홈페이지와의 연계를 제공하고 있다.

(1) 국제 및 국가기구

- 기록관리자및행정가협회(Association of Records Managers Administrators)
  홈페이지: http://www.arma.org
- 영국기록협회(British Records Association)
  홈페이지: http://www.britishrecordsassociation.org.uk
- 문화, 미디어, 스포츠부(Department for Culture, Media and Sport)
  홈페이지: http://www.culture.gov.uk
- 유럽연합기록네트워크(EUAN: European Union Archival Network)
  홈페이지: http://www.euan.org
- 유적로터리기금(Heritage Lottery Fund)
  홈페이지: http://www.hlf.org.uk/English

- 고등교육기록관허브(Higher Education Archives Hub)

  홈페이지: http://www.archiveshub.ac.uk

- 역사메뉴스크립트위원회(Historical Manuscripts Commission)

  홈페이지: http://www.nationalarchives.gov.uk

- 국제아카이브스협의회(International Council on Archives)

  홈페이지: http://www.ica.org

- 국제기록관리신탁(International Records Management Trust)

  홈페이지: http://www.irmt.org

- 국가기록관협의회(National Council on Archives)

  홈페이지: http://www.nationalarchives.gov.uk

- 공공기록사무소(Public Record Office)

  홈페이지: http://www.nationalarchives.gov.uk/default.htm

- 대영제국기록관리사회(Records Management Society of Great Britain)

  홈페이지: http://www.mla.gov.uk/home

- 박물관, 기록관및도서관협의회(The Council for Museums, Archives and Libraries)

  홈페이지: http://www.mla.gov.uk/home

- 스코틀랜드기록관네트워크(SCAN: Scottish Archive Network)

  홈페이지: http://www.scan.org.uk

- 기록전문가협회(Society of Archivists)

  홈페이지: http://www.archives.org.uk

- 유네스코기록관포털(UNESCO Archives Portal)

  홈페이지: http://www.unesco.org/cgi-bin/webworld/portal_archives/cgi/page.cgi?d=1

(2) 지역기록협의회

- 중동부잉글랜드기록협의회(EMRAC: East   Midlands   Regional   Archive

Council)

　홈페이지: www.mlaeastmidlands.org.uk

- 동부잉글랜드기록협의회(ERAC: Eastern Regional Archive Council)

　홈페이지: www.mlanortheast.org.uk

- 런던기록협의회(London Regional Archive Council)

　홈페이지: www.archivesforlondon.org/about - us.php

- 북동부잉글랜드도서관및기록관협의회(North East Midland Library and Archive Council)

　홈페이지: http://www.thenortheast.com

- 남동부잉글랜드기록협의회(SERAC: South East Regional Archive Council)

　홈페이지: www.mlasoutheast.org.uk

- 남서부잉글랜드기록협의회(SWRAC: South West Regional Archive Council)

　홈페이지: www.mlasouthwest.org.uk

- 서부잉글랜드기록협의회(WMRAC: West Midlands Regional Archive Council)

　홈페이지: www.mlawestmidlands.org.uk

- 요크셔기록협의회(Yorkshire Regional Archive Council)

　홈페이지: www.ncaonline.org.uk/about_nca/regional_archive_councils/yac

(3) 북서부잉글랜드지역기구

- 잉글랜드의북서부(England's North West)

　홈페이지: http://www.englandsnorthwest.com

- 북서부잉글랜드정부사무소(Government Office North West)

　홈페이지: http://www.go - nw.gov.uk

- 북서부잉글랜드개발국(North West Development Agency)

　홈페이지: http://www.nwda.co.uk

- 북서부잉글랜드박물관서비스(North West Museums Service)

홈페이지: http://www.nwmuseum.co.uk
* 북서부잉글랜드의회(North West Regional Assembly)
홈페이지: http://www.northwest－england.org.uk

(4) 정책 도큐먼트 및 토론보고서

* 기록관에 대한 정부정책: 행동방안(Government Policy on Archives: Action Plan)
홈페이지: http://www.nationalarchives.gov.uk/archives

(5) 게이트웨이 및 서비스

* A2A(Access to Archives)
홈페이지: http://www.nationalarchives.gov.uk/partnerprojects/a2a
* HMC ARCHON
* HMC A－Z
홈페이지: http://www.nationalarchives.gov.uk/portal
대중적 전문기구로서 기록관련 포털서비스를 제공한다.
* 국가기록등록(National Register of Archives)
홈페이지: http://www.nationalarchives.gov.uk/nra/default.asp
* PRO카탈로그(PRO Catalogue)
홈페이지: http://www.nationalarchives.gov.uk/catalogue/default.asp?j＝1
* PRO링크(PRO Links)
홈페이지: http://www.nationalarchives.gov.uk/archives

RMS
Records Management Society
기록관리협회

1 기구

1) 소재사항

소재국가 영국

주   소 Woodside, Coleheath Bottom Speen, Princes Risborough, Bucks H-
P27 0SZ UK

전   화 +44 1494 488566

팩   스 +44 1494 488590

전자우편 info@rms－gb.org.uk

홈페이지 http://www.rms－gb.org.uk

2) 성격

기록관리협회(RMS)는 그들의 직업 및 기관 또는 자격과는 상관없이 기록 또는
정보관리와 관련된 활동을 하는 모든 이들을 위한 앞서 가는 전문협회이다.

3) 설립연혁

RMS는 1983년에 설립된 기록과 정보관리 분야에서 지속적으로 성장하고 있
는 기관이다.

4) 비전 및 임무

RMS는 기록과 정보관리에 있어서의 리더십을 제공하기 위해 다음과 같은 목적을 갖고 활동한다.

① 외부와의 연결 및 관계촉진을 통한 기록관리와 기록관리자의 지위 향상
② 지식 및 전문성 공유를 통한 전문성 개발 지원

5) 조직

- RMS의 운영진은 의장, 부의장, 비서관, 재무담당 그리고 4인의 국장을 포함한다.
- 운영위원회는 총회를 담당한다. 운영위원회의 구성원은 3인이 넘지 않는 기관의 회원으로 구성된다.

6) 회원

- 기록과 정보에 관여하는 모든 이들은 가입이 가능하다. 관련 분야에서 기록 또는 정보시스템 개발을 원하는 기구나 그러한 서비스를 제공하는 기구는 모두 회원기구로 가입 가능하다.
- RMS의 회원은 크게 일반회원, 명예회원, 법인회원, 학생회원, 그리고 퇴직회원으로 구분되며 구체적으로 다음과 같다.

(1) 법인회원

RMS의 목적 지지에 관심이 있는 기관, 기구, 기업 또는 개인은 모두 법인회원으로 가입이 가능하다.

(2) 학생회원

기록관리 분야에 있어서 인정받은 기관에서 교육을 받고 있으며, RMS의 목적 지지에 관심이 있는 개인은 학생회원으로 가입이 가능하다.

(3) 퇴직회원

전문직 활동을 하다가 은퇴한 개인은 퇴직회원으로 가입이 가능하다.

7) 주요사업

- 회원들과 관련 직업인들의 긴밀하고 정기적인 교류를 통해 RMS는 최상의 전문기준을 제공한다.
- RMS는 전문가의 강연이나 사무기술 및 기록서비스, 기록관리와 관련된 법률과 관련된 토론을 위한 정기적 회의를 주최한다.
- RMS는 또한 교육 프로그램과 기술 및 정보에 관한 출판물 작성을 장려한다.

8) 특별이익단체

RMS의 특별이익단체(SIGs: Special Interest Groups)는 회원들이 RMS 내에서 더욱 활동적이 될 수 있도록 회원들 상호간의 네트워크를 제공한다. SIGs는 회원들이 지식을 모으고 유용한 기록관리 기술을 개발하며 RMS 지역정부단체, RMS 고등교육단체, RMS 아일랜드단체, RMS 런던단체, RMS 북잉글랜드단체, RMS 중부잉글랜드단체, RMS 스코틀랜드단체, RMS 남부잉글랜드단체, RMS 남서부잉글랜드단체, RMS 웨일즈단체 등 전문영역의 기반을 세울 수 있도록 한다.

2 정보원

1) 정보원배포정책

본 협회는 'RMS Bulletin'과 'Information Guides'란에서 RMS의 안내자료와 유용한 도큐먼트의 원문을 홈페이지에 탑재하여 제공하고 있다.

2) 안내자료(RMS Bulletin)

두 달에 한 번씩 발행되는 격월간 성격의 *RMS Bulletin*은 RMS의 공식적인 출판물로서 홈페이지에서 무료로 열람할 수 있다. 최근 발행된 대표적인 목록은 다음과 같다.

- ***RMS Bulletin issue 140.*** November 2007.
- ***RMS Bulletin issue 139.*** September 2007.
- ***RMS Bulletin issue 138.*** July 2007.

3) 정보가이드(Information Guides)

RMS에서 제공하는 도큐먼트나 출판물을 열람할 수 있다. 대표적인 목록은 다음과 같다.

- ***Colleges/Universities Running Records, Information/Knowledge Management and/or Archiving Courses in the UK***
- ***FoI Guidance on Deposited Public Records***
- ***The National Archives Standard for Record Repositories***
- ***New Metadata Standard from the National Archives***

SAG
Scientific Archivists Group
과학기록전문가그룹

① 기구

1) 소재사항

소재국가 영국

주   소 Laura Logie, Vericore Limited, Kinnoul Road, Kingsway West, DU-
NDEE DD2 3XR UK

전자우편 saginfo@sagroup.org.uk.

홈페이지 http://www.sagroup.org.uk

2) 성격

과학기록학이란 수집, 안전한 보관, 기록관리, 그리고 과학적 데이터에 의한 정렬된 배포를 의미한다. 과학기록전문가그룹(SAG)은 이러한 이론적 배경을 바탕으로 과학기록에 대한 지식을 교환하는 전문적인 기구이다.

3) 설립연혁

과학기록전문가그룹(SAG)는 과학기록에 대한 지식을 교환하기 위해 1981년 설립되었다.

4) 설립목적

① 회원들의 전문적 지위 개발

② 기록영역 향상

③ 기록관의 경영, 과학, 법률적 필요 충족 확보

④ 수준 높은 외부 프로파일 장려

5) 주요사업

- 기록 및 직원과 관련된 과정에서의 교육 및 회원들의 전문적 자질 향상촉진
- 기록전문가 및 기록관리자의 직업 기준 향상
- 최근의 이슈에 대한 협력
- 모든 종류의 정기간행물, 서적 등의 출판
- 기록전문가, 도큐먼트 및 기록관리자의 역할에 대한 정보교환을 가능하게 하는 회의 및 심포지엄 등 촉진 및 참여
- 회원들의 기술적 개발 장려

② 정보원

1) 정보원배포정책

본 그룹의 공식 출판물인 정기간행물의 기사색인을 'Sagacity'란을 통해 홈페이지에 제공하고 있다. 다만 원문의 경우 홈페이지에서의 무료열람은 불가능하며, 열람을 위해서는 직접 주문 구매하여야 한다.

412

2) 정기간행물

*Sagacity*라는 표제로 1년에 두 번 출간되는 SGA의 정기간행물이다. 참고로 2007년 간행본에 실린 논문의 주제는 다음과 같다.

- ***Archiving for Drug Safety***
- ***Training, Including the Challenges of Distance Learning***
- ***The Workshops from the Autumn Conference in Newcastle***
- ***The 2007 GLP Consultative Committee***
- ***The OECD GLP Advisory Document on Archiving***

SoA
Society of Archivists
기록전문가협회

① 기구

1) 소재사항

소재국가　영국

주　　소　Society of Archivists, Prioryfield House 20 Canon Street, Taunton
　　　　　Somerset, TA1 1SW UK

전　　화　＋44 1823 327030

팩　　스　＋44 1823 271719

전자우편　membership@archives.org.uk

홈페이지 http://www.archives.org.uk

2) 성격

기록전문가협회(SoA)는 영국과 아일랜드 지역의 기록전문가와 기록보존가 (archive conservators) 및 기록관리자들을 위한 전문기관이다.

3) 설립연혁

SoA는 1947년 '지역기록전문가협회(Society of Local Archivists)'라는 이름으로 시작하였다. 현재의 명칭은 설립 후 7년 뒤인 1954년에 변경되었다.

4) 비전 및 임무

① 기록보존과 관리 및 기록보존소의 더 나은 행정 촉진
② 회원들에게 수준 높은 교육을 제공
③ 관련 연구활동 및 출판활동 장려
④ 기록, 기록관리, 기록보존의 세계에서 인종, 피부색, 종교 및 믿음, 국적, 장애, 성별, 혼인 여부, 나이와 관계없는 동등한 기회 촉진

5) 조직

- SoA의 위원회는 집행위원회 또는 상임위원회의 의사결정기구이다.
- 모든 집행위원회의 임원들은 경영위원회(Management Committee)에 해당되기도 한다.
- 그 밖에 법인위원회, 전문위원회, 지역위원회, 소위원회 컨퍼런스, 지속적 개발에 관한 소위원회, 교육 및 개발위원회, 외부자격 위원회, 재정소위원회, 국제관계소위원회, 법률소위원회, 인사관리소위원회, 출판소위원회, 지역과

단체교육 및 개발 소위원회, 등록소위원회, 연구조사소위원회, 홈페이지소위원회가 존재한다.

6) 회원

SoA는 현재 총 1,800명이 넘는 개인 및 기관회원을 두고 있다. 회원들을 통해서 SoA는 높은 수준의 기록관 관리와 기록시스템의 효과적인 경영을 추구한다. SoA의 회원은 학생회원, 정회원, 부회원, 그리고 해외회원으로 구성된다.

7) 특별이익단체

특별이익단체(Special Interest Groups)의 회원은 개인의 의사에 달려 있다. SoA의 회원이라면 누구나 다음과 같은 일곱 개의 단체에 소속할 수 있다.

① 교육 및 학습을 위한 기록단체(AfELG: Archives for Education and Learning Group)

② 경영기록단체(BRG: Business Records Group)

③ 데이터기준단체(DSG: Data Standards Group)

④ 영화, 음향, 사진단체(FSPG: Film, Sound and Photography Group)

⑤ 보전 및 보존단체(PCG: Preservation and Conservation Group)

⑥ 기록관리단체(RMG: Records Management Group)

⑦ 전문보존소단체(SRG: Specialist Repositories Group)

8) 관련 기관

(1) 기록관 및 박물관 상임 컨퍼런스(SCAM: Standing Conference on Archives and Museums)

홈페이지: http://www.hmc.gov.uk/SCAM/home.htm

(2) 종교기록전문가그룹(Religious Archivists Group)

홈페이지: http://www.archives.org.uk/thesociety/specialinterestgroups/
specialistrepositoriesgroup/whoandwhatareouraffiliatedgroups/religi
ousarchivesgroup.html

② 정보원

1) 정보원배포정책

SoA의 공식 출판물과 도큐먼트는 'Publications'와 'Documents Downloads'란
에서 제공하고 있다. 정기간행물 열람은 직접 구매를 해야 하며, 최근의 뉴스
레터는 다운로드를 제공하여 무료 열람이 가능하다.

2) 출판물(Publications)

SoA의 대표적인 출판물은 SoA저널, 뉴스레터(ARC), 그리고 연구조사보고서
로 구분된다. 대부분의 저널과 출판물을 직접 주문구매를 통해서 열람이 가능
하며, 보고서의 경우 회원에게만 제한적으로 공개된다. 뉴스레터의 최근호는
홈페이지에 제공된다.

(1) 정기간행물(Journal)

SoA의 정기간행물 표제는 *Journal of the Society of Archivists*로 이는 일
년에 4월과 10월에 걸쳐 두 번 간행되는 반년간으로 발간된다. 다만 홈페이지
에서는 회원에게 제한적으로 정보접근을 허용하고 있으며, 본 정기간행물 관련
문의는 전자우편(jsoareviews@btopenworld.com, a.flinn@btopenworld.com)을

통해 가능하다.

(2) 뉴스레터(Newsletter)

SoA의 월간 뉴스레터 ARC의 최근호는 홈페이지에 탑재되어 있어 열람을 원할 경우 온라인상으로 다운로드가 가능하다. 기간호 등에 대한 정보는 전자우편(arceditor@dpmedia.co.uk, sales@dpmedia.co.uk)을 통해 문의가 가능하다.

(3) 연구조사보고서

대부분의 연구보고서는 회원들에게만 공개되어 있으며, 그 외의 자료는 직접 구매를 통해서 열람이 가능하다. 2007년 12월 현재 홈페이지에서로 제공되고 있는 연구조사보고서는 다음과 같다.

- *Archival Care of Still Photographs*

참고로 구매 가능한 목록은 다음과 같다.

- *Society of Archivists Diploma Training Manual Module J: Audio − Visual Archives Administration*
- *Records Management and Organizational Change*
- *Records Management 12*
- *Personnel Records*

3.2 독일

EABH
European Association for Banking and Financial History e.V.
유럽은행업무및금융역사협회

① 기구

1) 소재사항

소재국가 독일

주   소 EABH e.V. Guiollettstrasse 25 D－60325, Frankfurt, Germany

전   화 ＋49 69 97 20 33 07

팩   스 ＋49 69 97 20 33 08

전자우편 info@bankinghistory.de

홈페이지 http://www.bankinghistory.de

2) 성격

유럽은행업무및금융역사협회(EABH)는 유럽 은행인, 금융인, 학자, 그리고 기록전문가들의 커뮤니케이션 및 네트워크 형성을 위하여 회원들의 지원으로 운영되는 비영리기관이다.

418

3) 설립연혁

- EABH는 1990년 11월 은행업무 역사에 관한 연구조사 포럼으로 창단되었다. 그 후 EABH는 은행업 역사분야에서의 높은 업적으로 국제적으로 인정받는 기구로 발전하였다.
- 은행업 역사 촉진에 기여한 점을 인정받아 EABH는 2001년 유럽문화상(European Culture Prize)을 시상하기도 하였다.
- EABH는 최근 은행업뿐 아니라 법인 금융 역사에 대한 활동도 시작하였다. 이에 따라 2004년 5월 28일 이 기구는 그 명칭을 현재의 유럽은행업무및금융역사협회로 변경하게 되었다. 그러나 EABH라는 기구명은 약자와 로고에서 계속 유지하기로 하였다.

4) 비전 및 임무

① 유럽 은행인, 금융인, 학자, 기록전문가들의 대화 촉진
② 은행업 및 금융 역사 분야에 관한 아이디어 및 경험의 교환을 위한 네트워크 제공

5) 조직

다음과 같은 위원회로 구성되어 있다.

(1) EABH 위원회

EABH 위원회는 협회가 국제적으로 인정받는 기구로서 활동할 수 있도록 가능한 모든 지원을 하는 책임을 갖고 있다.

(2) 운영위원회

운영위원회는 협회의 중추적 역할을 한다. 이 위원회는 협회의 주요 정의 및 목적을 주도하며, 주요 의사결정에 큰 영향력을 발휘한다.

(3) 학회자문위원회

학회자문위원회는 학회 프로그램을 운영하는 임무를 맡는다.

(4) 지원위원회

지원위원회의 구성원들은 학계와 기업 간의 중계역할을 수행한다. 이 위원회는 학회프로젝트 등의 활동을 주최함으로써 EABH의 활동을 지원한다.

6) 회원

유럽의 27개국에서 80개 이상의 은행들이 EABH의 회원으로 활동하고 있다. EABH의 회원들은 은행업과 금융역사에 대한 협회의 출판물과 워크숍 참석 및 학계와 기록관 정보의 이용이 가능하다.

7) 주요사업

EABH의 주요사업은 다음과 같다.
① 정보의 교환
② 자문
③ 연구조사 결과 이용
④ 학문연구의 발표
⑤ 네트워킹

② 정보원

1) 정보원배포정책

본 협회는 'News'와 'Publications'란을 통해 협회 관련 소식 및 협회에서 발간하는 출판물을 제공하고 있다. 다만 원문의 열람은 회원의 경우에만 제한적으로 제공받을 수 있다.

2) 협회 관련 소식

구인소식을 포함한 협회의 최근 활동, 프로젝트 현황 등에 대한 정보를 제공한다.

(1) 협회소식

다음은 협회소식 관련 대표적인 출판물이다.
- ***International Summer School for Archivists***
- ***Paris School of Economics Call for Papers***
- ***Jean-Claude Trichet at the International Centre for Corporate Culture and History***
- ***EABH 2007 Conference: Banking and Finance in the Mediterranean. A Historical Perspective***
- ***Studies in Banking and Financial History***

(2) 프로젝트 정보

협회의 새로운 프로젝트에 대한 설명을 제공한다.

- CBI(Central Banks' Inventory)
- Code of European Best Practice

3) 출판물(Publications)

대표적인 출판물로 다음과 같은 정기간행물과 뉴스레터가 제공된다. 다만 원문열람은 회원들에게만 제공된다.

(1) 정기간행물(Journal)

- 학술저널 *Financial History Review*
- 계간지 정기간행물 *EABH Circular*

(2) 뉴스레터(Newsletter)

- 1년에 두 차례 발간되는 반년간의 뉴스레터 *EABH Bulletin*

3.3 프랑스

AACF
Association Archives du Communisme Français
프랑스어권공산주의아카이브스협회

① 기구

1) 소재사항

소재국가 프랑스

홈페이지 http://www.codhos.asso.fr/Archco.htm

① Archives de L'après Guerre

    주　　소　2, Place du Colonel Fabien 75019 Paris M° Colonel Fabien

    전　　화　+01 40 40 11 05, +01 40 40 11 18, +01 40 40 11 76

    전자우편　archives@pcf.fr

② Archives D'avant Guerre et Fonds Documentaires

    주　　소　Bibliothèque Marxiste de Paris 21, rue Barrault 75013 Paris

    전　　화　+01 40 40 11 76

    전자우편　BMP@internatif.org

2) 성격

역사적으로 아카이브스를 연구하기 위하여 설립된 협회로서 프랑스어권공산주의아카이브스협회의 회원 소개를 위한 두 개의 사이트로 구성되어 운영하고 있다.

3) 설립연혁

본 협회는 2001년 7월에 프랑스공산주의당(PCF: Parti Communiste Français)의 주도로 설립되었다.

4) 설립목적

    ① 보관

    ② 규정

    ③ PCF가 협회에게 위임한 내용의 유지

2 정보원

1) 정보원배포정책

본 협회 홈페이지의 왼쪽 상단에 CODHOS(Collectif des Centres de Documentation en Histoire Ouvrière et Sociale, http://www.codhos.asso.fr/welcome/index.php)의 회원 기구들 소개 화면으로의 연결 또는 해당 홈페이지로의 링크를 제공하고 있다.

2) 회원 기구(Archival Associations)

- 노동조합과노동자료모음소(Maison des Syndicats et de la Mémoire Ouvrière)
- 페미니즘 아카이브(Archives du Féminisme)
  홈페이지: http://bu.univ-angers.fr/ARCHFEM/
- 국가아카이브스역사센터(Centre Historique des Archives Nationales)
  홈페이지: http://www.archivesnationales.gouv.fr
- 민주노동프랑스연맹(Confédération Française Démocratique du Travail)
  홈페이지: http://www.cfdt.fr
- 현대국제참고자료도서관(Bibliothèque de documentation internationale contemporaine)
  홈페이지: http://www.bdic.fr
- 사회경제의역사도서관 (Bibliothèque Historique des Economies Sociales)
- 사회주의박물관(CEDIAS: Musée Social, Centre D'études, de Documentation, D'information et D'action Sociales)
  홈페이지: http://www.cedias.org
- 노동관련아카이브스센터(Centre des Archives du Monde du Travail)
  홈페이지: http://www.archivesnationales.culture.gouv.fr/camt/fr

- 혁명과트로츠키운동에관한연구센터(Centre d'Etudes et de Recherches sur les Mouvements Trotskyste et Révolutionnaires)
  홈페이지: http://assoc.wanadoo.fr/cermtri
- 노동역사센터(Centre D'histoire du Travail)
  홈페이지: http://palissy.humana.univ-nantes.fr/labos/cht/index.htm
- 20세기사회역사센터(Centre D'histoire Sociale du XXe Siècle)
  홈페이지: http://histoire-sociale.univ-paris1.fr
  홈페이지: http://www.maitron.org
- 노동총동맹-노동세력(Confederation Generale du Travail-force Ouvriere)
- 사회주의 아카이브 센터(Centre D'archives Socialistes)
  홈페이지: http://www.jean-jaures.org
- 노동 체조/운동 연맹(Federation Sportive et Gymnique du Travail)
  홈페이지: http://www.fsgt.org
- 사회주의역사공사(Institut D'histoire Sociale)
- 자유사상에관한연구와조사연구소(Institut de Recherche et D'étude sur la Libre Pensée)
- Henri Aigueperse 센터/ 연구·사회주의역사·단체·참고자료센터(Centre Henri Aigueperse/ Centre de Recherche, Histoire sociale, Formation et Documentation)
  홈페이지: www.unsa-education.org
- 사회주의연구대학연구소(Office Universitaire de Recherche Socialiste)
  홈페이지: http://www.lours.org
- 격동시대역사박물관(Musée de L'histoire Vivante)
  홈페이지: http://www.museehistoirevivante.com
- 프랑스공제조합(Mutualité Française)
  홈페이지: http://www.mutualite.com

AAF
Association des Archivistes Francais
프랑스기록전문가협회

① 기구

1) 소재사항

소재국가 프랑스

주　　소 9, rue Montcalm 75018 Paris

전　　화 +01 46 06 39 44

팩　　스 +01 46 06 39 52

전자우편 secretariat@archivistes.org

홈페이지 http://www.archivistes.org

2) 성격

프랑스기록전문가협회(AAF)는 전국적 규모의 프랑스 기록전문가들로 구성된
전문협회로서 미래의 것이자 과거의 것인 우리들 기억의 소스를 위한 진취적
이고 지식적이며 지속적인 반영을 위한 중추기관이다.

3) 설립연혁

본 협회는 1904년에 프랑스의 기록전문가들로 소규모로 구성·설립되었으며,

2008년 현재 1200명이 넘는 회원으로 구성되어 있다.

4) 설립목적

① 전문적 이익의 변호
② 다수를 위한 아카이브스 출판
③ 수많은 학회의 날 또는 소규모 학회의 구성
④ 기록전문가들의 지속적인 구성

5) 회원

협회에는 현재 1200명 정도의 기록전문가가 회원으로 등록되어 있으며, 회원 가입서를 기입하여 전자우편, 우편, 팩스 등으로 협회에 보내면 가입 가능하다.

② 정보원

1) 정보원배포정책

본 협회는 'Publications' 란을 통하여 AAF의 출판물, 보도자료, AAF 섹션의 직무관련 소식 및 자료를 제공하고 있다. 그 외 'Resources' 란에서는 기록전문가 권리를 포함한 관련 정보를 게시하고 있으며, 'Links' 란에 기록 및 기록관리 관련 주요 홈페이지로의 링크를 제공하고 있다.

2) 간행물(Publications)

(1) 출판물

AAF의 출판물을 제공하는 연락처 및 관련 출판물의 리스트를 제공하고 있다.

(2) 보도자료

본 협회에 대한 대략적인 설명과 뉴스가 분류·제공되고 있다.

(3) AAF 섹션

AAF 섹션의 직무와 관련하여 각 주제별로 구분하여 기록 및 기록관리 관련 소식을 제공하고 있다.

3) 보도자료(News)

2007년, 2005년, 1997년, 1999년 등 다양한 해의 개정판을 볼 수 있다. 한편, AAF 집회 소식, 언론, 최근 아카이브 소식, 지역별 연락처 등에 대해 모두 공개하고 있다.

4) 자원(Resources)

기록전문가권리, 아카이브스 전자물, 경영 기록물, 추천 사이트, 추천물 등에 대한 정보를 제공하고 있다.

5) 링크(Links)

기록및 기록관리관련 직업 또는 관련 사이트, 국제기구 및 위원회, 프랑스의 아카이브스 서비스, 역사, 족보 등에 관한 소개 및 홈페이지로의 링크를 제공하고 있다.

(1) 국제기구

- Arxivers sense Fronteres
  홈페이지: http://www.arxivers.org/ca/index.php

- Association Internationale des Archives Francophones
  홈페이지: http://www.aiaf.org/
- euroarchiveguide.org
  홈페이지: http://meanwhile.com/?domain=euroarchiveguide.org&404=Y
- Association Internationale des Archives Francophones
  홈페이지: http://www.piaf-archives.org/
- Repositories of Primary Sources
  홈페이지:http://www.uidaho.edu/special-collections/Other.Repositories.html

(2) 협회

- ABF(Association des Bibliothécaires de France)
  홈페이지: http://www.abf.asso.fr/
- ACB(Association des Conservateurs de Bibliothèques)
  홈페이지: http://www.acb.asso.fr/
- ADBDP(Association des Directeurs de Bibliothèques Départementales de prêt)
  홈페이지: http://www.adbdp.asso.fr/
- ADBGV(Association des Directeurs des Bibliothèques des Grandes Villes de France)
  홈페이지: http://www.adbgv.asso.fr/
- ADBS(Association des Professionnels de l'information et de la Documentation)
  홈페이지: http://www.adbs.fr/
- ADBU(Association des Directeurs et des personnels de direction des Bibliothèques Universitaires et de la Documentation)
  홈페이지: http://www.adbu.fr/rubrique.php3?id_rubrique=2

- ADDNB(Association pour le Développement des Documents Numériques en Bibliothèques)

  홈페이지: http://www.addnb.fr/
- AIBM(Association International des Bibliothèques, Archives et Centre de Documentation Musicaux)

  홈페이지: http://www.aibm-france.org/
- APRONET(Association des Professionnels de L'Internet des Collectivités Publiques Locales)

  홈페이지: http://http//www.apronet.asso.fr/
- Ascodocpsy(Réseau Documentaire en Santé Mentale)

  홈페이지: http://www.ascodocpsy.org/
- Comité Français du Bouclier Bleu

  홈페이지: http://www.bouclier-bleu.fr/
- FFCB(Fédération française pour la Coopération des Bibliothèques, des Métiers du Livre et de la Documentation

  홈페이지: http://www.ffcb.org/

AAA
Association des Amis des Archives Diplomatiques
외교아카이브스동맹협회

① 기구

1) 소재사항

소재국가　프랑스

주　　소　1, rue Robert Esnault Pelterie 75007 Paris

전　　화　+33 1 43 17 42 90

전자우편　lecture.archives@diplomatie.gouv.fr

홈페이지　http://pastel.diplomatie.gouv.fr/editorial/archives.gb/index.html

2) 성격

외교적아카이브스동맹협회(AAA)는 외교관련 도규먼트를 전문적으로 접수·관리·보존·이용토록 봉사하는 전문적인 협회이다.

3) 설립연혁

1790년 9월 7일 파리(Paris)에서 설립되었으며, 1830년에 역사적 연구를 시작하였다. 1845년 7월 24일 '외교부서' 건립관련법이 통과되어 오늘에 이르고 있다.

4) 설립목적

본 협회는 외교통상부를 지원 및 리더하기 위하여 다음과 같은 목적을 수행한다.
① 현용기록(current archives)의 적절한 관리
② 연구자들이 이용가능 하도록 문서화
③ 향후 역사적 조사에 공헌

5) 역할

① 현용기록(current archives)와 준현용기록(intermediate archives)의 관리
② '아카이브스및도큐먼트센터(CAD)'의 네트워크를 통제하여 부서나 대사관, 컨설던트로부터 제공받는 문서의 입수(또는 접수)·수집·정렬·보관
③ CAD 스태프의 훈련

6) 조직

(1) 외교아카이브스위원회(The Diplomatic Archives Commission)

1874년에 구성되었으며, 현재 재조직되어 외교부 장관·부장관, 그리고 그 외의 여러 의원들로 구성되었다. 기록물서비스를 위하여 연간 보고서를 통하여 각종 관련 의견들을 제시하고, 구체적인 이슈와 관련하여 하위위원회를 구성한다. 그리고 출판관련 사업을 주도적으로 수행하고 있다.

(2) 외교도큐먼트출판위원회(The Diplomatic Documents Publication Commission)

1870~1871년의 전쟁에 관한 29권의 출판물이 1910년에서 1932년에 걸쳐 출판되면서 시작되었다. 제 1차 세계대전 이후 독일이 외교문서를 출판하면서 프랑스도 전쟁의 기원과 관련된 프랑스 외교문서를 출판하기 위해 새로운 외교도큐먼트출판위원회를 구성하게 되었다. 본 위원회는 역사가와 외교가 및 위원회 멤버들로 편성되어 있다. 대부분 1920~1940년 사이의 사건들을 문서화하고 있다.

7) 회원

(1) 개인회원

AAA의 개인회원자격은 일반적으로 아카이브스에 대한 지식을 강화시키고 증진시키는데 공헌하기를 원하는 모든 사람들에게 개방되어 있다.

(2) 후원회원

후원회원의 경우 일정의 후원회비를 납부해야 한다. 일반적으로 개인은 5000F, 법인조직은 25000F을 기준으로 하고 있다. 참고로 상술의 개인회원을 포함하여 일반적 가입의 경우에는 개인은 200F, 커플은 350F, 학생은 50F, 독자는 100F, 법인조직은 1000F을 납부해야한다.

8) 기록보존과 위치

① 아카이브스부서는 파리(Paris)에 위치하고 있다.

② 대사관·영사관·전임보호국·식민지관련 아카이브스는 낭트(Nantes)에 보존되고 있다.

③ 독일 및 호주 참여의 프랑스 관련 아카이브스는 꼴마(Colmar)에 보존되고 있다.

② 정보원

1) 정보원배포정책

본 협회는 홈페이지 'home' 부분에서 현재까지 AAA가 전개해온 전시 등 역사에 관한 자료를 제공하되 불어기반으로 운영되고 있다. 'Publications' 란을 통하여 양대 'Publications de la Direction des Archives'와 'Archives et Patrimoine' 관련 내용을 제공하고 있다. 한편, 파리(Paris), 낭트(Nantes), 꼴마(Colmar)에 각각 위치한 열람실 자료인 '조약 데이터베이스비공식회담(PACTE)'과 '기록된 데이터베이스(CHOISEUL)'는 오픈 예정에 있다. 그 외 기록관련 기구들의 목록을 제공하여 홈페이지 상에서 링크되도록 제공하고 있다.

2) 출판물(Publications)

(1) 프랑스외교단사이트(Publications de la Direction des Archives)

외교관련 기록물을 제공하고 있다.

(2) 아카이브스와 유산(Archives et Patrimoine)

프랑스 아카이브스에 관한 내용 외에 도서관, 단행본 목록 등을 제공하고 있다.

3) 관련기구(Research Leads)

- 프랑스아카이브스부서(Department of Archives of France)
  홈페이지: http://www.archivesdefrance.culture.gouv.fr/
- 국방부: 역사적군부서(Ministry of Defence: Army Historical Department)
- 프랑스정보관리(La Documentation Française)
  홈페이지: http://www.ladocumentationfrancaise.fr/
- 프랑스국립도서관(Bibliothèque Nationale de France)
  홈페이지: http://www.bnf.fr
- 공공기록물에대한연구와환영회(Centre   d'Accueil   et   de   Recherche   des Archives Nationales)
  홈페이지: http://www.culture.gouv.fr/culture/caran.htm/
- 국방부: 역사적해군부서
- 현대국제정보관리도서관
- 유럽정보센터(European Sources: Centre D'information sur l'Europe)
  홈페이지: http://www.touteleurope.fr/
- 국가기록관: 해외영토아카이브스센터(Archives Nationales: Centre des Archives D'Outre-Mer)

- 국방부: 역사적공군부서(Ministry of Defence: Airforce Historical Department)
- 정보출판도서관 (Bibliothèque Publique d'Information)
  홈페이지: http://www.bpi.fr/
- 국가사회정치기구 (Fondation Nationale des Sciences Politiques)

참고문헌

강민. 1988. "한국의 국가역할과 국가기구". *한국정치학회보.* 22(2): 7-31.

高山正也. 2001. "日本에 있어서 記錄管理學의 發展狀況과 記錄管理學會의 役割". *한국기록관리학회지.* 1(1): 53-67.

공정거래법.

김근세. 1999. "비교분석을 통한 한국 책임운영기관 제도의 특성". *한국정책학회보.* 8(3): 233-256.

김근세. 2001. *책임운영기관 제도에 관한 비교분석.* 서울: 집문당.

김병완. 1993. "한국 행정부 내의 관료정치: 환경정책에 관한 개발부처와 보전부처의 관계 분석". *한국행정학보* 27(1): 171-194

김상호. 1999a. *기록보존론.* 서울: 아세아문화사.

두산세계대백과사전(EnCyber). http://www.encyber.com/index.html

류명석. 1996. 한국의 협회조직의 자율성과 적응능력에 관한 연구. 고려대학교 사회학과 석사학위논문.

박효종. 1994. *합리적 선택과 공공재.* 서울: 인간사랑.

봉공진. 1992. *학술단체와 연구기관의 전문가가 인식하고 있는 技術의 개념.* 충남대학교 공업교육학과 공업교육전공 석사학위논문.

비영리민간단체지원법(非營利民間團體支援法).

손장권. 1989. "사회조직의 관료제화 현상과 관료문화". *社會變動과 社會科學연구,* 白石洪承稷敎授華甲紀念論文集刊行委員會.

劉鐘海 외. 1993. *행정학대사전.* 서울: 考試院.

이종수. 2000. *행정학사전.* 서울: 대영문화사.

이창원, 최창현 1997. *새조직론.* 서울: 대영문화사.

任鶴淳. 1994. *準政府機構의 成長과 機能에 관한 硏究.* 서울대학교대학원 행정학과 박사학위논문.

정용덕. 1993a. "합리적 선택으로서의 국가기구 형성". *사회과학.* 37(2): 21-57.

정용덕. 1993b. "자본주의 국가론에 의한 한국 중앙국가 기구의 유형별 분석". *韓國行政學報.* 27(3): 677-704.

정용덕. 2002a. *현대국가의 행정학*. 서울: 法文社.

정용덕. 2002b. *한일국가기구비교 연구*. 서울:대영문화사.

정용덕 외, 1999. *신제도주의 연구*. 서울: 대영문화사.

中華人民共和國國家檔案局. http://www.saac.gov.cn/saac/index.htm

최정태. 2006. *기록학개론*. 서울: 아세아문화사.

최진. 2005. "국가연합의 기구에 관한 연구". *법학연구*. 18: 881－903.

클락 외. 1990. *국가기구와 행정체제*. 서울: 한실.

馮惠玲. 2001. "中國 檔案學의 現況 및 發展趨勢". *한국기록관리학회지*. 1(1): 37－
52.

한국정보통신기술협회. 2003. *주요기구 · 국가의 표준화 추진체계 분석서*. 서울: 한국
정보통신기술협회.

한국학술단체연합회. 1999. *회원명단*. 서울: 한국학술단체연합회.

한미경, 노영희. 2007. *기록관리학의 이해*. 고양: 진리탐구.

한상완 외. 2002. *한국 공공기관 기록보존관리의 현황과 중장기 정책*. 서울: 한국기록
관리학과 · 협회.

Alford, Robert B. and Roger Friedland. 1985. *Powers of Theory: Capitalism, the State, and Democracy*. Cambridge; New York: Cambridge University Press.

Allen & Unwin Dunleavy, P. 1989. "The Architecture of the British Central State: Part I, Framework for analysis". *Public Administration*. 67(3): 249－75.

Ambacher, Bruce I. 2003. *Third Years of Electronic Records*. Lanham; Mayland; Oxford: The Scarecrow Press.

Bensel, R. 1990. *Yankee Leviathan: The Origins of Central State Authority in America, 1859－1877*. Cambridge: Cambridge University Press.

Bowman, J. R. 1989. *Capitalist Collective Action*. New York: Cambridge Univ. Press.

Carroll, Glenn R. and Yanchung P. Huo. 1986. "Organizational Task and Institutional Environments in Evolutionary Perspective: Finding from the Local Newspaper Industry". *American Journal of Society.* 91: 838−873.

Clark, G. and M. Dear 1984. *State Apparatus: Structures and Language of Legitimacy.* Boston: Allen & Unwin.

Coleman, William D. 1988. "The Organizational Cohesion and Political Access of Business: A Study of Comprehensive Association". *European Journal of Political Research.* 16: 467−487.

Dunleavy, P. 1989. "The architecture of the British central state: Part II, Empirical findings". *Public Administration.* 67(4): 391−417.

Knoke, D. 1990. *Organizing for Collective Action.* New York: Aldine de Gruyter.

Oliver, Christine. 1999. "Strategic Responses to Institutional Processes". *Academy of Management Review.* 16: 145−179.

Skowronek, S. 1982. *Building a New American State: The Expansion of National Administrative Capacities, 1877−1920.* Cambridge: Cambridge Univ. Press.

Society of American Archivists. 2007. *The Society of American Archivists: Description and Brief History.* http://www.archivists.org/history.asp.

Wilson, F. Lee. 1987. *Interest−Group Politics in France.* New York: Cambridge Univ. Press.

국문색인

경영기록협의회 373
공인기록전문가아카데미 69
과학기록전문가그룹 410
기록관리연구소 266
기록관리학회 336
기록관리협회 406
기록전문가협회 412

노바스코샤아카이브스협의회 259
노스웨스트기록전문가기구 157
노스캐롤라이나기록전문가협회 207
뉴올리언스기록전문가기구 112
뉴욕기록컨퍼런스 166
뉴욕주역사기록자문위원회 160
뉴잉글랜드기록전문가기구 144
뉴잉글랜드역사계보협회 151
뉴잉글랜드종교기관기록전 149
뉴질랜드기록및레코드협회 340
뉴펀들랜드및래브라도기록협회 243

당안과학기술연구소 295
동남아시아및태평양시청각기록협회 298

로더함기록프렌즈 386
로키산맥기록전문가협회 218
루이지애나기록및메뉴스크립트협회 117

매니토바주기록협회 239
메트로폴리탄뉴욕기록전문가라운드
　테이블 79
미국고서적상협회 66
미국기록전문가협회 176
미시간기록협회 124
미시시피기록전문가협회 200

박물관·도서관·기록관협의회 389
북서부아일랜드기록협의회 400
브리티시컬럼비아기록협회 225

사우스캐롤라이나기록협회 191
서스캐처원기록및기록전문가협의회 269
세인트루이스지역기록전문가협회 84
스코틀랜드기록계보학자및연구자협회 369

애틀랜틱중부지역기록컨퍼런스 129
앨라배마기록전문가협회 184

440

여성종교집회기록전문가 74
연구장서메뉴스크립트및기록협회 367
영국국가아카이브스협의회 394
영국기록협회 383
영국종이역사가협회 377
오하이오기록전문가협회 211
외교아카이브스동맹협회 429
유럽은행업무및금융역사협회 417
유색인종관련기록전문가및기록
　　라운드테이블 62
인디애나기록전문가협회 197
일본아카이브스학회 332

전국역사자료보존이용기관연락협의회 305
정부기록및레코드관리자국가협회 134
조지아기록전문가협회 215
주정부기록전문가협의회 98
중화인민공화국당안국 290

캐나다기록전문가지부 247
캐나다기록전문가협회 229
캐나다아카이브스협의회 255
캐나다음악도서관·기록관및도큐
　　멘테이션센터협회 251
캘리포니아기록전문가협회 169
캘리포니아역사사회 94
켄터키기록협의회 114
클리블랜드기록라운드테이블 89

테네시기록전문가협회 222

프랑스기록전문가협회 425
프랑스어권공산주의아카이브스협회 421
프린스에드워드섬아카이브스협의회 233
플로리다기록관리자협회 109
플로리다기록전문가협회 194

한국국가기록연구원 355
한국기록관리학회 359
한국기록관리협회 346
한국기록학회 350
한국대학기록관협의회 363
호주기록관리협회 282
호주기록및기록당국협의회 278
호주기록전문가협회 272
홍콩기록협회 286

영문 색인

AAA(Association des Amis des Archives Diplomatiques) 429

AABC(Archives Association of British Columbia) 225

AAC(Archivists and Archives of Color Roundtable) 62

AACF(Association Archives du Communisme Francais) 421

AAF(Association des archivistes francais) 425

ABAA(Antiquarian Booksellers Association of America) 66

ACA(Academy of Certified Archivists) 69

ACA(Association of Canadian Archivists) 229

ACPEI(Archives Council of Prince Edwards Island) 233

ACWR(Archivists for Congregations of Women Religious) 74

AMA(Association for Manitoba Archives) 239

AMARC(Association for Manuscripts and Archives in Research Collections) 367

ANLA(Association of Newfoundland and Labrador Archives) 243

ARANZ(Archives & Records Association of New Zealand) 340

ART(Archivists Round Table of Metropolitan New York) 79

ASA(Australian Society of Archivists) 272

ASGRA(Association of Scottish Genealogists and Researchers in Archives) 369

ASLAA(Association of St. Louis Area Archivists) 84

BAC(Business Archives Council) 373

BAPH(British Association of Paper Historians) 377

BCA(Bureau of Canadian Archivists/Bureau Canadiens des Archivists) 247

BRA(British Records Association) 383

442

CAARA(Council of Australian Archives and Records Authorities) 278

CAML(Canadian Association of Music Libraries, Archives, and
   Documentation Centers) 251

CAR(Cleveland Archival Roundtable) 89

CCA(Canadian Council of Archives) 255

CHS(California Historical Society) 94

CNSA(Council of Nova Scotia Archives) 259

CoSA(Council of State Archivists) 98

EABH(European Association for Banking and Financial History e.V.) 417

FoRA(Friends of Rotherham Archives) 386

FRMA(Florida Records Management Association) 109

GNOA(Greater New Orleans Archivists) 112

HKAS(Hong Kong Archives Society) 286

JSAI(The Japan Society of Archives Institutions) 305

JSAS(The Japan Society for Archival Science) 332

KAAM(Korean Association of Archives Management) 346

KCA(Kentucky Council on Archives) 114

KSAS(Korean Society of Archival Studies) 350

LAMA(Louisiana Archives and Manuscripts Association) 117

MAA(Michigan Archival Association) 124

MARAC(Mid−Atlantic Regional Archives Conference) 129

MLA(Museums, Libraries and Archives Council) 389

NAGARA(National Association of Government Archives and Records
   Administrators) 134

NCA(National Council on Archives, UK) 394

NEA(New England Archivists) 144

NEARI(New England Archivists of Religious Institutions) 149

NEHGS(New England Historic Genealogical Society) 151

NWA(Northwest Archivists) 157

NWRAC(North West Regional Archive Council) 400

NY SHRAB(New York State Historical Records Advisory Board)　160

NYAC(New York Archives Conference)　166

RIKAR(Research Institute for Korean Archives and Records)　355

RMAA(Records Management Association of Australia)　282

RMAS(Records Management & Archives Society of Korea)　359

RMI(Records Management Institute)　266

RMS(Records Management Society)　406

RMSJ(The Record Management Society of Japan)　336

SA(Society of California Archivists)　169

SAA(Society of American Archivists)　176

SAAC(The State Archives Administration of the People's Republic of China)　290

SAG(Scientific Archivists Group)　410

SALA(Society of Alabama Archivists)　184

SCAA(South Carolina Archival Association)　191

SCAA(Saskatchewan Council for Archives and Archivists)　269

SEAPAVAA(Southeast Asia−Pacific Audio Visual Archives Association)　298

SFA(Society of Florida Archivists)　194

SIA(Society of Indiana Archivists)　197

SMA(Society of Mississippi Archivists)　200

SNCA(Society of North Carolina Archivists)　207

SoA(Society of Archivists)　412

SOA(Society of Ohio Archivists)　211

SOGA(Society of Georgia Archivists)　215

SRMA(Society of Rocky Mountain Archivists)　218

STA(Society of Tennessee Archivists)　222

UArchives(University Archives & Records Center)　363

● **저자** ●

한미경
(韓美鏡)

•**약 력**•

대만 National Taiwan University(國立臺灣大學) 대학원 도서관학과 석사
중국 Wuhan University(武漢大學) 정보관리대학 박사과정수학
이화여자대학교 대학원 문헌정보학과 박사
Harvard-Yenching Institute Visiting Scholar
한국국가기록연구원 연구위원
현 국립중앙도서관 고전자료 해제위원
　경기대, 건국대 문헌정보학과 강사

•**주요 저서 및 논문**•

「중국의 도시건설기록물 관리사업에 대한 고찰」
「譯科譜의 譯科人格者 再現에 대한 고찰」
「譯科類輯에 관한 연구」
「역과보(譯科譜)에 대한 서지적 연구」
「역과방목에 대한 서지적 연구」
「하버드옌칭도서관 소장 司馬榜目에 관한 고찰」
「『金泥石屑』千佛銅牌에 관한 연구」
「중국 근대출판물의 출현과 근대도서관의 발달과정」
「초기 한국성서와 중국성서의 서지학적 연구」
「北宋·高麗書籍交流之硏究」
『기록관리학의 이해』
『기록관련 국제기구 지식정보원』
　외 다수

노영희
(魯榮姬)

•**약 력**•

연세대학교 문헌정보학과 정보학 박사
한국과학기술연구원(KIST) 자료실 연구원
한국정보공학(KIES) 정보검색엔진개발팀 팀장
이화여대 국제정보센터 자료실장
현 건국대학교 문헌정보학과 교수
　교육인적자원부 대학도서관 정책자문위원
　DLS 표준관리위원회 위원

•**주요 저서 및 논문**•

「개념기반 검색을 위한 시소러스 관계의 효과적 활용방안에 관한 연구」
「주제별 분산 지식베이스에 의한 개념기반 정보검색시스템의 성능향상에 관한 연구」
「A Study on Automatic Text Categorization of Internet Documents」
「A Study on the Estimation of Performance of Concept−Based Information Retrieval Model Using the Web」
「기계학습 기반 피드백 과정을 통한 SDI 시스템의 성능향상에 관한 연구」
「문헌정보학 교육과정의 특성화된 프로그램 개발 및 활용에 관한 연구」
『디지털콘텐츠의 이해』
『인문과학과 예술의 핵심 지식정보원』
『경제학의 핵심 지식정보원』
『한국문헌정보학 교과과정』
『개념기반 정보검색 기법』
『인터넷 정보검색과 학술정보자원의 활용』
『국제기구 지식정보원 시리즈』
『기록관리학의 이해』
『기록관련 국제기구 지식정보원』
　외 다수

**기록관련
주요기구 지식정보원**

- 초판 인쇄 | 2008년 9월 1일
- 초판 발행 | 2008년 9월 1일

- 지 은 이 | 한미경 · 노영희
- 펴 낸 이 | 채종준
- 펴 낸 곳 | 한국학술정보㈜
  경기도 파주시 교하읍 문발리 513-5
  파주출판문화정보산업단지
  전화　031) 908-3181(대표) · 팩스　031) 908-3189
  홈페이지　http://www.kstudy.com
  e-mail(출판사업부)　publish@kstudy.com
- 등　　록
- 가　　격　39,000원

ISBN　978-89-534-9948-5 93020 (Paper Book)
　　　978-89-534-9949-2 98020 (e-Book)